憲政から見た
現代中国

中村元哉 編

東京大学出版会

Reconsidering Modern China:
A Constitutional Perspective

Motoya NAKAMURA, Editor

University of Tokyo Press, 2018
ISBN 978-4-13-026158-6

憲政から見た現代中国／目次

第II部　社会主義憲政の模索

凡　例

（1）新仮名遣いを原則とする。
（2）常用漢字を原則とする。ただし、一部の繁体字や固有名詞については、その限りではない。

関連年表

時期	主な憲法および憲法に準ずる文書（太字は政権交代を表わす）
1908年	欽定憲法大綱 公布
1911年	憲法重大信条十九条 公布
1912年	**中華民国が成立**
1912年	中華民国臨時約法（旧約法）公布
1913年	中華民国憲法草案（天壇憲法草案）発表
1914年	中華民国約法（新約法）公布
1916年	旧約法復活
1923年	中華民国憲法（曹錕憲法）公布
1928年	**中華民国国民政府が成立** ＊全国政権としての成立がこの年
1931年	中華民国訓政時期約法 公布
1931年	中華ソビエト共和国憲法大綱 公布
1936年	中華民国憲法草案（五五憲草）発表
1947年	中華民国憲法 公布
1949年	中国人民政治協商会議共同綱領 公布
1949年	**中華人民共和国が成立**
1954年	中華人民共和国憲法（54年憲法）公布
1975年	中華人民共和国憲法（75年憲法）改正公布
1978年	中華人民共和国憲法（78年憲法）改正公布
1982年	中華人民共和国憲法（82年憲法）改正公布

序論　光緒新政から改革開放へ

中村元哉

近現代中国のなかの社会主義憲政史

本論文集は、新民主主義から社会主義への転換を目標に掲げた中華人民共和国（以下、人民共和国）の成立（一九四九年）から資本主義との融和を試みる改革開放政策の始動（一九七〇年代）までの時期を社会主義中国と定義し、その一九五〇年代から一九七〇年代の歴史を憲政史から新たに構築するものである。一般に憲政史とは、憲法制定史、憲法運用史、憲法学説史および立憲主義思想からなる。(1) ここで言う立憲主義とは個人の自由と権利を保障して権力の分立を徹底させるという意味であり、それゆえに、ここで想定される憲法とは、この普遍的とされる立憲主義に根差した近代憲法を指す。(2)

本論文集がこうした意味での憲政史に着目する理由は、清末に欽定憲法大綱（一九〇八年）が発布され、憲法重大信条一九条（一九一一年）が施行されて以降、憲政が一貫して近現代中国において重要な政治課題となってきたからである。したがって、本論文集が新たに構築する社会主義中国の憲政史とは、たとえ立憲主義から最も離れていたとしても、それを理由にして人民共和国史あるいは中国共産党（以下、共産党）史という狭い殻に閉じこめられてしまうような中国憲政史ではない。それは、立憲君主政モデルを導入しようとした清末の光緒新政から社会主義法制化の再建と強化を目指した改革開放――鄧小平の南巡講話（一九九二年）により本格的に軌道に乗る(3)――までの近現代中国において定位されるべき中国憲政史である(4)。

さらに、本論文集は、「中国」の憲政「史」を「法と政治」の領域に絞って考察すれば十分だ、とは考えない。中華民国（以下、民国）史研究がすでに明らかにしたように、民国における各領域の歴史は人民共和国の成立以降に台湾や香港へと広がり、中国と台湾と香港の相互関連性を射程に収めなければ、もはや人民共和国史は構築できない。また、中華民国憲法（一九四六年）も中華人民共和国憲法（一九五四年）も社会権や経済活動に関わる規定を多く含んでいることからも分かるように、憲法の制定とその運用の背後には、経済、社会、文化に跨る広範な歴史と現実が横たわっている。そして、これらの時空の流れをふまえた上で、中国憲政に関わる現在の政治現象――憲法において最高の権力機関として位置づけられる全国人民代表大会とその地方レベルの人民代表大会など――を捉えると、どのような風景が眼前に広がってくるのかを考える必要がある。

以上が本論文集の目的である。その目的を達成するための章構成は、目次に掲げた通りである。

中国の憲政史と憲法

確かに、このような憲政史の枠組みが普遍性を有するのか否かは、中国研究やアジア研究において問い直される必要があるのかもしれない(5)。しかし、この一般論から近現代中国を眺め直してみると、中国憲政史が一九四七年一二月二五日の中華民国憲法の施行以来、約半世紀の歴史をもっていることを確認できる。しかも、清末の欽定憲法大綱以来、中国に憲法制定史と憲法学説史が存在してきたことは周知の事実であり、それにともなって立憲主義思想が政界、思想界、言論界に広がっていったことも否定できない。また、東アジア初の共和国を誕生させた辛亥革命の直後に、議会政治が短期間ではあるが実現したことも事実である。[6] 中国憲政史は、実定法に限っても半世紀以上、その背後にある広がりに注目すれば一世紀以上の歴史をもっている。したがって、中国には近現代全体を通じて憲政史と呼びうる空間が広がっている。

それならば、憲政史の中核をなす憲法という概念は、中国ではどのように捉えられてきたのであろうか。「憲」または「憲法」の字は、中国の古典にも見られる。ここで用いられる「憲法」とは、大まかに言えば、王朝体制下の制度という意味であり、皇帝の下す命令に間違いはないという意味も含まれている。もちろん、この伝統中国の「憲法」概念は、皇帝の権威性や至上性を表す、いわば最上位に位置する性質（「根本性」）を有していたことから、最高法規としての正当性を有するconstitutionとも重なり合うものであった。しかし、伝統中国の「憲法」は、純粋法学で言うところの、法の段階構造における最上位の概念とは全く異なっていた。ある中国の学者は、「中国の〝憲〟や〝憲法〟の根本性とは、西洋の〝規範の段階構造〟における〝最高規範〟などではない。それは、〝憲〟や〝憲法〟を確立あるいは制定した人物の正当性によって決定づけられるものだ[7]」と総括している。それゆえに、伝統中国には立憲主義思想に基づく憲政は存在せず、儒教規範を重んじる皇帝の徳によって支えられた仁政が施されてきただけであった[8]。

この伝統中国に最も早く西洋の議会制度を紹介したのが、イギリス人宣教師メドハースト（Walter Henry Medhurst）によって編纂された『地理便童略伝』（一八一九年）だった。以後、一九世紀の中国にconstitutionが紹介され、王韜や鄭観応は「憲法」をconstitutionに相当する意味で使用していった。しかし、王韜は『法国志略』（一八七〇年）でフランスが一七九一年に憲法を国内に発布したと述べているだけであり、鄭観応も『盛世危言』の「後編・自序」（一八九三年）で「憲法とは国家の基礎である」と指摘しているだけであって、constitutionとして自覚的に使用していたとまでは断定できない。

したがって、現在のところ、伝統中国の「憲法」概念は清末に日本から移入された新語としての憲法概念に取って代わられた、と理解されている。この「憲法」から憲法への変化は、馬建忠や黄遵憲という海外の政治制度にも精通していた知識人を除けば、一八九〇年代まではほぼ確認できない。[9] 中国語の憲法概念が憲政（当時の概念でいえば「立憲」）体制下の根本制度あるいは根本規則という意味へと徐々に変化していったのは、一八九九年の梁啓超「各国憲法異同論」以後のことである。[10]

とりわけ、日露戦争後に日本で憲政視察を行った達寿や李家駒らは、伊藤博文との会談やその憲法解釈、あるいは伊藤巳代治・有賀長雄・美濃部達吉らの講義や学説を通じて、constitution を憲法とその国の全体の統治の仕組みと理解するようになった。この憲政観の受容は、伊藤博文の憲政観――伊藤の関心は議会政体の実現という国制の進化を推進することにあった[11]――を正しく把握していたことを意味し、それゆえに彼らは、清末の中国で、議会と責任内閣制をキーワードとする憲政の実現を目指した。しかし、当時の清朝内部には、議会や内閣を中心とする憲政観とは別に、天皇大権を重視した穂積八束らの影響を受けた、いわば伝統中国の「憲法」概念を基盤とする皇帝中心の憲政観も存在した。いずれの憲政観も皇帝の地位を維持するという点では同じだったにもかかわらず[12]、清朝の皇族らは、憲政を皇帝権力の強化のために利用しようとし、最終的には皇帝中心の憲政観を採用した。[13]

こうして憲法概念を導入した近代中国は、帝国主義の侵略によってもたらされた深刻な危機を克服するために、憲政による国家統合と社会統合を目指し、伝統王朝から近代国民国家への転換を探り始めた。いわば、近代中国はナショナリズムを創出する過程で憲法概念を受容し、欧米と対等に向き合うための新たな文明国のシンボルとして憲法を活用しようとしたわけである。これは、同時代のトルコ、ペルシア、日本などとも連動するアジア史に共通する流れでもあった。[14]

ただし、誤解してならないのは、中国やアジアだから憲法をナショナリズムの文脈で受容した、というわけではなかったことである。一九世紀を通じてヨーロッパ諸国が憲法を制定する際に、憲法は、ナショナリズムの台頭する時代風潮において、「国民の政治的独立を国内的のみならず国外的にも宣明する政治的文書」として機能したからである[15]。

以上のような世界史的視野の下、清末民国の憲法概念の受容を整理すると、おおよそ次の三タイプに分類できる。

(1) 憲法は、国家権力を強化して個人の権利と自由を制限するための国家の根本法である。

(2) 憲法は規範であり、国家権力を制限して人権を保障するための国家の根本法である。

(3) 憲法は、その位置づけ、内容、効力（後に階級性も含む）によって確定されるものである。

このうち(2)が、伝統中国の「憲法」を支えてきた民本主義を立憲主義へと変更しようとする、いわばconstitutionとしての憲法概念である[16]。清末に梁啓超らによって立憲運動が展開されると、憲法と憲政のあり方は主として(1)(2)(3)に沿って盛んに議論されるようになった[17]。清朝の延命を図ろうとした皇族や改革派（立憲派）は、立憲主義モデルのうち立憲君主政モデルを選択し、かたや君主主権から国民主権へと国体の変更を目指した革命派は、立憲主義モデルのうち立憲民主政モデルを選択した。統治機構に即して言えば、前者が制限君主制であり、後者が共和制であった。ただし、前者を支持した勢力は、やがてその内部において責任内閣制のあり方とその採否をめぐって対立を発生させ、後者を支持した勢力も、アメリカ合衆国型の大統領制に加えて、フランスのような大統領制と政党内閣制を混在させた仕組みを模索するなど一枚岩ではなかった[18]。このように憲法学や政治学の理論がそのまま当てはまらないことは、国体と政体の区分を混同させた当時の言説のあり方からも読み取れる。

辛亥革命で孫文ら革命派が勝利すると、民国は共和国としてスタートした。しかし、民国の暫定憲法および憲法草案は、中華民国臨時約法（一九一二年）、中華民国憲法草案＝天壇憲法草案（一九一三年）、中華民国約法（一九一四年）、中華民国憲法＝曹錕憲法（一九二三年）、中華民国訓政時期約法（一九三一年）、中華民国憲法草案＝五五憲草（一九三六年）と目まぐるしく変転して、正式な憲法となった中華民国憲法は一九四六年にようやく制定された。しかも、翌年から施行された中華民国憲法は、一九四九年に成立した人民共和国が民国の法的正統性を継承しなかったことから、事実上の台湾憲法へと追いやられてしまった。こうして、一九五四年、中国に社会主義憲法としての中華人民共和国憲法（以下、五四年憲法）が制定され、その後三度の全面改正を経て、今日に至っている。

この錯綜した民国と人民共和国の憲政史および中国憲法学の推移については、別の専著[19]や本論文集に収録した関連論文に委ねざるを得ないが、本論文集の前提となる一九五〇年代から一九七〇年代の中国憲法学の動向と共産党史としての社会主義憲政史については、以下で簡潔に整理しておきたい。

社会主義中国と中国憲法学界

民国の中国憲法学は、欧米諸国、とりわけ日本からconstitutionを受容し、その実践を試みようとした[20]。だが、人民共和国成立後の中国憲法学は、民国までの成果を公的には引き継がず、中国人民大学を中心にしてソ連から憲法学者を招聘して、ソ連憲法学を直輸入した[21]。憲法は「統治階級の意志を示した国家法」とするソ連憲法学を基盤に、人民共和国は五四年憲法を制定して、社会主義憲政を実施した[22]。

当時の憲法学者（董必武、呉家麟ら）は、当然のことながら、憲法学の研究対象を法から国家へとシフトせざるを得ず、一九五〇年代後半から一九六〇年代前半にかけて議論を重ねていった[23]。この論争過程において、憲法学を独立させようとする主張（陸季蕃ら）は、終始劣勢を強いられた。また、憲法学の方法論をめぐっても、一九五〇年代から階級分析の手法が導入され、民国期までの法を継承できるかどうかをめぐる論争において、その継承に寛容だった学者たちの見解（楊兆龍ら）が一九五〇年代後半に否定されると、法は統治階級の道具だとする、いわゆる法に階級性を認める考え方が強化されていった。

こうして中国憲法学は、政治化されていった。法のシステムや規範が軽視され、憲法は統治の正当性——民国から人民共和国への移行過程を念頭におけば正統性も含まれる——を示す基本法であるにもかかわらず、憲法を最高法規と見なす認識自体が弱まっていった。憲法の基本原則に関しても、権力分立や権力均衡は否定され、民主集中制、すなわち、下部から積み上げられた民主性が上層部で集約され、その民主性を凝縮した最上層部が下部を効率よく指導する制度的仕組みの優位性が説かれるようになった（銭端升ら）。憲政概念に至っては、一九五〇年代から一九七〇年代にかけてわずかな議論しかなく（楼邦彦、張晋藩ら）、憲政概念の公的使用例は一九五四年の「中華人民共和国憲法草案に関する報告」（劉少奇）ぐらいであった[24]。一九四〇年に発表された「新民主主義の憲政」（毛沢東）が社会主義の憲政へとどのように発展していくのかは、当時から不明なままだった。

ただし、以上の中国憲法学の推移は、ソ連憲法学を一方的に受容し続けた結果だとは言えない。なぜなら、ソ連憲法学の影響は一九五〇年代前半こそ大きかったが、一九五六年にソ連の憲法学者が帰国し[25]、翌年の反右派闘争で五四年憲法の原則さえもブルジョア階級の原則だと批判されるようになると、ソ連の翻訳書は大幅に減少し、中国の憲法学者の著作が増加したからである[26]。また、一九五〇年代の中国憲法学に「非ソ連」の内容と特色を一定程度確認できるからである[27]。中ソ対立と軌を一にする動きが、中国憲法学界でも確認できるのである。

中国共産党史としての社会主義中国憲政史——五四年憲法制定史

民国期の共産党は、根拠地において法制の実践を積み重ねた。それらの経験が周恩来の指導下で体系化され、暫定憲法としての中国人民政治協商会議共同綱領（一九四九年）となった。

この共同綱領の初稿となった中国人民民主革命綱領草稿は、一九四八年一〇月に李維漢によって起草され、劉少奇・陸定一・胡喬木らによって修正された。この草稿は、「新民主主義とは革命の三民主義」であるとの基本原則を掲げ、主権在民と人民代表大会制（「人民民主の民主集中制」）を明記した。翌月に国共内戦（「人民解放戦争」）の歴史的任務を強調した第二稿が作成され、一九四九年六月に共同綱領草案として中国人民政治協商会議に提出された。その後、周恩来が修正草案（「新民主主義の共同綱領草案」）を毛沢東に手交し、同年九月に中国人民政治協商会議共同綱領となった。ちなみに、中国人民政治協商会議組織法と中華人民共和国中央人民政府組織法も直前に可決され、民主集中の原則が制度化されていった㉘。

この共同綱領は、共産党史からすれば「中国法制の新紀元㉙」として高く評価される。確かに、新民主主義が原則とされ、労働者階級、農民階級、小ブルジョア階級、民族ブルジョア階級からなる人民民主統一戦線が人民共和国の政治的基礎とされたことから、共同綱領は連合政府への道を切り開いたという意味において一定の意義を有する。しかし他方で、共同綱領が法治を定着させられなかったことも、やはり限界点として指摘しておかなければならない。一九五〇年の反革命鎮圧運動以来、法治が大衆運動を通じて建設されるような、いわば法治の運動化とも呼ぶべき現象が生じ、その後の三反運動や五反運動などを介して、法の政治化はますます広がっていった。一九五二年に始まる司法改革運動も、民国の法遺産を排除して、法の政治化に加担していったと評価できよう。結局、共同綱領は、革命式の統治から法治への転換を果たせなかった㉚。

以上のような情勢の下、共産党は一九五三年元旦の社説（『人民日報』）で憲法の制定と全国人民代表大会の召集を宣言した。共同綱領は過渡的な臨時憲法であり、新たな政治、経済状況に対応した憲法が必要だとの理由から、憲法起草委員会が同年一月に組織された。この委員会は、毛沢東を主席、李維漢を秘書長とし、朱徳・宋慶齢・周恩来・劉少奇・鄧小平・董必武・胡喬木・陳伯達・彭徳懐・薄一波・郭沫若・張瀾・沈鈞儒・馬寅初・黄炎培ら三三名を委員に任命した。同年三月、共産党中央政治局は、陳伯達・胡喬木・董必武・彭真・鄧小平・李維漢・張際春・田家英の八名が初稿を最終的に修正する責任を負うと決定したが、毛沢東は草案初稿を一一月から一二月に陳伯達一人に起草させた[31]。この初稿は憲法起草委員会で取り上げられることはなかったが、毛沢東はこれを基に、一九五四年一月に杭州で憲法起草作業を開始することになった[32]。

この作業過程で参照された憲法は、ソ連憲法（一九一八年、一九三六年）やルーマニア、ポーランド、東ドイツ、チェコスロバキアなどの東欧諸国の憲法に加えて、中華民国臨時約法、天壇憲法草案、曹錕憲法、中華民国憲法およびフランス憲法（一九四六年）など、過去の政権や西欧の憲法も含んでいた[33]。同年三月には、陳伯達・胡喬木・董必武・彭真・鄧小平・李維漢・張際春・田家英が憲法小組を組織し、周恩来と董必武が共産党員以外の憲法起草委員会委員を招集し、併せて民国期から法学者として著名であった周鯁生と銭端升を法律顧問に迎え入れた[34]。憲法起草委員会は、さらに、人民政治協商会議で張瀾・羅隆基・費孝通・沈鈞儒・黄炎培・章乃器・張奚若・馬寅初・張志譲らと座談会を重ね、四月から五月にかけては全国各地で憲法草案に関する議論を活発化させた[35]。こうして中華人民共和国憲法草案は、六月に憲法起草委員会を通過した。その後、全国人民代表大会の代表選挙が完了すると、全国人民代表大会第一期第一回会議は九月二〇日に中華人民共和国憲法を制定し、社会主義の完成を目指す憲法を誕生させた。この五四年憲法は、内容面からすれば、まぎれもなく一九三六年のソ連憲法を模倣したものだった[36]。

ところが、ここでいくつかの疑問が生じる。その一つは、憲法制定権力に関わる問題である。

実のところ、全国人民代表大会が憲法を制定するとの根拠は、極めて不明瞭であった。全国人民代表大会の重大な任務が憲法制定であるとの毛沢東の発言[37]や劉少奇の「中華人民共和国憲法草案に関する報告」（一九五四年九月[38]）を除けば、共同綱領第一二条が根拠となるぐらいであった。仮に根拠が明示されていたとしても、上記で確認したように、共産党が主導して憲法草案を作成することに変わりはなかった。つまり、全国人民代表大会の憲法制定権が曖昧な状況下で、党が憲法を制定したというのが実態であった[39]。

それならば、次のような別の問題も浮かんでくる。通常、革命政権は革命を達成したがゆえに合法性を必ずしも考慮する必要はない。それにもかかわらず、なぜ共産党はこの時期に憲法を制定したのか。少なくとも一九五二年一〇月の段階では、訪ソ直前の劉少奇が社会主義憲法の制定を将来のこととスターリンに伝えていた[40]。

一般には、共同綱領が過渡的な性質のものであり、また、劉少奇の訪ソ直後にスターリンが憲法を制定して正当性を確保するように共産党に助言したからだ、と理解されている。ところが、共産党は、革命の成果を確たるものにし、闘争の経験を総括しながら新民主主義（人民民主主義）を確立して社会主義を完成させるために、「過渡期の総路線」を憲法の序文に書き込み、その指導思想と立法原則を打ち立てる政治決断をした、と考えられている。また、「過渡期の総路線」を実現させるための経済制度を創出するねらいも含まれていた、と言われている[41]。さらには、これらの理由に加えて、当時の憲法学者たちが憲法に規範を賦与しようとしていたことも、共産党による憲法制定を後押ししたと考えられている[42]。

ただし、五四年憲法は、中国の法制建設に重要な発展の基礎をもたらしたとされる[43]一方で、やはり限界性も有していた。なぜなら、ソ連の憲法観、憲政観が中国にもたらされた結果、権力均衡原理に基づく西側の民主政治や法治に根差す憲政観が放棄され、五四年憲法が立憲主義を排除することになったからである[44]。また、毛沢東が五四年憲法を過渡期の憲法として安定性と厳格性に欠けると認識していたこと、共産党が学者を介して憲法知識の普及に努めたにもかかわらず[45]、当時の人々が憲法の重要性を十分に認識していなかったことから[46]、五四年憲法は「過渡期の総路線」を実現するための道具になり下がってしまったからである[47]。したがって、一九五六年に社会主義への改造が完了し、一九五七年に反右派闘争が発動されると、五四年憲法は徐々に権威と効力を低下させ、規範的役割も担えなくなった。そのため、法制はその存在基盤を喪失し、司法の独立の原則も破壊されていった。

こうして五四年憲法は、とりわけ一九五七年を境にして麻痺していったが、同憲法に基づく憲政の歴史がすぐに途切れたわけではなかった。国家権力の最高機関かつ唯一の立法機関と位置づけられた全国人民代表大会は、第一期

（一九五四年九月―一九五九年四月）に計一一〇回の会議を、第二期（一九五九年四月―一九六四年一二月）に計一三七回の常務委員会を、第三期（一九六四年一二月―一九七五年一月）に計三三回の常務委員会を開催している。むろん、全国人民代表大会がどのように機能していたのかは別問題である。たとえば、第三期に至っては、一九六六年の文化大革命以後、機能停止状態に陥ってしまった。そこで、一九七五年一月に全国人民代表大会第四期第一回会議が、革命の継続を推し進める七五年憲法[48]を、さらに一九七八年三月に全国人民代表大会第五期第一回会議が、左派路線を肯定する七八年憲法[49]を制定して社会主義憲政の再建を図ろうとした。しかし、それらはいずれも短命に終わり、全国人民代表大会第五期第五回会議が、一九八二年一二月に憲法の地位を明確にした八二年憲法[50]を制定するに至った。

中国の研究者は、五四年憲法から八二年憲法への道程を憲政の成熟化の過程と捉えるものの、その発展の速度は緩慢だったと評価している。その理由は、よるべき経済基盤（市場経済）が欠落していたこと、有力な階級基盤（企業家）が欠落していたこと、憲政の伝統文化が欠落していたことにある、と考えている[51]。本論文集は、この理解がどこまで正鵠を射ているのかも問うことになるだろう。

本論文集の内容

本論文集は、三部一一章で構成される。

第Ⅰ部「歴史のなかの中国憲政」は、憲政とそれに関連する概念や制度がそもそも清末民国期にどのように受容されたのか、そして、この歴史的展開がどのような遺産を人民共和国期にもたらしたのかを論じる。

村田雄二郎「清室優待条件から見た中華民国初期の憲政体制」は、共和革命としての辛亥革命によって誕生した民国が、中華民国臨時約法に基づいて憲政を推し進めるにあたり、清帝退位とともに公布された「清室優待条件」がどのように成立し、それが民国初期の憲政体制のなかでどのような役割を果たしたのかを分析する。大胆に述べれば、共和革命としての辛亥革命は、「清室優待条件」と決別した馮玉祥による北京政変（一九二四年）によってようやく完結し、ここから憲政を追求する客観的な環境とそれに抗う政治文化が衝突するようになった、ということである。

もちろん、客観的な環境が整えられたといっても、憲政体制が安定するかどうかは、軍権の制度化と、その背後に広がっていた社会の軍事観にも左右される。また、自由と権利を保障し権力を分立するための法治概念の定着と、法治を支える人材育成制度にも左右される。

小野寺史郎「デモクラシーとミリタリズム――民国知識人の軍事・社会観」は、第一次世界大戦直後の中国において、デモクラシーや自由、平等といった「公理」がミリタリズムという「強権」と対立すると受けとめられていたにもかかわらず、反帝国主義の労働運動であった五三〇運動（一九二五年）後には、「公理」の実現には「強権」が必要だとする声が再び大きくなった、とした。一九二〇年代の中国では、国民の利益と軍事の関係をめぐって多様な可能性が模索され始め、そうした軍事観の広がりのなかで、その後の憲政が準備されていった。

中村元哉「中国憲政とハンス・ケルゼン――法治をめぐって」は、民国期の自由主義の展開とその下で実施された憲政が人民共和国にどのように引き継がれ、この一連の過程でケルゼンの純粋法学を受容した法学者が、憲政の基盤となる法治とどのように向き合ったのかを解明した。この純粋法学の受容は人民共和国期には表舞台からは消えたが、実際のところは、一九五〇年代後半の反右派闘争や一九六〇年代前半の調整期に批判的に言及されるほどに知識人には強く意識されており、一九七〇年代後半からの再評価へとつながっていった。

王貴松（杉谷幸太訳）「現代中国法学教育の起源」は、清末に誕生した中国の近代法学がどのように民国および人民共和国に継承されたのかを、近代法学とそれ以前の律学とを決定的に分ける公法学、とりわけ憲法学の視点から、克明に分析したものである。民国期に多数の人材を輩出した法学機関が人民共和国成立初期に中国人民大学、東北人民大学および北京政法学院、華東政法学院、西南政法学院、中南政法学院へと吸収合併され、その人材育成の系譜が改革開放から今日まで連綿と続いていることを示した。

つづく第II部「社会主義憲政の模索」は、人民共和国が一九五〇年代から一九七〇年代にかけて社会主義憲政をどのように準備し、それをどのように実施して今日に至っているのかを制度と思想から分析する。

孫宏雲（戸部健訳）「法学者・政治学者と一九五四年憲法の制定」は、銭端升ら党外の法学者や政治学者が五四年憲法の制定過程において周縁的な役回りしか果たせなかったことを論証した。確かに、五四年憲法は、共同綱領で謳われた人民民主統一戦線の枠組みのなかで制定され、それゆえに法政学者たちの参与は一九五〇年代政治の民主性と開放性を表してはいたが、共産党が憲法制定作業を主導したという事実はやはり否定できない。つまり、五四年憲法は、民国期に憲政の準備に一定の貢献を果たしてきた学者たちによってではなく、憲法の専門知識を欠いた共産党の幹部や理論家によって起草されたのであった。

このように五四年憲法の制定作業のみに注目したとしても、共産党という党の存在が一九五〇年代に増していったことは明らかであった。しかし、それでも、民国期に憲法制定作業と比例するかのように拡大していった公共空間が一九五〇年代に一気に消滅した、というわけではなかった。

水羽信男「中国社会と選挙――一九五四年の人民代表大会選挙を中心として」は、一九五四年に実施された普通選挙の実態を、共産党中央のみならず地方党部や社会の側から、さらには都市のみならず農村の側からも複合的に分析した。当時の普通選挙は、共産党の党治を正当化するための手段ではあったが、人々が主体的に政治に参加する公共空間を機能させようともしていた、と論じた。

しかし、憲政に基づく公共空間の維持ないし拡大という可能性は、その後の反右派闘争や文革によって完全に潰えた。それを象徴的に物語っていたのが、長年、七五年憲法だと理解されてきた。ところが、この七五年憲法の断絶性という評価は妥当ではあるものの、その断絶性の意味はもう少し慎重に検討されなければならない。

孫揚（泉谷陽子訳）「団結、憲法、四つの現代化――一九七五年の歴史的意味」によれば、七五年憲法は、文革で打倒された共産党の幹部を復活させ、エリート政治を再建すると同時に、社会主義憲政の経済基盤を構築しようとする時代の流れの中で制定された。そして、同憲法は、党の指導を条文で明記したからこそ、いわば中国初の社会主義憲法だとみなせる、ということである。つまり、七五年憲法は、中華民国憲法や五四年憲法の制定時に重視された憲政の経済基盤に再び注目が集まる時代性のなかで社会主義憲政を実施し、改革開放政策の下地を形成していった、ということになる。

最後の第III部「中華圏に播かれた憲政の種」は、民国期の憲政論や憲政による自由・権利の保障を求めた自由主義が、一九四九年の民国から人民共和国へという変化を受けて、中国にどのように引き継がれ、台湾と香港にどのように広がって活力を与えたのかを考察する。

章清（村田雄二郎訳）「憲政史の連続と断絶――王造時における民国時代の「遺産」」は、民国期における憲政の遺産が人民共和国期にどのような影響を及ぼし、中国憲政史がどのように連続し、断絶したのかを自由主義者王造時の生涯から論じた。王造時は、民国期を代表する政治学者の一人として憲政問題に関心を寄せ続け、人民共和国成立直後の政治発展を憲政の実行にとっては理想的であるとさえ認識した。しかし、反右派闘争以後、そのような主張は批判にさらされ、トーンダウンしていった。

久保亨「経済学者の社会主義憲政論――一九五七年の意見書草稿をめぐって」は、一九五〇年代の中国で模索されていた社会主義憲政の道を、経済運営のあり方に即して検討した。六名の経済学者が一九五七年に起草した意見書草稿「当面の経済科学の工作に関する我々のいくつかの意見」は、反右派闘争によって否定されたとはいえ、経済学者が専門家としての立場から主体的に経済運営に参画する制度を構想し、政府が経済情報を経済学者に提供すること、マルクス主義経済学を相対化することを要求した。

以上が中国を扱った論考であるのに対して、次の二章が台湾と香港を論じる。

潘光哲（森川裕貫訳）「台湾憲政文化のための歴史記憶――『自由中国』を中心として」は、国民党内部の自由主義を受け継いで一九五〇年代に台湾で発行された政論誌『自由中国』が、中華民国憲法を根拠として地方自治や「反対党」の合法性を訴え、国民党の「党国権威体制」を批判したことを評価する。そして、『自由中国』を軸にして憲政文化という歴史記憶を構築することが、現在の「エスニシティ政治」を解体する新たな台湾史のマスター・ナラティブの創出へとつながる、とした。

區《おう》志堅（古谷創訳）「自由なくして生きる道なし――一九五〇年代の香港と『自由陣線』」は、中華民国憲法の制定と施行を後押しした中国青年党と中国民主社会党を中心として一九五〇年代に香港で発行された『自由陣線』を分析した。この政論誌は、「自由なくして生きる道なし」を掲げ、反共を基調としながらも台湾移転後の民国政府も批判し、さらには、国際共産主義を批判する一方で自由主義陣営側のアメリカやイギリス、フランスにも批判の矛先を向けていった。このような自由主義思潮は、のちの『聯合評論』（一九五八―六四年／香港）の主張、すなわち、中華民国憲法を正常化させることで真の憲政を実施せよという主張へとつながっていった。

以上が第Ⅰ部から第Ⅲ部の要約である。この三部によって構成される本論文集からすれば、中国憲政史には「清末から現在へとつながる深みと広がりがある」ということになる。共産党は二〇一八年三月に憲法を部分改正して、国家主席の任期を事実上撤廃したが、こうした憲法改正の流れが、本論文集が示した「深み」と「広がり」のなかでどのようになっていくのか、しっかりと観察する必要があるだろう。

（1）尾佐竹猛『日本憲政史大綱』上・下巻（日本評論社、一九三八―三九年）、坂野潤治『日本憲政史』（東京大学出版会、二〇〇八年）。

(2)　高橋和之『立憲主義と日本国憲法』(有斐閣、二〇一〇年)。
(3)　高原明生「現代中国史における一九七八年の画期性について」(加茂具樹ほか編『中国　改革開放への転換――「一九七八年」を越えて』慶應義塾大学出版会、二〇一一年)。
(4)　村田雄二郎編『リベラリズムの中国』(有志舎、二〇一一年)が清末民国から人民共和国までをリベラリズムの視角から見通したのに対して、本論文集は、憲政の視角から社会主義中国を近現代中国のなかに定位しようとする試みである(石塚迅ほか編『憲政と近現代中国――国家、社会、個人』現代人文社、二〇一〇年も参照のこと)。リベラリズムと憲政との関連性を近現代中国において理論化する試みは、今後の課題となろう(深町英夫編『中国議会100年史――誰が誰を代表してきたのか』東京大学出版会、二〇一五年も参照のこと)。
(5)　たとえば、韓大元『亜洲立憲主義研究(第二版)』(中国人民公安大学出版、二〇〇八年)など。
(6)　張朋園『中国民主政治的困境 1909-1949――晩清以来歴届議会選挙述論』(聯経出版、二〇〇七年)。
(7)　王人博『中国近代憲政史上的関鍵詞』(法律出版社、二〇〇九年)二〇―二一頁。
(8)　王徳志『憲法概念在中国的起源』(山東人民出版社、二〇〇五年)四、八二頁。
(9)　佐々木揚「清末の「憲法」――日清戦争前後」(『九州大学東洋史論集』第三一号、二〇〇三年)。
(10)　前掲王人博『中国近代憲政史上的関鍵詞』二二―二三頁。
(11)　瀧井一博『文明史のなかの明治憲法――この国のかたちと西洋体験』(講談社、二〇〇三年)一二、一二八頁。
(12)　日本憲政視察の報告書には、「憲法の形式に欽定憲法、協定憲法、民定憲法の三種類があ」り、「欽定憲法こそが国体を守り、〔皇帝〕主権を強固にする」との認識が示されている(故宮博物院明清檔案部編『清末籌備立憲檔案史料』上冊、中華書局、一九七九年、三三、三五頁)。
(13)　曽田三郎『立憲国家中国への始動――明治憲政と近代中国』(思文閣出版、二〇〇九年)、同『中華民国の誕生と大正初期の日本人』(思文閣出版、二〇一三年)。
(14)　トルコについては、藤波伸嘉『オスマン帝国と立憲政――青年トルコ革命における政治、宗教、共同体』(名古屋大学出版会、二〇一一年)を参照。また、中国のトルコ憲政観については、野澤豊『孫文と中国革命』(岩波書店、一九六六年)、久保亨「ヴェルサイユ体制とワシントン体制」(歴史学研究会編『講座世界史　必死の代案――期待と危機の20年』第六巻、東京大学出版会、一九九五年)を参照。なお、同時代の中国のトルコ観については、柳克述『新土耳其』(商務印書館、一九二六年）と程中行編訳『土耳其革命史』（民智書局、一九二八年）が参考になる。

(15) 前掲瀧井一博『文明史のなかの明治憲法』一一頁。

(16) 前掲王徳志『憲法概念在中国的起源』三―四頁。

(17) 同右王徳志『憲法概念在中国的起源』八三、九一―一〇九頁。

(18) 前掲曽田三郎『立憲国家中国への始動』、前掲曽田三郎『中華民国の誕生と大正初期の日本人』を主に参照。

(19) 中村元哉『戦後中国の憲政実施と言論の自由 1945-49』（東京大学出版会、二〇〇四年）、前掲石塚迅ほか編『憲政と近現代中国』、前掲曽田三郎『立憲国家中国への始動』、韓大元主編『中国憲法学説史研究』上・下巻（中国人民大学出版社、二〇一二年）、前掲曽田三郎『中華民国の誕生と大正初期の日本人』など。とりわけ、鄧麗蘭『西方思潮与民国憲政運動的演進』（南開大学出版社、二〇一〇年）は必読の先行研究である。

(20) 何勤華『中国法学史』第三巻（法律出版社、二〇〇六年）などを参照。

(21) 前掲韓大元主編『中国憲法学説史研究』上巻、二八四―二八五頁。

(22) 胡錦光・韓大元『中国憲法の理論と実践』（成文堂、一九九六年）七頁、前掲韓大元主編『中国憲法学説史研究』上巻、二八七―二九二頁。

(23) ソ連の影響を受けた中国法学界は、しばしば憲法を国家法と表記した。国家法が憲法に再び取って代わられるのは、一九五〇年代半ば以降のことである（董璠與「中国憲法学40年」『政法論壇』一九八九年第五期）。

(24) 韓大元編『共和国60年法学論争実録――憲法巻』（廈門大学出版社、二〇〇九年）、高見澤磨・鈴木賢『中国にとって法とは何か』（岩波書店、二〇一〇年）。

(25) 前掲韓大元主編『中国憲法学説史研究』上巻、二九四頁。

(26) 前掲胡錦光・韓大元『中国憲法の理論と実践』七頁。

(27) 前掲韓大元主編『中国憲法学説史研究』上巻、四六三頁。

(28) 范進学『中国特色社会主義憲政発展論』（上海人民出版社、二〇一〇年）七三―七四頁、杜崎群傑『中国共産党による“人民代表会議”制度の創成と政治過程』（御茶の水書房、二〇一六年）も参照。

(29) 前掲胡錦光・韓大元『中国憲法の理論と実践』一頁。

(30) 前掲范進学『中国特色社会主義憲政発展論』九四―九五頁。

(31) 韓大元『一九五四年憲法与中国憲政（第二版）』（武漢大学出版社、二〇〇八年）六一―六二頁。
(32) 韓大元『一九五四年憲法与新中国憲政』（湖南人民出版社、二〇〇四年）七〇―七三頁。なお、制定過程を詳細に分析した韓大元『一九五四年憲法制定過程』（法律出版社、二〇一四年）も適宜参照している。
(33) 中共中央文献研究室編『建国以来毛沢東文稿』第四冊（中央文献出版社、一九九〇年）四三八頁、前掲韓大元『一九五四年憲法与中国憲政（第二版）』七五―七六、四〇四頁。
(34) 前掲韓大元『一九五四年憲法与中国憲政（第二版）』六四、九三頁。
(35) 殷嘯虎『新中国憲政之路』（上海交通大学出版社、二〇〇〇年）五三頁、前掲韓大元主編『中国憲法学説史研究』上巻、四四七頁。
(36) 前掲韓大元主編『中国憲法学説史研究』上巻、二七九―二八一頁。
(37) 『毛沢東文集』第六巻（人民出版社、一九九九年）三四九頁。
(38) 『人民日報』（一九五四年九月一六日）第一版。
(39) 王人博『法的中国性』（広西師範大学出版社、二〇一四年）一八二頁。
(40) 劉少奇「関於中国向社会主義過渡和召開全国人民代表大会問題（一九五二年一〇月二〇日）」（中共中央文献研究室編『建国以来劉少奇文稿』第六冊、中央文献出版社、二〇〇八年）五三〇頁。
(41) 前掲韓大元『一九五四年憲法与中国憲政（第二版）』三五―五四頁、前掲范進学『中国特色社会主義憲政発展論』一一九―一二七頁。とくに、前掲韓大元『一九五四年憲法制定過程』六六頁は、スターリンの影響が限定的だったと明確に述べている。
(42) 前掲韓大元『一九五四年憲法与新中国憲政』五七頁。
(43) 前掲胡錦光・韓大元『中国憲法の理論と実践』二頁。
(44) 前掲范進学『中国特色社会主義憲政発展論』一二八頁。
(45) 北京人民広播電台編輯部『討論憲法草案対話』（通俗読物出版社、一九五四年）、楼邦彦『中華人民共和国憲法基本知識』（新知識出版社、一九五五年）、呉家麟『憲法基本知識講和』（中国青年出版社、一九五四年）、中央政法幹部学校国家法教研室編（高橋勇治・浅井敦訳）『中華人民共和国憲法講義』（弘文堂、一九六〇年）。
(46) 前掲胡錦光・韓大元『中国憲法の理論と実践』二頁、前掲韓大元『一九五四年憲法与中国憲政（第二版）』四一五頁。

(47) 前掲范進学『中国特色社会主義憲政発展論』一二八頁。
(48) 前掲胡錦光・韓大元『中国憲法の理論と実践』三―四頁。
(49) 同右胡錦光・韓大元『中国憲法の理論と実践』四頁。
(50) 同右胡錦光・韓大元『中国憲法の理論と実践』四頁。
(51) 同右胡錦光・韓大元『中国憲法の理論と実践』五頁

第Ⅰ部　歴史のなかの中国憲政

第1章　清室優待条件から見た中華民国初期の憲政体制

村田雄二郎

はじめに

一九一二年一月中旬、対峙する南北両軍が国体問題をめぐる交渉を経て、清帝退位と共和政府樹立でようやく「大妥協」に向かう際、最後に遺された懸案は、皇帝退位の後、統治権をどのように移行するかであった。南北双方の間では、革命が成就すれば、臨時大総統孫文はその座を袁世凱に譲ることを言明していたから、実質的な権力移譲に障害が生じたわけではない。問題は、清朝政府から民国政府への統治権力の移行の方式とその解釈であった。これに関して、一月一九日に袁世凱は、退位詔書が下ったあかつきには、清朝政府と南京臨時政府をともに解消し、自らが天津で統一臨時政府を新たに組織するとの考えを隆裕皇太后に伝えるとともに、翌日には上海の伍廷芳に対して、清帝退位後二日のうちに南京臨時政府が自ら解散することを求めた。

だが、孫文ら南京臨時政府にとってこれは承服しがたい事態であった。孫文下野の条件として、あくまで新総統に選出される袁世凱の南京での就任を求めていたからである。こうして、唐紹儀と伍廷芳の間で合意に達していた退位詔書の公布はいったん先送りされた。伍廷芳は南京の孫文への電文のなかで、もとは一月二一日に清帝退位の諭旨を発表する予定であったが、「清帝の統治権が消滅したのに、臨時政府が事実上北方を直接統括できないのであれば、北方は無政府状態に陥る」との難題に直面したと交渉の内情を述べつつ、袁世凱と臨時政府の「双方が同意して全国統一政府を樹立」するとの打開策を提示した。[①]

だが、これに対し、孫文は伍の提案を即座に斥けた。曰く、自ら進んで臨時大総統の地位を袁世凱に譲ることを約束したのは、清帝退位後に袁が「満洲政府とすべての関係を断絶し、民国の国民に変わる」ことを条件としたからである。もし袁が民国政府（南京臨時政府）を取り消し、北京で別に臨時政府を組織するようなことがあれば、「皇室八旗へのあらゆる優待条件」は履行できず、戦争が再び起こるであろう、と。[②]

共和革命によって成立する新政府の「合法性」あるいは「法統」の源泉を、南京臨時政府に見るか、清朝皇帝の授権に見るかは、国民会議による国体決定という選択肢が失われていたこの段階では、まさしく南北双方にとって、新政府における実権掌握の鍵となる問題であった。結局、その後の交渉を得て、清帝退位後、袁世凱が共和への賛同を表明し、南京臨時政府が袁世凱を新たな臨時大総統に選出するという筋書きが成立する。そしてその筋書きに沿って、二月一二日の退位詔書公布に至るのだが、袁世凱の権力掌握の合法性は革命以後も曖昧なまま、さまざまな解釈の余地を残さざるを得なかった。[③] それを端的に表すのが、退位詔書の有名な一節である。

この新陳代謝の際には、南北統一の力があるべきだ。すなわち袁世凱により全権をもって臨時共和政府を組織し、民軍と統一の方法を協議するものとする。

退位詔書の鍵となるこの文言に関しては、従来袁世凱の偽造あるいは改竄にかかるとの説が一般的だった。だが、退位詔書起草の経緯や当時の状況から見て、袁一人の独断専行であるとは考えにくい。というのも、清帝退位前夜にかわされた伍廷芳と袁世凱の往復電文が示すように、袁世凱が南方革命派との妥協を目指しつつ、朝廷の裁可を経た上で、とりあえずの合意点とされたのが、退位詔書の最終版だったからである。

もちろん、だからといって、退位詔書の文案が袁世凱の主導の下に用意され、彼自身の手で修正が施されたことを否定するわけではない。日本の静嘉堂文庫が所蔵する退位詔書草稿は、「即由袁世凱以全権与民軍組織臨時共和政府、協商統一辦法」とあったのを、最終案の段階で「即由袁世凱以全権組織臨時共和政府、与民軍協商統一辦法」（傍点引用者）と、袁世凱が自らの筆で統治権の所在に関わる重要な修正を行ったことを明らかにしている。[4]

いずれにしても、後に有賀長雄が「革命時統治権移転之本末」（『観弈閑評』所収）[5]で述べたように、退位詔書の形式と内容は、中華民国は清朝皇帝の統治権（主権）の移譲により成立したとの解釈を与える余地があったことは否めない。[6]民国成立後、袁世凱ら北洋派が一九一二年の政権交代を「革命」ではなく、清朝からの権力移譲を前提とした「改政」と認識していた理由もひとえにここに存する。[7]

実は、退位詔書がもつこの「政治契約」[8]の曖昧で妥協的な性格は、同時に公布された「清室優待条件」にも共通する。退位詔書が政権移譲における一回限りの政治的機能を担ったのに対して、「清室優待条件」は民国政治においてその法的地位が何度か議論されたという意味で、むしろ退位詔書の異本（バリアント）あるいは付属文書と見るべきかもしれない（少なくとも、清朝の皇族やモンゴル王公の一部、そして清朝の遺臣はそのように考えていた）。

それは大きく言えば、民国成立後の新権力の性格、共和革命の評価、宣統帝の「小朝廷」の位置づけ、など民国初年のさまざまな政治課題にも直結する問題でもあった。結論を先どりして言えば、臨時約法に象徴される中華民国初期の憲政の「外部」にあったのが、北京の「小朝廷」であり、それを法的に保障する「清室優待条件」であった。とすれば、共和革命および民主憲政の実現には、この「外部」を消滅させ、清末期の政治遺産との決別を宣言することが求められよう。私見では、一九二四年一一月に馮玉祥国民軍が起こした北京政変こそ、その決別宣言にほかならない。以下、これまで清末民初の政治史であまり注視されてこなかった「清室優待条件」の成立過程を分析した上で、民国政治においてそれが果たした役割を分析し、「清室優待条件」の法的位置づけをめぐる論争を概観することで、初発の民国憲法体制をとりまく政治状況を考察する一助としたい。

一　南北講和と「清室優待条件」

「清室優待条件」とは、一九一二年二月一二日、清帝退位詔書と同時に下された「関於大清皇帝辞位後之優待条件」「関於清皇族待遇之条件」「関於満蒙回蔵各族優待条件」の総称である（以下まとめて「優待条件」と総称するが、主要には「関於大清皇帝辞位後之優待条件」を指す）。「優待条件」は清朝退位と引き替えに、民国政府が清朝皇帝・皇族・満蒙の王公などに対して、従前の地位と権利を保証した文書であり、その履行を確約するため、公布の日に南北双方の代表が各国の駐北京公使に照会し、各国政府に伝達された。

この「優待条件」に対して、これまで史学界では「国内外の野心家が中国の変乱をでっち上げるための傀儡の道具」[9]だとして、その意義を否定的に評価する見方が主流だった。これに異を唱えたのが、喩大華である。彼は「優待条件」は袁世凱がでっち上げた清朝側の文書などではなく、南北講和会議で最初に伍廷芳が提起し、辛亥革命における南北政権の譲歩・妥協の産物であるとしている。[10]筆者も、「優待条件」の歴史的な性格に関しては、喩大華の説に賛同する。

周知のように、一九一一年一〇月一〇日の武昌蜂起とそれに続く南方各省の独立宣言は、北方（清朝）と南方（革命派）との対峙状況を生み出した。双方いずれもが相手を制圧する決め手を欠くなか、一二月一八日に上海で始まった南北議和は、幾度かの曲折を経て、一九一二年一月中旬に共和政府の樹立と清帝退位の線でほぼ合意が成立した。清帝の退位詔書とともに「優待条件」を公布するという構想は、このとき南方の伍廷芳が中心となって提起したものと思われる。

実は、南北会議以前に、革命軍勢力が一堂に会した上海各省代表連合会で、「満清打倒、皇室礼遇、満人優待、各省統一」[11]の方針が提起されており、清帝退位と共和実現のあかつきには、その見返りとして相応の待遇を皇室や旗人に与えることが革命陣営内では確認されていた。伍廷芳による「優待条件」の提示も、そうした革命軍の既定方針に沿った挙措と見られる。南北議和と並行して、北洋派の段祺瑞が派遣した廖宇春と黄興の密使顧忠琛が秘密裏に和平交渉を進めた際、協議した五項目条款にも「確定共和政体」に続き「優待清皇室」の一項があった[12]。

多くの先行文献で「優待条件」の実際の起草者は汪兆銘とされる。だが、確たる史料的証拠はない。一九一一年一一月一五日に、袁世凱の意を体して「君主立憲党楊度」と「民主立憲党汪精衛」の協力下に結成された国事共済会が、その「宣言書」で次のように述べているのが、南北両軍に停戦と協力を呼びかけた最初の試みと言われる。

一君を保つことを目的に全国の流血を招くのは、君主立憲党の耐えうるものでない。一君を去ることを目的に全国の流血を招くのは、民主立憲党の耐えうるものでない。もし不幸にして二十二行省のなかに南北分離の事が起こり、また不幸にして漢人集団が一国を成して、蒙・回・蔵がバラバラになれば、内部分裂が原因で外部の瓜分の結果をもたらすことになり、亡国の責任は両党が分担せざるを得ない。これが救国の本意であろうか[13]。

確かに汪兆銘が楊度らとともに、武昌蜂起後まもない時点で、対立する両派の妥協を訴えていたことに鑑みて、「優待条件」草案の提示に際して、汪精衛の意向が強く働いていた可能性は排除できない。

上海の講和会議において南方の代表を務めた伍廷芳もまた、南北対立が解けぬまま分裂状況が続けば、やがて非漢民族の離反を招くだろうという汪精衛の危惧を共有していた⑭。孫文や黄興に対して、伍は「モンゴル、イリ、フルンベイルなどは次々と独立し、フルンベイルではさらに排漢扶清の声まで上がっている。〔中略〕しばらく大清の虚号を留めれば、これをもとに操縦できるかもしれず、離脱した満洲やモンゴルを再び統合できる⑮」と語っている。このことから考えて、伍廷芳が清朝退位の引き替え条件として、清室や満洲・モンゴル王公に対して一定の法的保証を与え、満蒙離脱の懸念を解こうとする動機は十分にあったと言えよう。

さて、伍廷芳が最初に「優待条件」の構想を袁世凱内閣に示すのは、唐紹儀との南北議和会談が進行中であった一九一一年暮のことである⑯。だが、まもなく唐紹儀が罷免され、上海での南北議和会議が中断したため、「優待条件」をめぐる交渉もいったん頓挫した。袁世凱の側では、年が明けてから伍廷芳と直接交渉を始めたものの、伍が提示した「優待条件」を検討した形跡はない。というのも、袁世凱にとってこのとき最重要の懸案事項は、「優待条件」を含めた清帝退位の問題ではなく、新政府を準備する「国民会議」の開催場所や招集方法、選挙法など、もっぱら革命派相手の権力の移行にまつわる問題だったからである⑰。

その後、一月中旬になって南北停戦協定が成立し、輿論の大勢が共和に傾くと、清朝退位と袁世凱への権力委譲という筋書きで、南北にほぼ合意が成立した。こうして「優待条件」の各条につき、伍廷芳と袁世凱の間で交渉を再開する条件が整った。しかし、ここでまた政権交替のあり方をめぐって、南北が腹の探り合いをするという新たな状況が生じた。つまり、袁世凱と南京臨時政府の間で、権力移譲の具体策——北方を無政府状態に陥らせず、国家の統一を保持するための方策——を改めて協議する必要が生じたのである⑱。これは実質的には、新政府樹立の際、袁世凱に全権を委ねることを革命派がいかに保証するかという、一種のシナリオ作りをめぐる駆け引きでもあった。孫文らが最も強く懸念していたのは、清帝退位の後、北京が南京とは別に臨時政府を樹立するという事態であった。こうした懸念を払拭し、清朝退位をめぐる南北の妥協を導くことが、共和革命の最終局面において解決すべき課題となった。ここで南方革命派にとって、袁世凱に南京臨時政府の合法性を認めさせる上で、一つの取引条件となったのが「優待条件」の策定である。

伍廷芳は袁世凱への「優待条件」提示に当たって、まず革命派陣営の意思統一をはかる必要があった。現在確認される限り、最初の「優待条件」草案は、一九一二年一月一八日に伍廷芳が南京の孫文と黄興に送った電文に見える[19]。この段階で、「優待条件」は「優待皇室条件」と「優待満蒙回蔵人条件」の二部から成っていた。まず大きな問題となったのは、清帝退位後の称号とその居住地である。前者に関して、伍案第一条では「大清皇帝は譲皇帝と改称し、相承けて廃されず、外国君主の礼を以てこれを待す」とされたが、これはもと清朝皇帝の地位と尊号は「世世相承」とあったのを、孫文らの批判を容れて改めたものである。また、退位した清朝皇帝が「仍《な》お宮禁に居す」という第二条の規定に関しても、南京では強い反対の声が上がった。黄興は「大清皇帝」の名称を保存し「世世相承」するとは無恥の極みであるし、第二条の「仍お宮禁に居す」ことを認めるのなら、退位しないのと同じだと強く反発した[20]。だが、伍廷芳はこれを削ると清朝からいらぬ疑念が生じかねないとして、この一文を留めた。さらに歳費以外に光緒帝の陵墓（崇陵）造営の工費を認めるかで、南京臨時政府には否定的な意見もあったが、これについても伍廷芳は、清朝への配慮から原案を大きく変更せずとの態度を貫いた[21]。

総じて言えば、革命派内部では「優待条件」草案をめぐって、(1)退位した清帝に対して「大清皇帝」の尊号を認めるか、(2)引き続き宮殿に居住することを認めるか、(3)民国政府が清室にどの程度の財政支援を行うか、などの点で意見の相違があった。だが、伍廷芳にしてみれば、最も大きな争点となった(1)の尊号問題は、「譲帝」と称しようが「清帝」と称しようが、いずれも「空名」に過ぎず、王公の世爵と同じく「廃物《くず》」だから重視するには及ばない、というものだった㉒。西洋の法学教育を受け、合理的な思考法を身につけた伍廷芳ならではの判断だと言えよう。このようにして、伍廷芳のイニシアティブの下で、「優待条件」はおおむね南北双方が合意できる案に練られていった。この意味で、伍廷芳は南北議和、わけても「優待条件」成立の最大の功績者であった。

二　「清室優待条件」をめぐる攻防

南京臨時政府での協議の上、改めて字句が整えられた「優待皇室条件」「優待満蒙回蔵条件」の草案を、伍廷芳は一月二〇日に袁世凱に提示した㉓。これに対し、袁世凱が清朝の意を酌んだ修正案を送付するのは、約二週間後の二月三日のことである。これは、南方派が繰り返し提示した「優待条件」草案に対する、袁世凱の最初の正式な反応であった。その内容は「甲、関於大清皇帝優礼之条件」「乙、関於皇族待遇之条件」「丙、関於満蒙回蔵各族待遇之条件」から成る。以下、二月一二日に上諭として下された最終版と比較するため、清帝への優待条件に当たる「甲」の全文を掲げる㉔（傍線部は削除部分、〔 〕内は加筆された部分である）。

甲、関於大清皇帝〔辞位之後〕優礼〔優待〕之条件。

第一款　大清皇帝〔辞位之後〕尊号相承不替、国民対於大清皇帝各致其尊栄之敬礼〔仍存不廃〕、与各国君主相等〔中華民国待以各外国君主之礼〕。

第二款　大清皇帝〔辞位之後〕歳用毎歳至少不得短於四百万両〔四百万両、俟改鋳新幣後、改為四百万円〕、永不得減額。如有特別大典、経費自民国担任〔此款由中華民国撥用〕。

第三款　〔大清皇帝辞位之後〕大内宮殿或頤和園由大清皇帝随意居住〔暫居宮禁、日後移居頤和園〕、宮内侍衛護軍官兵〔侍衛人等〕照常留用。

第四款　〔大清皇帝辞位之後〕宗廟陵寝永遠奉祀、由民国妥慎保護、負其責任、並設守衛官兵。如遇大清皇帝恭謁陵寝、沿途所需費用由民国担任〔由中華民国酌設衛兵妥慎保護〕。

第五款　徳宗崇陵未完工程、如制敬謹妥修〔如制妥修〕。其奉安典礼、仍如旧制。所有経費、均由民国担任〔所有実用経費、均由中華民国支出〕。

第六款　〔以前〕宮内所用各項執事人員、由大清皇帝留用〔可照常留用、惟以後不得再招閹人〕。

第七款　凡属大清皇帝〔大清皇帝辞位之後〕〔其〕原有之私産〔由中華民国〕特別保護。

第八款　大清皇帝有大典礼、国民得以称慶。〔第九款〕〔原有之〕禁衛軍、名額俸餉〔帰中華民国陸軍部編制、額数俸餉〕仍如其旧。

袁修正案の最大の特徴は、南方側の提案が「優待皇室条件」「優待満蒙回蔵条件」の二部立てであったのに対して、前者を「甲、関於大清皇帝優礼之条件」「乙、関於皇族待遇之条件」に分け、「丙、関於満蒙回蔵各族待遇之条件」と併せて三部立てにしたことである。修正の要点は、上述したところからも分かるように、退位した清朝皇帝の地位や体面を尊重し、宮廷を維持するに足る経費を保証するよう、臨時政府に向けて最大限の配慮を求めるものであった。ほぼ時を同じくして、段祺瑞ら北洋派の軍人、アムルリンゴイ〔阿穆爾霊圭〕やナヤント〔那彦図〕ら駐京モンゴル王公からも同じ内容の「優待条件」修正案が伍廷芳に伝えられた[25]。

さて、伍廷芳は袁世凱の修正案を受けて、汪精衛と唐紹儀を南京の孫文のもとに送り、草案修正の検討を依頼した[26]。二月五日「優待条件」が南京で臨時政府参議院の議に付され、袁の修正案に対して、それぞれ「甲、関於皇帝遜位後優待之条件」「乙、関於清皇族待遇之条件」「丙、関於満蒙回蔵各族待遇之条件」の再修正案が逐条討議の上で可決され、北京の袁世凱に送られた。[27] 原案の「退位」を「遜位」に改めているのが注目される。参議院の修正案の説明に当たったのは、伍廷芳・汪精衛・胡漢民の三人である。[28] 伍廷芳によれば、参議院の修正案は袁内閣案と大差なく、清朝側もおおむね賛同できるはずのものだった。伍は、袁案は当初提出した自案より清朝にとって「いっそう手厚い〔更為優渥〕」ものになっているのだから、肝心なのは清帝が「遜位」を実行することであると、一月中旬以来遅々として実現せぬ清帝退位を北京に促した。[29] 彼によれば、今回の修正案は退位後の清室に配慮するとともに、共和国体を強固にする意味もあった。[30] その点からすれば、これは南北双方が受け入れられる妥協案であり、清朝政府や北洋派、モンゴル王公など北方の政治勢力に最大限の配慮を示したものだった。ここにおいて、「優待条件」は南北間でほぼ合意を見るに至った。

ところが、南方ではこのとき思わぬ波紋が広がった。参議院が可決した「優待条件」に対して、革命陣営から共和の精神に背くものだとの批判の声が上がったのである。たとえば、武昌にあって北面招討使として清軍との戦いの前線にいた譚人鳳は、民主国体の下に「帝号」を残すことなどもってのほかだと、修正案を可決した参議院を強く非難した。[31] なかでも激しい反対運動を起こしたのは広東省である。広東省議会は、清帝が北京に居住し、帝号を去らず、王公封爵や禁衛軍などを残すのでは「体裁をなさぬ〔不倫不類〕共和国」となり、万国に笑われ将来に害を遺す、と「優待条件」を強く批判した。[32] また、広東都督陳炯明も「この度の和議のなかに清帝は仍お北京に居り、帝号を去らず、王公は旧に仍り爵を襲うとあり。この耗伝わり来たるや、全粤憤懣す」[33] と強い不満を寄せた。とはいえ、伍廷芳や汪精衛らの懸命の説得と釈明が奏功して、この反対運動が大きく広がることはなかった。[34]

南京から送られた修正案に対して、袁世凱はさらに逐条検討を加え、再修正案を二月九日に伍廷芳に示した。[35] その内容は、参議院案の「清帝遜位」の文字には北方軍民にとりわけ異論が強く、「致政」か「辞政」に変えるべきで、また歳費以外の「特別大典」の経費負担や退位後の皇帝の「護軍」についても、条文に残すべきだ、というものであった。同日、伍廷芳は五日の修正案は参議院の議決を経ているから、再修正には応じられないとしたものの、「遜位」を「辞位」に変えるなど字句に若干の修正を施したうえで、北京に打電した。袁世凱に送られたこの案に清朝も最終的に承認を与え、ここに「優待条件」をめぐる対立はようやく解消し、ついに南北の和議が平和裏に成就したのである[36]。

一九一二年二月一二日、清帝退位の上諭が下された。同時に「優待条件」も照会のかたちで駐京各国公使に通知され、各国政府へも伝達された。最後の段になって、「遜位」の文字は「辞位」に変更されたが[37]、共和への大きな潮流が中国全土を巻き込むなかで、それ以上字句をめぐる争いは起こらなかった。

その後、広東をはじめ南方各省に起こりうる誤解や懸念を払拭するために、伍廷芳は「優待条件」についてこう総括している。

案じるに、清帝辞位の問題では、一ヵ月余り協議した。辞位以降の優待条件に関しては、特に調整に手間取った。民国政府の方針が、漢満蒙回蔵の各民族を合して中華民国を樹立するものであることは、何度も懇切に説明した。また満蒙回蔵の各民族が共和に賛成する前提で取り決めた待遇条件は、平等大同の大義においても、行き届いた保護の精神においても、周到なものであった。しかるに満蒙王公が注目したのは、自民族の地位だけでなく、清帝辞位後の待遇の厚薄であった。もし辞位した清帝が優待を受けるのであれば、清帝がそうなのだから満蒙の諸族にも何ら心配はないし、もしそうでなければ、清帝ですらそうなのだから満蒙の諸族については言うまでもないと考えた。この種の思い込みは解きがたく、先には優待条件がなかなかまとまらなかったために、恐慌を来し、漢人に容れられないのであれば、外国に庇護を求める方がいいという声まで聞こえた[38]。

けだし「優待条件」をめぐる政治的舞台の表裏を経験した政治家ならではの言であろう。最後の一文は、一九二四年に宮廷を追われた溥儀のその後の言動を暗示するかの趣きさえある。「優待条件」の歴史的総括として、これに勝る一文はないと考える。

三　民国成立後の「清室優待条件」

清帝退位の結果、臨時大総統に就任した袁世凱は、やがて国民党が多数を占める国会との対決姿勢を強め、一九一三年一一月には国民党に解散命令を出し、国会を停止状態に追い込んだ。そして一九一四年三月には、約法会議を新たに設けて、議会に大きな権限を認める臨時約法に代わる、新たな最高法規の起草を命じた。こうして、五月に公布されたのが、中華民国約法である。新約法「附則」第六五条では、「中華民国元年二月一二日に公布された「大清皇帝辞位後優待条件」「清皇族待遇条件」「満蒙回蔵各族待遇条件」は永久にその効力を変更しない。「待遇条件」と関係する「蒙古待遇条例」は引き続き効力を有し、法律によらない限り変更できない」と規定された。「優待条件」が民国の憲法（約法）体系のなかに位置づけを得たのは、これが最初で最後である（中華民国約法は、袁世凱死後の一九一六年六月、大総統黎元洪が臨時約法の復活を宣言したことにより、廃止された）。

中華民国約法に「優待条件」の条項が書き入れられたのは、袁世凱の強い意向を反映したものである。「「優待条件」はいかなる時も断じて変更を認めず、憲法に列記すべきである」[39]と記していることからして、袁世凱が「優待条件」を憲法の条文に匹敵する重みをもつ法規範だと考えていたことは疑いない。また、新約法に「優待条件」を加えるよう慶親王奕劻から袁世凱にはたらきかけがあったことも、一定の作用があった[40]。

これに関連して、民国成立後の「小朝廷」で先帝溥儀の家庭教師を務めたレジナルド・ジョンストンは、その回顧録『紫禁城の黄昏』の一節で、民国初めには「優待条件」は憲法（中華民国臨時約法）に劣らず重視されており、その例として一九一三年に編纂された中華民国の法令集では約法の後に「優待条件」が付されていたことを挙げる。実際、同年に政府が刊行した『法令全書』はジョンストンが指摘する通り、臨時約法の附録に「優待条件」があり、民国の法体系のなかで、憲法に準じる扱いを受けていたことが分かる。(41) 袁世凱やジョンストンが「優待条件」を重視したのは、それが清帝「辞位」をもたらした南北和解の基本条件であり、拘束力をもつ法規と見なしていたからである。ジョンストンの解釈を聞いてみよう。

優待条件は、それに対する多くの非難があるにもかかわらず、革命の和解条件を構成する肝要な部分であり、もし共和制主義者がこれに同意しなかったならば、現在のような共和国の誕生がありえなかったことは厳然たる事実である。／したがって、優待条件がこの共和主義者と君主制主義者から正式の同意を受けた時、それが永久に両派を拘束するものと見なされていたことは疑う余地はない。相互の同意がない限り、この条項の破棄はいうまでもなく、どのような修正を加えることもできないのである。優待条件の写しは、永久的な記録及び外国政府への情報として北京の各国公使館に送付された。(42)

ジョンストンは、主に清朝の皇族や遺臣を代弁する立場から「優待条件」の法的重要性を力説している。ただし、権力の座にいる袁世凱にとって、「優待条件」はそれ以上の政治的意味をもつ文書であった。というのも、「優待条件」は「退位詔書」と並んで自らの権力獲得の合法性を証明するかけがえのない根拠であり、その忠実な遵守と履行は、国民党など議会反対勢力に対する権力の防波堤の意味も含まれていたからである。

時あたかも、袁が招いた法律顧問有賀長雄は、清帝退位による政権交替を、革命ではなく、清室から民国政府への統治権の移譲であるとする議論を展開していた。有賀によれば、「人民の上に統治権を有する旧来の清国皇帝が其の統治権を以て共和政体に賛成承認し、共和政体により外国君主に均しき優待を受くるを条件として之に其の統治権を譲移したるに因り、民国の共和政体は始めて全国に対し有効の政体として成立することを得たるもの」である。したがって、中華民国は民意に基づく共和政体ではないし、普通選挙を行い国会を開く必要もない、というのが袁世凱に対する有賀の助言であった(43)。権力強化を企む袁がこれを奇貨として歓迎したことは疑いない。有賀の「統治権移譲」論は、袁世凱が「優待条件」を約法、さらには実現しなかった「洪憲憲法」に書き加える法理的根拠を提供する掩護射撃となったのである。

さらに、袁世凱が「優待条件」を重視したのには、別の理由もあった。対モンゴル政策である。辛亥革命の時期、モンゴルや新疆では南方各省の独立に応じて、清朝からの独立を志向する重大な政治変動が起こった。だが、チベットとともに独立を宣言したハルハモンゴルとは違って、内モンゴル地区では、五族共和の呼びかけに応えて中華民国の統合の下でモンゴルの自治や自立を探る動きも見られた。たとえば、ジリム盟ホルチン左旗のアムルリンゴイはそうした「親中」派王公の一人である(44)。

橘誠によれば、辛亥革命の際、そもそも「中国」という国家概念がなかったモンゴルでは、清朝からの分離・独立に向かう動きのほかに、駐京モンゴル王公のなかに清朝への臣従を支持する勢力があって一枚岩ではなかった。さらに革命後の内モンゴルでは、ボグド・ハーン政権と中華民国のどちらに帰属するかという政治選択において、単純な敵味方の二分法におさまらない複雑な様相を呈していた。興味深いのは、ボグド・ハーン政権に恭順を示したゾーオダ盟ヒシクテン旗サザクのベフザヤーが、中華民国は「民人」(漢人)が清朝を亡ぼして建てた国であり、モンゴル・チベットに対して同化政策を実行していると、五族共和に警戒心を隠さなかったにもかかわらず、ボグド・ハーン政権と中国軍の戦闘を繰り広げた際には、中国側についたことである。[45] 袁世凱の対モンゴル政策が一定の効果を発揮したことをうかがわせる。

辛亥革命後も、ナヤントやアムルリンゴイら北京駐在のモンゴル王公は蒙古連合会を結成し、新政府に対して保護と優遇を求めて請願活動を展開した。一九一二年八月に民国政府が公布した「蒙古待遇条例」もそうした請願の成果である。これは、中央がモンゴルを「藩属」視せずに内地と一律に扱うことを定めるとともに、モンゴル王公の従来の管轄権や特権、爵位・封号、俸餉などを引き続き保障することを認めたもので、「優待条件」のモンゴル版と言える内容を具えていた。一九一二年一一月二三日、袁世凱は国務院に対し「蒙回蔵各族優待条件」と「蒙古待遇条例」を刊行してモンゴル各旗に頒布するよう命じている。

このように見てくると、袁世凱が「優待条件」を重視し、新約法に「「待遇条件」と関係する「蒙古待遇条例」は引き続き効力を有し、法律によらない限り変更できない」とわざわざ書き加えたのは、モンゴル人の離反を防ぎ、モンゴル地域を中華民国につなぎとめるという政治目的があったことが分かる。旧清朝のモンゴルに対する影響力を引き続き「活用」する意味でも、「優待条件」の履行は象徴的な民族統合政策の一部になったのである。

一九一四年一二月二六日、袁世凱政権は「善後弁法」七条を公布した。袁世凱の国会解散後、北京の街には、清朝の旧勢力が国体を変更し、政権を清室に返す「復辟」を策動しているという噂が流れたらしい。危機感を抱いた蕭政史・夏寿康らが、政府に取締りを求めたのに対応して、政府が出したのが「善後弁法」である。内容は、清室に中華民国を尊重すること、文書には大清年号ではなく民国紀年を用いること、賜諡や栄典授与を行わないこと、内廷の警察業務は護軍長官が管掌し、使用人や宦官の犯罪は司法官庁に送検すべきこと、などを求めるものであった。見られるように、民国時代になっても旧来の特権や慣習を存続させようと企む清朝遺臣など旧勢力を牽制し排除するのが、「善後弁法」の目的であった。袁世凱自身も「復辟」勢力に対する社会の懸念や反発に鑑みて、「優待条件」の範囲を超えて「小朝廷」を優遇する意図はなかっただろう。「善後弁法」の第一条に「優待条件特有の規定を除き、凡そ現行の法令と抵触するあらゆる行為はすべて廃止する」と明言しているのもそのためである。

しかし、「優待条件」の位置づけをめぐる綱引きは、袁世凱の死後もなおも続いた。一九一七年七月に張勲復辟事件が発生する前夜、清朝の遺臣が「優待条件」を新たな憲法に書き加えるよう求めて請願運動を起こした[46]。これに対して、内務総長の范源濂は「本年四月二〇日の憲法会議第四八回会議で、主席により「清皇帝優待条件」および「待遇蒙満回蔵各条件」はほんらい条約締結の性質があり、かつて参議院で議決したので、当然永遠に効力を有するとされ、憲法に入れるか否かを問わず、効力は同じであり、再議する必要はない[47]」として請願を一蹴した。だが、それにもかかわらず、その後も清朝の遺臣や復辟を求める勢力は政府に対し「優待条件」の憲法化を繰り返し求めた。その一因として、「優待条件」の法律上の位置が曖昧であり、旧新勢力がその履行に絶えず不安を感じていたことが挙げられる。だが、民国政府にしてみれば、「優待条件」を憲法の条文に格上げすることは、民国政府の法的正統性（法統）を切り崩しかねず、到底受け入れることはできなかった。総じて言えば、民国政府は旧皇室の影響力を利用して満蒙の王公貴族の信頼をつなぎとめるために、「優待条件」の履行を迫られたものの、「小朝廷」にそれ以上の待遇や特権を付与したり、「優待条件」を格上げしたりすることは、社会の強い反発もあり、慎重に回避し続けたのである。

ここで、「優待条件」履行の鍵となる歳費の支払い状況について付言しておこう。意外なことに、民国政府は財政の恒常的な不足に苦しみながらも、「優待条件」に定められた歳費を支給する努力を続けた。その額は銀元換算で六〇〇万元に上り、最初の二年（一九一二、一三年）は全額が清室に支給された。だが、一九一四年は四七六万余元にとどまったため、一九一五年からは四〇〇万元に減額となり、実際の支給額もそれを下回るようになった[48]。「小朝廷」の出費は清朝時代と変わらず続いたから、民国政府から支給される歳費だけでは到底まかなえなくなった。よく知られているように、少年溥儀は放漫な宮廷の出費に不満を抱き、「小朝廷」の財政改革に着手し、多くの宦官を放逐するなど、経費の削減を試みたが、内部の混乱を招くばかりであった。

四　北京政変と「清室優待条件」論争

上述したように、民国初年の時期、「優待条件」は約法に準じる法規という位置づけがなされた。少なくとも袁世凱の定めた中華民国約法（新約法）においてはそうだった。しかし、もとより一般社会にそうした認識が共有されていたわけではない。特に北京以外の地方では、「優待条件」を「準憲法」と見なすことには、「復辟」派を勢いづけるだけだという警戒心が根強くあった。一九一三年に王寵恵が起草した「中華民国憲法」私案には、第六四条で「大総統は中華民国元年二月一二日に公布した優待条件の範囲内で勲章その他の栄典を授与できる」とある。王自身の説明によれば、民国の人民は一律平等であって、特殊な称号や標識は共和の理に相反する。ただし「前清が議定した優待条件は、立国の始めに平和を確保するためにとったやむを得ざる方法であるから、唯一の例外であり、これを先例とすることは絶対にできない」(49)。これは、優待条件を例外的な法規定と考え、その適用範囲をできるだけ狭く限定する立場である。王のような法律専門家のみならず、これは当時の政界に広く共有されていた認識であると言っていい。

成長するにつれて「小朝廷」の旧態依然ぶりに嫌気が指し、海外留学を希望するものの周囲の反対で挫折した溥儀ですら、その自伝のなかで、一度は「優待条件」の廃棄を進んで口にしたことを語っている(50)。袁世凱の死後、民国の政局がめまぐるしく転変する状況の下、一部の国会議員が清室への優待を取り消すべきと主張をしているとの噂を耳にして、いっそ民国に「優待」など返上して外国に飛び出したいのだという、いかにも血気盛んな若者の性急な想いであった。溥儀がここで言及する国会議員の発言というのは、おそらく一九二二年七月衆議院議員李慶芳が溥儀の帝号を廃止して優待条件を改めるよう求めた意見書(51)、あるいは同じく衆議院議員の李燮陽らが一九二三年一月に提出した「優待条件」廃止議案を指すものと思われるが、このときはさして反響を巻き起こすに至らなかった。李燮陽は一九二四年二月末にも「取優待条件」決議案を国会に再度提出した[53]。その背景には「小朝廷」の存在を快く思わなかった直隷系軍人呉佩孚らの意向があったものと考えられる。呉佩孚は一九二二年六月、第一次奉直戦争に勝利して張作霖軍が北京から撤退してまもなく、大総統黎元洪に「清室優待条件」の廃止を提案している[54]。「大清皇帝辞位後優待条件」第三条の規定にもかかわらず、頤和園に移ることなく紫禁城に居住し続ける「小朝廷」への風当たりは、民国成立後一〇年を過ぎて、北京の社会に次第に強まりつつあった。

事態を急展開させる転機となったのは、一九二四年一〇月に起こった北京政変である。呉佩孚らの直隷軍を打ち破り北京を制圧した馮玉祥の国民軍は、まず大総統曹錕を辞職させ、次いで溥儀を一方的に紫禁城から追い出す挙に出た。この際、馮軍は「修正優待条件」を公表し、「代理大総統黄郛」の名義でこれを清室に突きつけた。一一月五日のことである。「修正優待条件」は以下の五条から成る[55]。

(1) 大清宣統皇帝は即日より永遠に皇帝の尊号を廃し、中華民国〔国民〕と法律の上で同等のあらゆる権利を有する。

(2) 本条件の修正の後、民国政府は毎年清室に五〇万元を補助するとともに、特に二〇〇万元を支出して北京に貧民工場を開き、旗籍の貧民をすべて先ず収容する。

(3) 清室は優待条件第三条に基づき、即日禁宮から退去する。以後は自由に居所を選択しうるが、民国政府はなお保護の責任を負う。

(4) 清室の宗廟陵寝は永遠に奉祀する。民国は適宜衛兵を置き、適切に保護する。

(5) そのすべての私産は清室の所有に帰し、民国政府は特別に保護する。そのすべての公産は民国政府の所有に帰する。

見られる通り、従前の優待条件が定めた尊号や特権をほぼ剝奪し、溥儀の「小朝廷」を事実上解体するという、最後通牒に等しい通告であった。溥儀ら一行がこの通告に従い、摂政を務めた父の醇親王府に移り、その後日本公使館を経て、天津の日本租界に居住し、関東軍と関係を深めていく経緯はよく知られる。

馮玉祥軍による「修正優待条件」の通告と溥儀の「出宮」は、民国成立以来存続してきた「優待条件」の事実上の終焉を意味した。多くの市民はこれを歓迎したが、なかにこれを疑問視する意見がなかったわけではない。特に、辛亥革命の際南北和議に関わった北洋系の政治家や軍人には、馮軍による一方的な溥儀「追放」に非難の声を上げる者もいた。たとえば、袁世凱に派遣され北軍代表として南北和議に立ちあった唐紹儀は、上海の英字紙*North China Daily News*に談話を寄せ、「優待条件」は南北間の「厳粛なる協議」を経て出来上がったものであり、これを破棄するのは「一つの道徳的問題」であると「優待条件」の「修正」を批判した[56]。また、北洋系軍人の段祺瑞は国務総理になったばかりの黄郛への通電で、「優待条件」は清朝退位と同時に各国公使に通知したという「国際的関係」があり、条約の性格を具えた文書であると指摘し、やはり「優待条件」の一方的変更に疑問を呈した。さらに、北京政変を機に中央政界への復帰を果たした奉天系軍人の張作霖も段祺瑞に同調した[57]。段祺瑞の通電に対しては、康有為がすばやく反応し、清帝が故宮にいて尊号を称するのは、イタリアが教皇を優遇するのと同じだという論理をもち出し、「六〇年来ローマが優待条件を改め、教皇を放逐して尊号を廃し、教皇宮を荒らしてその財宝を奪うとは聞いたこともない[58]」と述べ、馮玉祥による溥儀の放逐を強く非難した。さらに、在京の満人（旗人）やモンゴル人が結成した「満蒙協進会」「満族同進会」「旗族互救急進会」などの団体も電文や書簡を発して、政府に「優待条件」の維持を訴えた[59]。

ただ、これらは一部の声にとどまり、「優待条件」の護持を求めたのは、康有為のような君主制論者や唐紹儀・段祺瑞ら旧北洋系の政治家・軍人だけであった。周作人は、溥儀「出宮」の後、北京総商会が政府に対して「優待条件」を復活するよう求めたことを批判して、「北京市民は中国人のなかで奴隷意識（家奴気）が最も旺盛で、人間意識（人気）が最もたりない奴らだ」[60]と痛烈に皮肉る一文を『京報』副刊に発表した。この周作人の文章に北京高等師範学校学生の班延兆が批判文を寄せたことにより、「優待条件」の性格や溥儀の「出宮」をめぐって一九二四年末から二五年はじめにかけて『京報』副刊誌上で一連の論争が惹起された。論争はもっぱら周作人が皮肉った北京市民の「家奴気」や「優待条件」の「法理」をめぐって展開したが、さすがに溥儀の復辟や「優待条件」の復活を求める意見は皆無であった[61]。

こうした社会の反応を背景にして、北京政変の直後に、「優待条件」はいかなる性格の文書なのか、法律なのか契約文書なのか、私的に結んだ条約なのか国際条約なのかなどの解釈をめぐって、知識人の間では法学者を交えて活発な議論が巻き起こった。口火を切ったのは、溥儀「出宮」後ほどなくして胡適が外交総長王正廷に宛てた公開書簡である。

> 私は清室が帝号を保存するのに賛成しないが、清室の優待は一種の国際的信義であり、条約的関係である。条約は修正し廃止できるが、堂々たる民国が人の弱みにつけ込み、人の喪に乗じて、これを強行するとは、民国史上の最も不名誉なことである[62]。

このように「優待条件」破棄を批判する胡適は、政府に対して、清帝と家族の安全を保証し、清宮の古物は民国が正式に接収して「国宝」として保存すること、清室には接収した宝物や私産に対する十分な代価を支払うことを訴えた。

新鋭の進歩的文化人と目される胡適の発言であるだけに、溥儀や清室に同情的なその政治姿勢は広く注目を集め、新文化知識人のなかからはその真意をいぶかる声が続々と上がった。たとえば、周作人は『晨報』の記事を見るや、胡適に手紙を書き、「二〇年間辮髪を垂らす苦痛の生活を経験し、革命と復辟の恐怖の体験を味わったことのある個人の目を以てすれば、これ〔清室に対する政府の処置〕はきわめて正当なことであり、歴史上の栄誉とは言えないにしても、決して汚点ではないと思う[63]」と胡適に異を唱えた。また、胡適の同僚で北京大学教授であった李書華・李宗侗も連名で胡適に書簡を送り、「新文化の領袖、新思想の代表」がこうした論調を発表するのは意外だとし、「中華民国の国土のなかでは、一人の皇帝と中華民国は絶対に同時に存在してはならず、皇帝の名号が取り消されない限り、中華民国は完全に成立しない[64]」と述べ、胡適の認識は根本から誤っていると批判した。このように、溥儀「出宮」に対する知識人の反応は、清帝の称号を保存し清室の特権を認める「優待条件」にはおおむね否定的であり、帝号の剝奪や優待の廃棄をむしろ遅きに失した挙と見なし、胡適の清室寄りの発言には批判的な論調が圧倒的多数であった[65]。

興味深いのは、「清室の優待は一種の国際的信義であり、条約的関係である」という胡適の指摘に対して、政治学者や法学者たちが「優待条件」の法的性格をめぐる議論を展開したことである。まず、北京大学政治系教授の周鯁生は「清室優待条件」は「国際条約」でも「私法的契約」でもなく、民国政府が新旧交代の特殊な情勢のなかで、政治的善後策のための権宜の方法として、国中の一姓人に与えた特典にすぎない、と論じた[66]。これに続いて北京大学法律系教授の王世杰も「優待条件」は国際条約、普通契約、法律命令のいずれでもなく、公法契約の一種であるから、その変更や廃止は民国政府の一方の意志で行うことができるとして、民国政府による「優待条件」修正を擁護した[67]。さらに、北京大学および北京法政大学で法学を教える寧協万は、「優待条件」は国際条約ではなく、国内法規の一種であり、「条件」は「規則」「章程」の意だから、随意に廃止するも可であるとの解釈を示した[68]。「優待条件」の法的性格の解釈にはそれぞれ違いがあるものの、これら専門家の意見は、「優待条件」が国際条約であるとの胡適の解釈を否定し、民国政府による「優待条件」の修正・廃止を正当化する点では一致していた[69]。

教育部次長の馬叙倫は、周鯁生の「特典」説に同調し、「優待条件」は辛亥革命の際、民国政府が清朝に与えた一種の「贈り物（礼品）」であり、一九一七年の復辟は、民国が「贈り物」を与えた意思を裏切るもので、清室には「優待条件」を継続して要求する理由はない、と論じた[70]。外交総長王正廷も「優待条件」は対等な国家間に結ばれる条約とは違って、一方の善意に依るものであり、「多数国民の同情」があれば、いつでも修正は可能だとして、胡適らの「国際的信義」「条約的関係」論に反駁した[71]。総じて言えば、当時の輿論の主流では、「優待条件」の一方的破棄について、唐紹儀が提起した「道徳的問題」や胡適の言う「国際的信義」は、まったく議論にならなかった。突然の溥儀「出宮」に関しては、オランダ・イギリス・日本公使から中華民国外交部に問い合わせがあったものの、宣統帝の生命財産は政府が責任をもって保護するとの外交総長の回答で、それ以上の国際問題になることもなかった[72]。社会の一般的な認識としては、「優待条件」は賞味期限の過ぎた時代遅れの産物であるという、馬叙倫の所論が最大公約数であったと言える。

実は、「優待条件」の法的性格や民国憲法（約法）との関係については、北京法政専門学校の黎伯顔が専門家としての立場から一九一八年に問題提起をしていた。黎はこの先駆的な論考で、「優待条件は条約でも契約でも法律でもな」く、「自己の統治権を制限する一つの宣言」にすぎず、「清室に一つの特権を付与するとの宣言である[73]」と論じていた。論点は、北京政変後に書かれる周鯁生の「特典」説や馬叙倫の「贈り物」説に重なるところが多いが、この時は空砲に近く、ほとんど反響を呼ぶこともなかった。ところが、溥儀「出宮」後の「優待条件」論争は、条文そのものが修正されたばかりか、溥儀の退去と「小朝廷」の解体により「優待条件」の根拠が消滅するという時点で起こったものだった。革命後も帝号を残す「小朝廷」の存在を疎ましく思っていた「優待条件」反対派・否定派は、ここで一挙に勢いづいたのである。

とはいえ、「優待条件」の法的性格については、条約・法律・契約・命令から特典・贈り物という解釈まで、専門家の間ですら多くの分岐があり、最終的な結論が出たわけではなかった。また、歴代の民国政府も袁世凱を除けば、「優待条件」の法的位置づけに関しては、終始不即不離の態度をとり、北京政変が起こるまで、あえてこれに手を触れようとする政治家は一人もいなかった。清帝退位とともに成立し、清帝「出宮」によって最期を迎えた「優待条件」は、民国政治のときどきの状況を映し出す鏡の役割を担いながら、その法的位置づけに関しては終始曖昧なままであった。それにもかかわらず、辛亥革命期の南北和議の結果として取り交わされた「優待条件」の諸規定は、旧清朝と民国政府の政治的「約言」として一定の政治的機能を果たし、一二年余りの間、有効であり続けたのである。

おわりに

溥儀は一九二四年一一月五日に紫禁城を出た後、しばらく父の住む醇親王府に身を寄せ、一一月二九日に日本公使館に「避難」した。さらに、翌二五年二月二三日晩、ひそかに北京を離れ汽車で天津に向かった。このことが新聞報道などで明らかになるや、それまで比較的溥儀に温和で同情的だった輿論の一部は、清室や遺老に対する批判を強めた。とりわけ、一九二五年七月に清室前後委員会が故宮の文物や文書を点検する過程で、「清朝復辟陰謀」の文書を発見したとの報が伝えられると、「修正優待条件」の即時撤廃、「復辟」勢力の取締りと処分を求める声が空前の高まりを見せた(74)。天津に移居した溥儀や遺老は、なおも「優待条件」の復活を求めて幾度も民国政府への働きかけを続けたが(75)、時代は「革命」の段階へと推移しつつあり、もはや狂瀾を既倒に廻らすすべはなかった。

民国の憲法体制という観点から見た場合、一九一二年から一九二四年まで存在した「優待条件」をどのように位置づけるべきか。これに関して、周作人は「出宮」した溥儀に宛てた公開書簡でこう述べている。

貴方が宮城に居住するが故に、我々は復辟の種子をおそれたばかりでなく、革命事業もそのためいまだ完成せずと感じていた。貴方個人について言えば、一人の青年を城壁のなかに監禁していることにも、落ち着かない思いをしていた。〔中略〕人々は求めているのは身体および思想の自由であって、「優待」ではない。――優待されれば、自由は失われる。貴方は宮城に閉じ込められて、道路で自転車をこぐ自由すらなかった。我々に直接の責任があるわけではないが、それを聞いて申し訳なかった。いまや貴方はこうした束縛ある生活から離れ、自由の天地にもどった。我々は本当にこれを喜ばしく思うし、自分も心安くなったのだ。(76)

周作人はここで、本人に代わって皇帝溥儀の「人間宣言」を行ったと言える。「身体および思想の自由」に集約される五四新文化運動の精神は、確かに溥儀の周辺にもおよび、権力を奪われ形骸化した皇帝制度に最後通牒を突きつけつつあった。その矢先に突然「小朝廷」を見舞ったのが、北京政変であり、「優待条件」の事実上の撤廃であった。こうした点から見ると、民国成立後も帝号の保存と皇室の特権を保証した「優待条件」が消失したことは、一九一二年の共和革命の最終的完成、王朝時代の政治遺産の最終的清算と見ることができる。言い換えれば、「優待条件」が終焉を迎えた一九二四年という年は、南北和議によって成立した「共和」の時代から、新たな「革命」と「党治」の時代へと中国政治の焦点が移行するプロセスの起点であった。(77)

法的な観点から見ると、「優待条件」は、袁世凱の新約法を例外とし、一貫して民国の法体系のなかに組み込むとの困難な憲法（約法）の「外部」にあった。「満蒙」地域の統合問題を視野に収めるのであれば、「優待条件」の適用領域を「異法域」として括り出すことも不可能ではない。しかしこの「異法域」には法措定の主体も法適用の領域も終始不在であった。この意味でも、やはり「優待条件」は一般的類型化の困難な政治文書であった。強いて言えば、曖昧で緩やかな政治的「約言」であり、その政治的効用よりは、国家統合上の象徴的な作用に重きが置かれた「契約」であった。

かりに「帝国」を異法域の結合体として定義する（山室信一）のであれば、清朝の統治体制を部分的に継承する「優待条件」は、民国期における「異法域」の痕跡、残像であった。その後の中国政治は、民主憲政を求めるにせよ、以党治国を求めるにせよ、「異法域」を包含する統治体制を否定し、単一の国制を樹立する方向に邁進していった。ただ、中華民族の凝集にせよ、五族共和にせよ、多民族統合の課題を抱える限り、中国では多元的な法域の構成が、絶えず国民統合に関わる政治課題とならざるを得ない。「優待条件」は武力により突然の廃止というかたちで消滅した。それが社会多数の歓迎を受けたことは確かだが、胡適の公開書簡が暗示するように、民国社会にある種の亀裂と抑圧をもたらしたこともまた確かである。抑圧されたものの回帰は、やがて政治的反動として現れるだろう。我々は一九三二年の「満洲国」の樹立を、そのような抑圧への無意識的反動として見ることができるかもしれない。

（1）伍廷芳「致南京孫文電」（観渡廬〔伍廷芳〕編『共和関鍵録』第一編、沈雲龍編『近代中国史料叢刊続編』文海出版社、一九八一年）八三頁。

（2）「致伍廷芳及各報館電」（中国社会科学院近代史研究所中華民国史研究室ほか編『孫中山全集』第二巻、中華書局、一九八二年）三四―三五頁。

（3）章永楽『旧邦新造　一九一一-一九一七』（北京大学出版社、二〇一一年）、特に第二章「一九一一-一九一二年的〝大妥協〟――過程、意義与局限」。

（4）劉路生・駱宝善・村田雄二郎編『辛亥時期袁世凱秘牘（静嘉堂文庫蔵檔）』（中華書局、二〇一四年）六六頁。

（5）原載は『法学会雑誌』第一巻第八号（一九一三年一〇月一五日）。王健編『西法東漸――外国人与中国法的近代変革』（中国法政大学出版社、二〇〇一年）所収による。

(6) 松井直之「清末民初期の中国における立憲主義の継受――有賀長雄の天皇機関説に着目して」（高橋和之編『日中における西欧立憲主義の継受と変容』岩波書店、二〇一四年）。
(7) 唐啓華「北洋派と辛亥革命」（辛亥革命百周年記念論集編集委員会編『総合研究　辛亥革命』岩波書店、二〇一二年）。
(8) 前掲章永楽『旧邦新造　一九一一―一九一七』六六頁。
(9) 陶菊隠『北洋軍閥統治時期史話』上冊（生活・読書・新知三聯書店、一九八三年）一三一頁。
(10) 喩大華「『清室優待条件』新論：兼探討溥儀潜往東北的一個原因」（『近代史研究』一九九四年第一期）。
(11) 原文は「一推翻満清、二優礼皇室、三厚待満人、四統一各省」。「外務部司院曽宗鑑為報南方代表已赴滬等事致外務部丞参電」（中国第一歴史檔案館編「宣統三年清室退位檔案」、『歴史檔案』二〇一一年第三期）。
(12) 廖少游『新中国武装解決和平記』（劉萍・李学通主編『辛亥革命資料選編』第四巻上冊、社会科学文献出版社、二〇一二年）二三三頁。
(13) 「国事共済会宣言書　附簡章」（劉晴波主編『楊度集』湖南人民出版社、二〇〇八年）五三七―五三八頁。国事共済会が袁世凱と近い関係にあったことについては、李守孔「南京臨時政府成立前後清帝退位之交渉」（中華文化復興運動推進委員会編『中国近現代史論集⑱』台湾商務印書館、一九八六年）参照。
(14) 丁賢俊・喩作風編『伍廷芳集』下（中華書局、一九九三年）四四一頁。
(15) 伍廷芳「致孫文、黄興電」（一九一二年一月一九日）（前掲丁賢俊・喩作風編『伍廷芳集』下）四四五頁。
(16) 伍廷芳「致袁世凱電」（一九一二年一月二六日）（前掲丁賢俊・喩作風編『伍廷芳集』下）四五七頁。
(17) 「北京袁世凱来」（一月二四日、一月二六日）（前掲観渡廬（伍廷芳）編『共和関鍵録』第一編）八四―八六頁。
(18) 「致孫文、国務各総長、参議院長電」（一九一二年一月二一日）（前掲丁賢俊・喩作風編『伍廷芳集』下）四五〇―四五一頁。
(19) 「致孫文黄興」（前掲観渡廬（伍廷芳）編『共和関鍵録』第一編）七二―七四頁。
(20) 「陸軍部黄興来」（前掲観渡廬（伍廷芳）編『共和関鍵録』第一編）七七頁。
(21) ちなみに、歳費の額に関して、袁世凱の草案では「大清皇帝歳用、毎歳至少不得短於五百万両、以備特別典礼之用、永不得減額。如有特別大典、由民国経費担任」とあったが、最終案では「大清皇帝辞位之後、歳用四百万両、俟改鋳新幣後、改為四百万元、此款由中華民国撥用」と改められた。前掲劉路生・駱宝善・村田雄二郎編『辛亥時期袁世凱秘牘（静嘉堂文庫蔵檔）』三八頁。

(22) 伍廷芳「致孫文、黄興電」（一九一二年一月一九日）（前掲丁賢俊・喩作風編『伍廷芳集』下）四四七頁。

(23) 伍廷芳「致袁世凱電」（一九一二年一月二〇日）（前掲丁賢俊・喩作風編『伍廷芳集』下）四四八―四四九頁。

(24) 前掲観渡廬〔伍廷芳〕編『共和関鍵録』第一編、九四―九六頁。

(25) 「北京阿王那王等来」（二月五日）、「北方各将領来」（二月五日）（前掲観渡廬〔伍廷芳〕編『共和関鍵録』第一編）一二八―一三〇頁、一三二―一三四頁。

(26) 伍廷芳「致孫文電」（一九一二年二月四日）（前掲観渡廬〔伍廷芳〕編『共和関鍵録』第一編）四七五頁。

(27) 伍廷芳「致袁世凱電」（一九一二年二月六日）（前掲観渡廬〔伍廷芳〕編『共和関鍵録』第一編）四七七―四七八頁。参議院の修正案は「参議院議事録（南京）」（李強選編『北洋時期国会会議記録彙編』第五冊、国家図書館出版社、二〇一一年）二二五―二二七頁に見える。

(28) 郭孝成編『中国革命紀事本末』第三編（商務印書館、一九一二年）二六一頁。

(29) 伍廷芳「致孫文、国務各総長、参議院長電　一」（一九一二年二月六日）（前掲丁賢俊・喩作風編『伍廷芳集』下）四七九頁。

(30) 伍廷芳「致孫文、国務各総長、参議院長電　二」（一九一二年二月六日）（前掲丁賢俊・喩作風編『伍廷芳集』下）四八〇頁。

(31) 「致孫大総統、黄陸軍長、参議院議員諸公」（二月八日）（『南京臨時政府広報』第一三号、劉萍・李学通主編『辛亥革命資料選編』第四巻下冊、社会科学文献出版社、二〇一二年）六三二―六三三頁。

(32) 「広東省議会来」（二月一二日）（前掲観渡廬〔伍廷芳〕編『共和関鍵録』第一編）一二七―一二八頁。

(33) 「広東陳炯明来」（二月九日）（前掲観渡廬〔伍廷芳〕編『共和関鍵録』第一編）一一七頁。清帝退位後も陳炯明は「優待条件」への不満を孫文らに繰り返し述べている（「広州陳炯明来」、前掲観渡廬〔伍廷芳〕編『共和関鍵録』第一編、一二八―一二九頁）。

(34) 「夏君清貽来函云、此次優待皇室各款、皆委曲以求和平、人所共諒、而粤軍独極端反対、経伍秩庸〔伍廷芳〕、汪精衛両君、竭力解釈、調停其間、始克就緒」、前掲廖少游『新中国武装解決和平記』二六七頁より再引。

(35) 「北京袁世凱来」（二月九日）（前掲観渡廬〔伍廷芳〕編『共和関鍵録』第一編）一〇九―一一一頁。

(36)「覆北京袁世凱」（二月九日）（前掲観渡廬〔伍廷芳〕編『共和関鍵録』第一編）一一三―一一四頁。
(37)前掲郭孝成編『中国革命紀事本末』第三編、二六七頁。
(38)伍廷芳「致孫文、黎元洪、各省都督電」（一九一二年二月一七日）（前掲丁賢俊・喩作風編『伍廷芳集』下）四九八頁。
(39)袁世凱「手題『清室優待条件』」（一九一五年孟冬）（駱宝善・劉路生主編『袁世凱全集』第三三巻、河南人民出版社、二〇一三年）二七四頁。また「所有満蒙回蔵待遇条件継続有効令」でも、袁は憲法に「優待条件」を入れるべきだと述べている（同上六四〇頁）。
(40)「優待条件加入約法之問題」（『大同報』第二〇巻第一五期、一九一四年）。
(41)〔中華民国〕印鋳局編纂処編『法令全書』（出版社不詳、一九一三年）。
(42)R・F・ジョンストン（渡部昇一監訳、中山理訳）『紫禁城の黄昏（上）』（祥伝社、二〇〇五年）二〇五―二〇六頁（原書は一九三四年刊）。
(43)前掲松井直之「清末民初期の中国における立憲主義の継受――有賀長雄の天皇機関説に着目して」。
(44)「内蒙古王公阿穆爾霊圭等致袁世凱函」（一九一二年三月一日）（黄彦・李伯新選編『孫中山蔵檔選編（辛亥革命前後）』中華書局、一九八六年）一四四頁。
(45)橘誠「辛亥革命とモンゴル」（前掲辛亥革命百周年記念論集編集委員会編『総合研究　辛亥革命』）。
(46)北京市檔案館編『那桐日記』下（新華出版社）八三九頁。
(47)秦国経『遜清皇室遺事』（紫禁城出版社、一九八五年）二八頁。
(48)陳肖寒「民国初年遜清歳費問題初探（1912-1916）」（『西南農業大学学報（社会科学版）』二〇〇九年第四期）。
(49)王龍恵「中華民国憲法芻議」（夏新華ほか整理『近代中国憲政歴程――史料薈萃』中国政法大学出版社、二〇〇四年）三〇四頁。
(50)愛新覚羅・溥儀『我的前半生（全本）』（群衆出版社、二〇〇七年）一〇〇頁。
(51)「李慶芳議撤清室帝号」（『申報』一九二二年七月三〇日）。
(52)「衆議員取消清室優待条件」（『申報』一九二三年一月一五日）。
(53)「李爕陽再提取消優待条件」（『申報』一九二四年三月一日）。
(54)「清室優待条件有将取消説」（『申報』一九二二年六月二八日）。

(55) 中国第一歴史檔案館「溥儀出宮後恢復優待条件史料」(『歴史檔案』二〇〇〇年第一期)。

(56) *North China Daily News*, November 8, 1924. また『国聞週報』第一巻第一六期（一九二四年一一月八日）掲載の記者「修改優待条件之経過」も、「優待条件」の存廃は「道徳問題であって、決して政治問題ではない」との唐紹儀の談を紹介する。

(57) 溥儀「出宮」に対する段祺瑞と張作霖の態度については、李坤睿「王孫帰不帰?――溥儀出宮与北洋朝野局勢的変化」(『民国研究』二〇一二年第五期)に詳しい。

(58) 康有為「致段祺瑞書」(一九二四年一一月)(姜義華・張栄華編校『康有為全集』第一一集、中国人民大学出版社、二〇〇七年)三五八―三五九頁。

(59) 『各省士民維持優待清室条件函稿』(正誼書社、出版期日なし、中国国家図書館蔵)。

(60) 周作人「説商会要皇帝」(『京報副刊』第二三号、一九二四年一二月二九日)。

(61) 「優待条件」存廃をめぐる当時の輿論については、前掲李坤睿「王孫帰不帰?――溥儀出宮与北洋朝野局勢的変化」参照。

(62) 「胡適致外交総長王正廷函」(『晨報』一九二四年一一月一九日)。

(63) 「周作人致胡適」(梁錫華選註『胡適秘蔵書信選(上)』風雲時代出版公司、一九九〇年)三八七―三八八頁。

(64) 「李書華、李宗侗致胡適」(前掲梁錫華選註『胡適秘蔵書信選(上)』)三九三頁。

(65) 胡暁「国民党与溥儀出宮事件」(『安徽史学』二〇一二年第二期)。

(66) 周鯁生「清室優待条件」(『現代評論』第一巻第一期、一九二四年一二月一三日)。

(67) 王世杰「清室優待条件的法律性質」(『現代評論』第一巻第二期、一九二四年一二月二〇日)。

(68) 寧協万「清室優待条件是否国際条約」(『法政学報』第四巻第一期、一九二五年一月)。『東方雑誌』(第二二巻第二号、一九二五年一月二五日)にも転載。

(69) 優待条件の法的性格をめぐる議論については、楊天宏「〝清室優待条件〟的法律性質与違約責任」(『近代史研究』二〇一五年第一期)を参照。

(70) 馬叙倫「清室優待条件之我見」(『晨報六周記念増刊』一九二四年一二月一日)。

(71) 「王正廷之時局談話」(『晨報』一九二四年一一月一四日)。

(72) 記者「修改優待清室条件之経過」(『国聞週報』第一巻第一六期、一九二四年一一月一六日)。

(73) 黎伯顔「憲法与条約及優待条件之形式的効力」(『法政学報』第二期、一九一八年四月一八日)。

(74)　溥儀の天津行前後における輿論の変化については、前掲李坤睿「王孫帰不帰?——溥儀出宮与北洋朝野局勢的変化」参照。

(75)　前掲中国第一歴史檔案館「溥儀出宮後恢復優待条件史料」。また、清室内務府総管・紹英の孫文宛書簡など、清室・遺老・満蒙王公らによる「優待条件」回復の動きについては、前掲胡暁「国民党与溥儀出宮事件」参照。

(76)　周作人「致溥儀君書」(『語絲』第四期、一九二四年一二月八日)。

(77)　村田雄二郎「序章　グローバルヒストリーの中の辛亥革命」(前掲辛亥革命百周年記念論集編集委員会編『総合研究　辛亥革命』)。

※　所引の一部資料について、劉威志氏より教示を得た。記して謝意を表する。

第2章　デモクラシーとミリタリズム
——民国知識人の軍事・社会観

小野寺史郎

はじめに

清末に光緒新政が実施され、立憲改革が試みられるなか、新しい国家体制に対応した軍制についても議論が交わされた。そこで大きな目標とされたのは、従来の世襲制の八旗、募兵制の湘軍・淮軍などに替わる徴兵制の新しい軍隊の設立であった(1)。

そのため、一九〇八年に清政府が公布した欽定憲法大綱には「臣民は法律の定める所に照らして、納税と応召の義務を有する」(2)ことが定められ、辛亥革命後の一九一二年三月に公布された中華民国臨時約法にも「人民は法律によって兵役に服する義務を有する」(3)ことが明記された。

こうした試みの背景にあったのが、当時の知識人の間に広く流行した、ドイツやスパルタ、そして日本をモデルとした国民皆兵制の導入を訴える「軍国民主義《ミリタリズム》」思想の影響である。清末の軍国民主義をめぐる議論の特徴としては、学校教育への兵式体操の導入による国民の身体的鍛練、および軍隊に倣った紀律ある社会の創出という点が特に重視されていたことが挙げられる(4)。

しかし現実に起きたのは、辛亥革命に際して清軍・臨時政府軍双方が大規模な緊急募兵を行った結果としての、軍隊の肥大化と治安の悪化、そしてその軍隊を維持するための膨大な経費の負担であった。そのため、民国初年以降には、比較的長期にわたって本格的な対外戦争が起こらなかったこともあり、むしろ兵士を削減する「裁兵」が専ら問題となった。ただ、こうした経緯によって軍国民主義や徴兵制の主張自体が力を失ったわけではなかった。たとえば臨時政府の教育総長となった蔡元培は新国家の教育方針を説明するなかで「挙国皆兵の制を行わなければ、軍人社会を、永遠に全国のなかで特別な階級にし、その勢力を平均することができなくなるので、いわゆる軍国民教育は、誠に今日採らざるを得ないものである(5)」と述べている。また政府の北京移転後に陸軍総長となった段祺瑞も施政方針演説のなかで「この後は徴兵制度を実行するのがよく、人民の応召義務の年限および居住地は、みな随時考査できるものとし、軍官区・士官区に分け、そうすれば兵の出入がいずれも定まり、兵乱は自然と消滅する(6)」とその必要性を主張している。つまり、むしろ徴兵制の「兵乱」をなくすという効果に議論の重点が置かれるようになったのである。

しかし、徴兵制の本質的な特徴は、国家が兵士を安価かつ大量に動員できるという点に尽きる。そこからすると、むしろ人口と兵士の過剰が問題となっていた清末民初の中国においては、純軍事的な必要性という面からは、徴兵制をあえて採用する理由は乏しかったとも言える。したがって徴兵制のむしろ副次的な効果を強調する清末民初の軍国民主義をめぐる議論は、実際の軍事的な必要性から生まれたものというよりも、「富強」達成のモデルとしての近代西洋の制度をそのまま中国に導入しようとしたことから生じたものだったと言えよう(7)。

ただ、こうした軍国民主義の思潮は、第一次世界大戦後、ドイツの協商国に対する敗北が、「強権」＝ミリタリズムに対する「公理」＝デモクラシーの勝利と喧伝されたことで急速に影響力を失っていったとされる。たとえば教育部が組織した教育調査会は、一九一九年に提出した報告書で、「軍国民教育」を含んだ民国元年の教育宗旨について、「欧戦終了後、軍国民教育の一節は、世界の潮流に、合わない点があるかもしれない」として「健全な人格を養成し、共和精神を発展させる」と変えることを提案した。(8) これを受けて、一九二二年に公布された学校系統改革案（壬戌学制）では「平民教育精神を発揮する」「個性の発展をはかる」「生活教育に注意する」といった点が重視される一方、軍国民主義には触れられず、兵式体操も削除された。(9)

しかし、清末民初に広く流行した軍国民主義の思潮が大戦後に全く勢力を失ったという説明には一方で疑問も感じる。また、そもそもの問題だった、中華民国の兵制をいかなるものにすべきか、という根本的な課題は解決されておらず、むしろいわゆる「軍閥混戦」の激化のなかでそれはますます深刻なものとなっていく。そのため、実際にはこの時期にもこの問題をめぐる議論は続いており、それを清末民初の軍国民主義や、南京国民政府期の徴兵制導入の試みの間でどのように位置づけるべきか、そしてそれらの議論のなかで兵制の問題は国家体制のあり方とどのように関係づけられていたのか、は検討に値する課題であると考える。

以上の問題意識から、本章は第一次世界大戦終結後、一九二〇年代初頭から国民革命期を中心に、中国における軍事教育の思潮や兵制構想、そしてそれが国家体制やデモクラシーという課題とどのように関連づけられていたのか、について検討したい。

一　第一次世界大戦後中国の軍事観——「公理」と「強権」の関係

前述のように、第一次世界大戦後の中国では「公理戦勝強権」が一種の流行語となり、大戦の帰結を軍事力の結果ではなく、ある理念の勝利として論じることが通例となった。(10) この傾向は、当然ながら、中国国内の兵制をめぐる議論にも影響を及ぼした。

大戦後の中国における「公理」と「強権」をめぐる議論の一例として、国民党の機関紙である『民国日報』（上海）紙上における意見の応酬が挙げられる。一九二〇年五月、同紙副刊の『覚悟』に、主筆の邵力子が「強という字は絶対に不要であり、去年「強国」という題で新聞を発行した人がいたが、私はそれに反対した」として「強国」という発想自体を批判するコラムを掲載すると、これに対し賛否それぞれの意見が寄せられた⑪。たとえば邵力子に賛成する投稿は、「教育名家および全国同胞は、みな平民の立場から考え、強国の夢をもはや見てはいけない」として次のように述べた。

欧州大戦の終結以来、多少学識と見解のある人は、もはや決して軍国主義を旧来通り提唱実施することを承認することはできないだろう。……君主国家は、軍国主義を施行し、その侵略進取の野心を達し、その鯨呑蚕食の欲望を満足させるのに最も適する。だから彼らの教育宗旨も、軍国民教育を採ることが多い。……共和国家は、民主自治を本とし、平和自由を目的とし、相互扶助を主張する。侵略を願わない以上、なぜ軍国〔主義〕を取ろうか⑫。

ここに典型的に表れているように、大戦後の中国においては一般に、「軍国主義」「軍国民教育」は君主制と結びつけられ、共和制・民主・平和・自由・平民といった価値とは相対立する概念と位置づけられた。こうした議論の背景には、これ以前に一九一六年の袁世凱による洪憲帝制や、一九一七年の張勲による復辟事件といった、軍人による君主制復活の試みがあったことも影響を及ぼしていたと思われる。

これに対し、「天放」という学生（上海学生連合会会長の程天放か）の投書は、「「強国」と「侵略国」あるいは「野心国」は、意味の違いが、隔たることはるか遠い」として次のように反論した。

強権と公理は、車の両輪のようなもので、一つが欠けてもだめである。強権だけあって公理がなければ、害をなす。公理だけあって強権がなければ、実行できない。……督軍あるいは督軍に似たようなものを取り消し、軍権を中央に統一する。募兵制を取り消し、全国徴兵を実行する。高等小学以上の学生は一律に兵式体操をしなければならない（私が言う兵式体操は現在のお遊戯のような兵式体操ではなく本物の銃を使って射撃練習をする兵式体操である）。人民は自由に武器を製造でき、武器を購入できる。海陸軍大学を多数運営し、海陸軍の専門人材を養成する[13]。

こちらでは「公理」の具体的な内容については述べていないものの、「公理」と「強権」は矛盾するものではなく、むしろ「公理」を守るには「強権」が必要であるとされている。ただ、兵式体操に実銃を使用するといった、学生に軍事訓練そのものを施すことを主張している点では、清末の軍国民主義よりさらに過激な内容とも言える。そのため、邵力子や李綽から「公理はもとより空論で言えるものではないが、強権で守ることができるものでもない」「全国徴兵制度に至っては、もともと一九世紀末、「国家主義」の盛行した時代の一種の野心的制度である。二〇世紀の「世界主義」が盛んに唱えられる時となっては、欧米の自覚した人士からは、すでに非難が多い」といった反批判が寄せられた[14]。この後議論は次第に拡散しつつ、基本的には「公理」の実現には「強権」＝徴兵制・軍事教育がやはり必要だという「天放」を、「強権」は「公理」を妨げるとする邵力子らが説得するような形で展開されていく。邵力子らも、大戦に勝利した協商国が必ずしも「公理」であったわけではないと認めつつも、理念・現実の両面から見て、現在の中国で「公理」を守るにはドイツ式の「強権」より非暴力の運動を用いるべきだとする。これはおおむね当時の一般的な中国知識人の見方を反映したものと見てよいように思われる。前述のように、当時の中国で問題となっていたのが、兵士の不足ではなく財政を圧迫する軍隊に対する「裁兵」だったこと、中国が実際にいずれかの国と交戦状態にあったわけでもなかったことなどから、中国にとって望ましい兵制とは何か、という問題があまり緊急性をもたなかったという事情も考えられる。

二　国家主義派の軍事教育論――「自由」と「服従」の関係

しかし、こうして一九二〇年代初頭に中国知識人の間に軍事教育の否定という思潮が広まり、あるべき兵制という問題への関心が低下する一方で、それとは異なる方向性の主張や活動も存在した。その中心となったのは、前節に示した「天放」のように、第一次世界大戦後の平和主義・世界主義の潮流に対してむしろ飽き足らなさや反発を表明していた五四運動世代の学生や若い知識人たちだった。

たとえば、前述のように臨時政府教育総長を務めた後、北京大学校長の職に就いた蔡元培は、大戦後にヨーロッパを視察して帰国した後、第一次奉直戦争（一九二二年）に際して学生が組織した婦孺保衛団を、自衛を目的とした学生軍に改組し、蔣百里・黄郛をその講師に招いている。一九二四年二月に公布された学生軍の章程は、「本軍は身体の鍛錬と軍事常識の増進を主旨とする」として「野外戦闘演習」や「軍事学講義」を行い、厳格な規則と懲罰、軍隊式の制服や敬礼を義務づけ、また「本軍各隊員は教練員および各排〔小隊〕長に絶対に服従せねばならない」とした⑮。前述のように蔡元培は清末民初に軍国民主義への賛同を表明しており、また蔣百里はそもそも軍国民主義の提唱者の一人である。そのため北京大学学生軍は、大戦後の教育思潮をめぐる状況の変転を経つつも、清末の軍国民主義から強い連続性をもつ存在であったとも言える。

このような一九二〇年代における軍事教育の主張のうち、最も代表的なものが、国家主義的教育の立場からのものである。

国家主義的教育とは、少年中国学会の余家菊と李璜が『国家主義的教育』(一九二三年一〇月)で提唱したもので、前述のような大戦後の中国の思想界・教育界における世界主義・非国粋主義・模倣主義・個性主義的傾向を正面から批判した。同書の「序」では、清末に「忠君尚武」が叫ばれ、民国元年に「軍国民教育」を教育宗旨としたのに対し、大戦後の平和の趨勢のなかでこれを「健全な人格を養成し、共和精神を発展させる」と改めたことを批判、「教育救国論」を再提起するとした⑯。この『国家主義的教育』が教育界を中心に反響を引き起こすと、余家菊はさらに、一九二三年六月にサンフランシスコで開かれた国民教育協会主催の世界教育会議が世界平和を教育原則とすることを決議したのに対し、怯懦で平和を夢想する中国人がこれに従えばユダヤ人のような「亡国奴」になってしまう、第二次世界大戦は必ず起こる、といった理由を挙げて反対し、愛国主義・民族精神の必要性を再び強調した⑰。

こうしたなかで余家菊や李璜を含む国家主義派の知識人たちが次に展開したのが、軍事教育復興の主張である。国家主義派の知識人が中心となって発行していた週刊紙『醒獅』(上海)は、一九二五年五月二日号を「学校軍事教育問題号」としてアメリカ・ドイツ・日本の軍事教育を紹介し、中国にもやはり軍事教育が必要だと主張した。

執筆者ごとに重点の置き方には相違があるものの、たとえば余家菊は、軍事教育を実施すべき理由として「外侮を防ぐ」「内乱を鎮める」「紀律を守る」「組織を厳にする」「度胸を付ける」「筋骨を強くする」ことなどを挙げ、次のように説明している。

人々に従軍の情熱をもたせ、応召の義務を尽くさせ、敵愾同仇によって我が辺防を固めるのである。……政治は紊乱し、小人が横行する。武人はその虎の威を借りて、庶民を食い物にしている。土匪はその剽悍をほしいままにし、村里を恐喝している。自衛の法に、広く郷団を訓練し、全民武装を実行する以上のものはない。……近年自由平等の説が大いになされ、青年学子は真意を理解せず、みだりに自由を無規則と、平等を無拘束と見なしている。……これ〔軍事教育〕はもちろんよいが、軍隊教育が服従を重んじるのに対し共和国民は自発性という徳をもつべきで、自発性を除いて服務を教え、共和精神に背きディクテイターとなる志をもつ野心家のために基礎を用意することがあってはならないと言う者があろう。これはそうではない。社会の事態としては、自発性の徳をもった上に服従の心ももつべきで、二者のうち一つが欠けてもいけない。……かつ軍事教育が教える服従は志願による服従である。学生は行軍には上官に服従する必要がありつまり自らの心を抑えて服従することを知ることで、正にその自主の能力を育て、身を団体に委ねる美徳を養うことができるのである。[18]

紀律や秩序、団体行動、強健な肉体の重要性の強調、といった主張の内容は清末以来の軍国民主義の内容に近いが、「武人」や「土匪」の跋扈という現状認識の下、社会の自衛や〔具体的な方法については曖昧な点が多いものの〕軍閥打倒のための武装という観点が現れていることが特徴と言える。また注意すべきは、この主張は確かに同時代の教育思潮を批判してはいるものの、自由や平等、自主といった価値自体を否定しているのではなく、それらは紀律・秩序・団体行動の訓練と組み合わせることによってこそ十全に発揮される、という論法が取られていることである。これは国家主義派の主張全体におおむね当てはまる特徴でもある。[19]

やや後になるが、李璜は同紙でやはり、個人の自由と兵役義務は相対立するのではなく両立するとして、次のように説明している。

我々は「デモクラシー」は個人の自由を原則とするものだと知っている。……専制政治を転覆し民主政治を始めるには、謂われのない犠牲に反抗し個人の自由を主張しなければならない。ただ民主政体の下では、一国の国民はその個人の自由を全く犠牲にすることがないとも言えない。この犠牲が彼自身が自ら願ったもので、多数決によって法律となったもので、みなが喜んで遵守するものであるのに過ぎない。たとえば兵役と納税の二事だが、義務兵役について言えば、国家が外侮があって戦争をしなければならない時に遭えば、みなが戦いに行かねばならず、往々にして生命を犠牲にしなければならない。この犠牲は非常に大きいと言えよう。しかし民主政体の下で、さらに暴君の強要もなしに、なぜみなが喜んでそうするのか。これは国家観念がしからしめるのである。国民はこの観念に基づいて、個人の自由な決定によって国家のために犠牲になる。これが国家主義である。(20)

李璜は一九一八年から一九二四年までフランスに留学しており、その主張には共和主義の影響が色濃い。そのためこの当時、共和国民の義務としての兵役、という論点を最も明確に打ち出した論者の一人だったと言ってよいだろう。

こうした国家主義派の軍事教育の主張が中国知識人の目を強くひきつけることとなったのには、直後に発生した五三〇事件の影響が大きい。事件後、梁啓超（やはり清末の軍国民主義の首唱者の一人）が北京で発行していた『晨報副鐫』に李璜が記事を寄せ、軍事教育によって青年の精神訓練を行い、またアイルランドのシン・フェイン党に倣った「野戦法」（テロリズム）やトルコ青年党に倣った「連戦法」（組織的な革命軍が民衆と連合して外敵と戦うというもの）によってイギリスと戦うことを主張すると、大きな反響を呼んだ。(21)同誌には、各学校に学生軍を組織する、(22)民衆の武装による国民武装自衛衛国団を組織する、(23)新文化運動ならぬ新武化運動を提唱する、(24)といった記事が相次いで掲載された。同じく北京で刊行されていた『京報副刊』も、一九二五年七月二二・二九日号を北大学生会主選の「北大学生軍号」とし、北京大学学生軍の設立経緯や活動状況などを詳細に紹介している。(25)『晨報副鐫』や『京報副刊』は当時の学生や青年知識人を中心に広範な支持を得ていた代表的な「副刊」であり、ここからこの時期の軍事問題に対する関心の急速な高まりがうかがえる。

こうした議論にともない、実際に教育界においても軍事教育の必要性が検討され始めていた。たとえば一九二五年四月、江蘇省教育会は江蘇学校軍事教育研究委員会を組織し、学校における軍事教練の施行について、各学校に書簡を送って意見を求めていた。(26) 五月には江蘇善後委員会第五次大会に、江蘇教育庁が「各学校が軍事訓練を重視することを提唱する案」を、江蘇省教育会が「学校で軍事訓練を施行する請願案」を提出し、「教育研究機関が別に詳細な実施法を起草する」との表決を得ている。(27) 同年八月に太原で開かれた中華教育改進社第四届年会でも、「学校軍事教育委員を組織する案」や「国家主義に依拠して教育宗旨を明確に定めることを教育部に請う案」を議決し、その要点の一つに「軍事教育を実施して強健な身体を養成する」ことを挙げた。(28) 同年一〇月に長沙で開かれた第一一届全国省教育会連合会でも、「今後教育は民族主義に注意すべき案」「軍事訓練を重視すべき案」が議決されている。(29) この結果、国家主義派の影響力の強かった上海の中華職業学校や大夏大学、南京の東南大学とその附属中学などで実際に軍事教育が実施されたという。(30)

一方、同じく国家主義派の陳啓天が主編を務める『中華教育界』（中華書局）も、一九二五年七・八月号を「国家主義的教育研究号」とし、多数の文章を掲載したが、そのなかにはやはり軍事教育を論じたものも含まれていた。ただ、実際に各校で学生軍が組織され、軍事訓練が行われていくと、当初は想定されていなかったと思われる論点が浮上してくる。前述のようにもともと国家主義的教育においては、第一次世界大戦後の中国教育界における自由・個性といった価値への傾倒に対し、紀律や団体行動、秩序といった価値を併せて重視すべきだと主張してきた。そのため、前述の新聞副刊などに見える軍事教育支持の文章においては、ただちに群民蜂起によってイギリスと戦端を開くことを求めるような論調が強かったのに対し、教員や教育家を主な読者とする『中華教育界』においては、軍事訓練の目的として「武人専横、土匪猖獗」の中国において武装自衛を図ること、そして何より学生の「服従」の習慣を養うことに重点が置かれていた。(31) また、軍事教育の批判者に対する反論のなかでも、漢口の商人と英租界警察の衝突に際して中国軍がイギリスの挑発に乗らず、戦端を開かずに済んだ事例などを挙げ、「軍事訓練は守法精神、服従の習慣を養い公民道徳を増進させることができ、武器を手にしているからただちに暴動発生の危険があるということには絶対にならない」「射撃演習、従軍経験は、人に軍火の激しさ、人命の危うさを知らしめ、平和を守る念はいよいよ切なるものとなる」といった点が強調されていた[32]。さらに後には、陳啓天自身も「軍隊は厳密な組織と紀律を貴び、絶対に学生の自由な組織ができることではない。……完全に学生が自由に組織すれば他人にかまわず自分のことだけ考える者は進んで努力せず、また利のためにその陰謀を遂げようとする者が、数多くいるだろうから、防がないわけにはいかない。……だから私は学生軍は学生が訓練を受けることを重視し、軍権を握ることは重視しないよう主張する。……各校学生軍の総指揮官は各校の教練員が互薦すべきであり、学生が選挙をする理由はない」とむしろ学生の「自由」な軍事への参加に冷や水を浴びせるような主張を行っている。「あなたの所論は、……おそらく青年心理に合わないという人もあるかもしれない」というように反論を想定して議論を進めていることから、陳啓天自身もこの点は自覚していたようである[33]。

こうした主張がなされた理由として、いくつかの解釈を示すことができる。「教育する側」の視点からすれば、学生が学校の実権を握ることに対して反発や脅威を感じたということは当然考えられる。これ以後さらに、学生が学校を離れて従軍する事例が増加すると、学生が軍隊に参加しないように一般学校において軍事教育を行わなければならない、という、やや本末が転倒したような議論もなされている[34]。これらからは、本来の意図を越えて、五三〇運動のなかで学生の間に急激に広まった軍事への傾倒に、教育する側の対応が追いついていなかったという印象を受ける。もちろん、ここには学生組織への共産党の浸透に対する警戒も存在したものと思われる。

ただ、もう一つ根本的な問題として指摘できるのは、国家主義派と、学生軍の自主的な運営や従軍に向かったラディカルな学生たちが、ともに軍事的手段によるイギリスへの対抗を主張しつつ、前者があくまで「守法精神」や「服従習慣」に基づく軍事組織を志向し、「他人にかまわず自分のことだけ考える者は進んで努力しない」というようなことのない、国民全体の義務としての軍事参加を理想としたのに対し、後者が一部の前衛的な学生によって「自由に組織」された、志願者による軍事行動を結果的に目指すことになったことである。この点は、後述する兵制をめぐる議論ともかかわる問題だろう。

ところで、国家主義派は、五三〇事件以前の軍事教育提唱の段階において、黄埔陸軍軍官学校の学生軍が陳炯明軍を破ったことに言及して「学問あり主義ある軍隊」と高く評価し、軍事教育の有用性を示す事例と評価していた[35]。また、前述の北京大学学生軍も孫文の「民衆と武力の結合」というスローガンを評価し、「広東学生軍」にエールを送っていた[36]。このように、以上に見た北京・上海を中心とした軍事教育や兵制をめぐる議論は、広州の黄埔軍校を一つのモデルとしていた面がある。それでは、同時期の国民党・共産党の側では、こうした軍事教育や兵制という問題について、どのような議論がなされていたのだろうか。

三　黄埔軍校の兵制構想——義務民兵制への期待

この時期、黄埔陸軍軍官学校内で刊行されていた雑誌などのなかにも、軍事教育や兵制に関する議論は散見される[37]。たとえば黄埔陸軍軍官学校特別区党部の『革命軍』には、国家主義派の軍事教育提唱に対する明確な反論が、かなり早い段階で掲載されている[38]。五三〇事件前に書かれた呉明の「軍国民教育と革命教育」という文章は、「新文化運動の発生以来、青年はデモクラシーを群言しあるいはアナーキーを高唱してきた。デモクラシーを信仰する者は日々平等、自由、博愛を訴え、兵を不祥の物や平等、自由、博愛の大敵と見なし、それゆえに廃兵弭兵を提言すること甚だ烈しい」として、自由・平等・博愛と軍事は対立するというデモクラシーやアナーキズムの主張に反論しつつ、一方で「軍国民教育」に対しても批判を加え、必要なのは「革命教育」にほかならないと主張する。

悪魔が人類を損ない自身の利益を守るのに用いる道具は軍隊である。我々が悪魔を打倒し人民の利益を保証するのに用いる道具もまた軍隊である。……軍国民教育は、悪魔がその爪牙を訓練する方法である。しかし革命教育は、我々が我が革命党員を訓練する方法である。かの悪魔が爪牙を訓練する方法は、服従であり、忠義である。我々が党員を訓練する方法は、それだけでなく、さらに親愛と誠意を求めねばならない。かの悪魔は日々軍事教育でその徒党を教導している。我々が革命軍を訓練するにはそれだけでは足らず、さらに政治の訓練に従事しなければならない。㊴

ただこの文章は表現が過激な反面、内容的には空疎で、「軍国民教育」と「革命教育」の根本的な違いを説得的に提示できているとは言い難い。むしろ大戦後の教育思潮への批判や「服従」「忠義」を必ずしも否定しない点から読み取れるのは、国民・人民の利益と軍事を関係づける論理に関して言えば、国家主義派の議論と、黄埔陸軍軍官学校における議論には共通する点が多かったということである。なおこの文章のなかでは「悪魔を打倒する自覚をもつ人が自ら軍事訓練を受け、各種の方法を用いて悪魔の軍隊のなかに混入し、陶鋳して同志にしてしまうことができるようにする」という提案がなされており、前述の陳啓天の警戒はこうした工作の試みに対するものと見ることもできる。

さらに興味深いのは、同誌の同号に掲載された、東征で戦死した章琰という人物の遺作の「中国徴兵制芻議」と題した長文の記事である。国民党は一九二四年一月の第一次全国代表大会宣言のなかで「現在の募兵制度を漸進的に徴兵制度に改める」という方針を定めていたが㊵、章琰の文章はその具体的な実施方法について検討したものである。文末に「民国一三〔一九二七〕年九月一七日黄埔にて完稿」とあるが、この時期の国民党の徴兵制や軍制に対する見方を一定程度反映した内容と見ることは可能だろう。この文章は、「募兵制」「徴兵制」「義務民兵制」という三種の兵制を比較し、募兵制・義務民兵制はいずれもそれ自体として悪いのではなく、経済・教育・政治など各面から見て現在の中国の国情には適さないので、中国の国情に合わせて改変した徴兵制を施行すべきとする。それは学校における軍事教育ならぬ、「教育化した中国徴兵制」である。これは制度的には強制だが、実際には強制ではない。なぜなら「およそ入伍すべき兵は、相当の普通教育を受けることができるだけでなく、兵役年限内にはなお相当の給与物資があるので、私が思うにその時の国民は、ただ入伍して兵となることができないのを恐れるだけになる」からである。具体的には、「軍人となる者に士紳階級と平等の権利を享受させ、同時に士紳階級もまた自分だけ兵役の責任の外にいることはできず、労働階級と平等に国家の兵役の責任を分担すべきである」という主旨の下、中国社会を代表する職業団体が国家の兵役責任を負う「四会徴兵法」を導入し、「教育会徴兵」「商会徴兵」によって知識階級・資本階級が兵役を逃れられないようにし、「農会徴兵」「工会徴兵」によって労働階級が教育権を享受できるようにする、というものである[41]。共産党員の立場から、階級間の負担の平等が強調され、また大商店の国有化の問題が組み込まれている点などが特徴と言える。

ここに見える、兵制を募兵制・徴兵制・民兵制に三分して分析する発想はこの当時かなり流行していたようで、他の文章にも類似の用例が見える。

たとえば前述した一九二五年一〇月の全国教育会連合会での「軍事訓練を重視すべき案」の提出理由には、「欧戦以来、世界各国はみな募兵・徴兵制度を廃止し、義務民兵制度を採用する趨勢にあり、この制度は、軍閥を養成することがない上、国家の財力を節約することもでき、それが我が国の国情に適合することは、すでに政治制度を研究する者一般の公認する所である、だから将来義務民兵制度を実行する準備として、学校では軍事訓練を重視しなければならない[42]」とある。

翌一九二六年、国民政府軍事委員会の『軍事委員会軍事政治月刊』に掲載された張輝禧という人物の国民革命軍の兵制に関する提案も同様である。この文章によれば、現行の「傭兵制」「志願服兵制」「募兵制」は国民革命の精神に合わないだけでなく、東西各国が「みな極めてよい効果を収めている」「徴兵制」「義務兵制」も、戸籍調査のできていない中国では施行できない。そのためこの文章は両者を折衷した「抽募民兵制」を提案する。ここでは五三〇運動の際の糾察隊などが例に挙げられており、具体的な方法としては、各地の農工団体の名簿から兵士を徴集する「義務兵制」と、三民主義を信仰し国民革命軍に加入を願う者は拒まないという「志願服兵制」を並行して実施するというものである㊸。

同じ一九二六年に『中華教育界』に掲載された学校軍事教練の必要性を主張する文章のなかでも「一八世紀以前、各国はみな募兵制を行っていた、……一九世紀の国家主義の発達以来、各国はみな徴兵制を行った、……しかし二〇世紀の軍事は、さらに一歩進んで、全国皆工、凡工皆兵と呼ぶ。つまり国民は平時はみな生産をする工人〔労働者〕である。戦時にはみな戦闘能力を有する兵士である。いわゆる「義務民兵制」がそれである㊹」と「義務民兵制」を高く評価したものがある。

これらの文章に影響を与えたと考えられるのが、一九一一年にフランス社会党の指導者ジャン・ジョレスが著した『新しい軍隊㊺』である。同書は一九二二年に商務印書館から『新軍論㊻』として漢訳出版されたが、訳者の一人である劉文島が後に黄埔軍校で教鞭を執っていることからも、前述の『革命軍』や『軍事委員会軍事政治月刊』に掲載された文章が同書の影響の下に書かれた可能性は高い。同書は、第一次世界大戦に向けてヨーロッパの緊張が高まるなか、フランス政府が議会に提出した、兵役を二年から三年に延長する新兵役法にジョレスが反対し、スイスをモデルとした民兵制度による平和維持を主張したものである。結果だけを見れば、三年兵役法は一九一三年に可決され、またよく知られるように、ジョレス自身も一九一四年七月の第一次世界大戦勃発直後に熱狂的な愛国青年によって暗殺された。しかしジョレスが提唱した「義務民兵制」という理念が、十数年を経て、徴兵制よりさらに望ましい、そして中国の国情にも適合した兵制として、国家主義派と国民党・共産党の双方から評価されたという挿話は注目に値すると言えよう。

おわりに

以上、一九二〇年代を中心に、近代中国においてデモクラシーや国民・人民の利益と、軍事という問題がどのように関係づけられ、論じられてきたのかを概観してきた。

第一次世界大戦直後の中国においては、協商国のドイツに対する勝利にともない、デモクラシーや自由・平等といった「公理」と、ミリタリズムという「強権」は相対立する概念であり、前者が後者に優るという認識が広まった。しかしパリ講和会議の結果に失望し、五四運動に加わった急進的な学生などから、こうした考え方に対する懐疑が呈され、また国内において「軍閥」や「匪賊」の現実的な脅威には軍事力で対抗しなければならないという認識が強まると、改めて「公理」と「強権」の関係をどのように位置づけるべきか、どうすれば「公理」を守るような「強権」を生み出せるのか、が問い直されることになった。そのため、五三〇事件によって反英ナショナリズムが空前の高まりを見せるなか、農村の「郷団」を基にした農民自衛軍、労働者の武装糾察隊、軍事教育の実施による学生軍、そしてジョレスが提起した義務民兵制など、さまざまな軍事制度が検討され、実際に試行された。その意味では中国の一九二〇年代は、国民・人民の利益と軍事の関係をどのように考えるべきかについて、非常に多様な可能性が模索された時代だったと言える。ソ連の影響下に成立した共産党や国民党の「党軍」は、当時におけるその解答の一つだったと言えよう。

ただ興味深いのは、以上のような経緯の一方で、国民党においては、前述の第一次全国代表大会宣言以来、最終的には義務徴兵制の確立を目指すという方針が一貫して堅持されていたことである。北伐完了後、一九二九年に国民政府立法院は兵役法原則を通過させ、「中華民国の男子は均しく兵役に服す義務を有する」[47]ことを定めた。また一九三一年に公布された中華民国訓政時期約法も「人民は法律により兵役および工役に服する義務を有する」[48]とし、一九三三年には兵役法が正式に公布されて「中華民国の男子の兵役に服する義務は本法の規定による」[49]とされた。したがって、少なくとも国民党の法体系においては、兵制というものは一貫して全国民の権利と義務という枠組みで捉えられていたと言える。このような、国民の権利と義務、負担の平等といった国民党の兵制をめぐる理念が、現実の末端社会に対する把握の弱さや、日中戦争の激化といった要因によって力を失い、最終的にはそれが共産党に敗れて政権を失う原因となったことについては、笹川裕史の鋭い指摘がある。[50]さらに言えば、一九五四年以来の中華人民共和国憲法がいずれも「法律に基づき兵役に服するのは中華人民共和国公民の光栄な義務である」と明記し、一九五五年には中華人民共和国兵役法も公布されている[51]一方で、現実の中国人民解放軍が一貫して志願兵によって構成されていることも周知の通りである。このような近現代中国における軍事と社会をめぐる理念と現実の緊張関係に対する検討は緒に就いたばかりであり、今後さらなる研究を要する課題であると考える。

（1）張建軍「北洋政府時期兵役状況述論」（『歴史教学』第四七一期、二〇〇三年）、陳芳「袁世凱与清末民初徴兵制」（『文史知識』第三六二期、二〇一一年）などを参照。

（2）「憲政編査館資政院会奏憲法大綱暨議員法選挙法要領及逐年籌備事宜摺　附清単二」（一九〇八年八月二七日）（故宮博物院明清檔案部編『清末籌備立憲檔案史料』中華書局、一九七九年）五九頁。

（3）「大総統宣布参議院議決臨時約法公布」（『臨時政府公報』第三五号、一九一二年三月一一日）。この条文は一九一四年の中華民国約法（新約法）や一九二三年の中華民国憲法（いわゆる曹錕憲法）でもほぼそのまま継承されている。

（4）韓玉霞「清末民初的軍国民教育」（『史学月刊』第一六九期、一九八七年）、呂玉軍・陳長河「清末民初的軍国民教育思潮的興起及其衰落」（『軍事歴史研究』第八四期、二〇〇七年）、李暁東「「軍国民」考」（大里浩秋・孫安石編著『近現代中国人日本留学生の諸相――「管理」と「交流」を中心に』御茶の水書房、二〇一五年）などを参照。
（5）「教育総長蔡元培対於新教育之意見」（『民立報』一九一二年二月八―一〇日）。
（6）「参議院第五次会議速記録」（『政府公報』第一六号、一九一二年五月一六日）。
（7）なお、ドイツ・フランス・ロシア・日本などが一八七〇年前後に相次いで徴兵制を施行した一方、イギリスのように第一次世界大戦開始後まで志願兵制だった近代国家も存在する。しかし、清末民初の兵制をめぐる議論のなかでこの点に言及した文章は未見である。小関隆『徴兵制と良心的兵役拒否――イギリスの第一次世界大戦経験』（人文書院、二〇一〇年）などを参照。
（8）「教育調査会第一次会議報告」（『教育雑誌』第一一巻第五号、一九一九年五月二〇日）。
（9）「大総統令」（一九二二年一一月一日）（『政府公報』第二三九三号、一九二二年一一月二日）。以上の経緯については、小野寺史郎「清末民初のミリタリズムとその課題」（「中国社会文化学会二〇一四年度第二回例会」報告ペーパー、東京大学、二〇一五年一月三一日）も参照。
（10）吉澤誠一郎「公理と強権――民国八年の国際関係論」（貴志俊彦・谷垣真理子・深町英夫編『模索する近代日中関係――対話と競存の時代』東京大学出版会、二〇〇九年）。
（11）（邵）力子「不要伝染「文明病」」（『民国日報』副刊『覚悟』一九二〇年五月二一日）。
（12）曹乾元「不要再做強国夢」（『民国日報』副刊『覚悟』一九二〇年五月二三日）。
（13）天放「「強国」的解釈（怎様能擁護公理？）」（『民国日報』副刊『覚悟』一九二〇年五月二五日）。
（14）（邵）力子「我底「擁護公理」観」（『民国日報』副刊『覚悟』一九二〇年五月二五日）、李綽「「提倡強国」的反対声」（同五月二八日）など。この後、六月九日刊行の号まで、書簡の応酬が掲載されている。
（15）「北京大学学生軍概況」（『教育雑誌』第一六巻第一二号、一九二四年一二月）。
（16）余家菊・李璜『国家主義的教育』（中華書局、一九二三年）一頁。
（17）余家菊「非和平主義的教育」（『時報』副刊『教育世界』第六号、一九二三年一一月一五日）。小野寺史郎「一九二〇年代の世界と中国の国家主義」（村田雄二郎編『リベラリズムの中国』有志舎、二〇一一年）なども参照。

(18) 余家菊「学校軍事教育問題発端」(『醒獅』第三〇号、一九二五年五月二日)。

(19) なお、「学校軍事教育問題号」があらかじめ「この言葉を聞いて「軍国主義」を提唱するとそしるのは、「自衛」と「侵略」を混同して一つにしているのである」と予防線を張っていることから、当時の中国において「軍国主義」が負のイメージをもつ言葉となっていたこともうかがえる。曽琦「弁言」(『醒獅』第三〇号、一九二五年五月二日)。

(20) 李璜「国家主義与現代政治」(『醒獅』第六三号、一九二五年一二月一九日)。

(21) 李璜「軍事教育的精神」「我們怎様預備作戦?」(『晨報副鐫』副刊『藝林旬刊』第八号、一九二五年六月三〇日)。

(22) 撲初「学生兼授軍事教育的我見和辦法」(『晨報副鐫』第一二二二号、一九二五年七月一一日)。

(23) 周容「中国国民応有之覚悟及其戦術」(『晨報副鐫』副刊『新少年旬刊』第一期、一九二五年七月八日)、周容「実行全国国民武装自衛国芻議」(『晨報副鐫』副刊『新少年旬刊』第三期、一九二五年七月二八日)など。

(24) 丘漢興「新武化運動発端」(『晨報副鐫』副刊『新少年旬刊』第四、五期、一九二五年八月八、一八日)など。謝従高「二〇世紀二三十年代新武化運動初論」(『史学月刊』第三五五期、二〇一〇年)も参照。

(25) 張栄福「北大学生軍」(『京報副刊』第二一五、二二二号、一九二五年七月二二、二九日)。

(26) 「学校軍事教育之復興」(『中華教育界』第一四巻第一二号、一九二五年六月)。

(27) 周天冲「学校軍事教育辯——兼答江蘇善後委員会諸君」(『中華教育界』第一五巻第一期、一九二五年七月)。

(28) 「中華教育改進社第四届年会之議決案」(『教育雑誌』第一七巻第一〇号、一九二五年一〇月)。

(29) 「第十一届全国省教育会聯合会之梗概」(『教育雑誌』第一七巻第一二号、一九二五年一二月)。

(30) 舒新城『近代中国教育思想史』(中華書局、一九二九年)一二一—一三四頁。中華職業学校では学生軍も組織されている。「学生軍之風起雲湧」(『中華教育界』第一五巻第二期、一九二五年八月)。

(31) 廖世承「中学実施軍事訓練問題」(『中華教育界』第一五巻第一期、一九二五年七月)。

(32) 前掲周天冲「学校軍事教育辯——兼答江蘇善後委員会諸君」。ただし、この文章自体は五三〇事件以前の一九二五年五月一二日に書かれたものである。

(33) 陳啓天「評学生軍問題」(『中華教育界』第一五巻第三期、一九二五年九月)。「学潮与軍事教育」(『中華教育界』第一五巻第一期、一九二五年七月)も軍事訓練によって学生に服従の習慣を身につけさせることで学潮に対処することを主張している。

(34) 李璜「学生従軍問題」(『中華教育界』第一五巻第六期、一九二五年一二月)。
(35) 霊光〔林騤〕「武育救国論」、陳啓天「学校軍事教育復興運動」(『醒獅』第三〇号、一九二五年五月二日)。
(36) 前掲張栄福「北大学生軍」。高嶋航「軍隊と社会のはざまで――日本・朝鮮・中国・フィリピンの学校における軍事訓練」(田中雅一編『軍隊の文化人類学』風響社、二〇一五年)も参照。
(37) 一九二〇年代の共産党における兵制をめぐる議論については、阿南友亮『中国革命と軍隊――近代広東における党・軍・社会の関係』(慶應義塾大学出版会、二〇一二年)を参照。
(38) 共産党は『中国青年』を中心に一九二五年三月頃より国家主義派に対する本格的な批判を開始するが、『民国日報』や『中国国民党週刊』といった国民党機関紙に国家主義派批判が掲載され始めるのは、おおむね一九二六年一〇月に国家主義派が反国民党の姿勢を明確にし、「擁護五色国旗運動」を開始した前後からである。
(39) 呉明「軍国民教育与革命教育」(『革命軍』第六、七期合刊、一九二五年五月三〇日)。
(40) 「中国国民党第一次全国代表大会宣言」(一九二四年一月二三日)(中国第二歴史檔案館編『中国国民党第一、二次全国代表大会会議史料』江蘇古籍出版社、一九八六年)九〇頁。
(41) 章琰「中国徴兵制芻議」(『革命軍』第六、七期合刊、一九二五年五月三〇日)。
(42) 前掲舒新城『近代中国教育思想史』一二九頁。
(43) 張輝禧「国民革命軍応行「民兵制」的献議」(『軍事委員会軍事政治月刊』第二期、一九二六年二月一〇日)。
(44) 張宝琛「国家主義的教育与学校軍事訓練」(『中華教育界』第一五巻第一〇期、一九二六年四月)。
(45) J. Jaurès, *L'Armée nouvelle: l'organisation socialiste de la France*, Jules Rouff, 1911.
(46) 卓萊(劉文島・廖世邵訳)『新軍論』(商務印書館、一九二二年初版、一九二四年再版)。厳紱蔵「中等学校応実施軍事教育」(『醒獅』第三九号、一九二五年七月四日)、前掲張栄福「北大学生軍」、前掲張宝琛「国家主義的教育与学校軍事訓練」などに同書への言及が見える。
(47) 「兵役法原則草案審査報告」(『立法院公報』第八期、一九二九年八月)、「国民政府立法院第三十八次会議議事録」(一九二九年八月三日)(『立法院公報』第九期、一九二九年九月)。
(48) 「中華民国訓政時期約法」(一九三一年六月一日)(『国民政府公報』第七八六号、一九三一年六月一日)。一九三六年の中華民国憲法草案(五五憲草)や一九四七年の中華民国憲法にもほぼ同文の規定がある。

(49)「兵役法」(一九三三年六月一七日)(『国民政府公報』第一一六〇号、一九三三年六月一九日)。
(50) 笹川裕史『中華人民共和国誕生の社会史』(講談社、二〇一一年)。
(51)「中華人民共和国憲法(一九五四年九月二〇日第一届全国人民代表大会第一次会議通過)」(『人民日報』一九五四年九月二一日)、「中華人民共和国兵役法(一九五五年七月三〇日第一届全国人民代表大会第二次会議通過)」(『人民日報』一九五五年八月一日)。

第3章　中国憲政とハンス・ケルゼン
――法治をめぐって

中村元哉

はじめに

二〇世紀前半の中国は、帝国主義の侵略に抵抗しながら近代国家建設へと舵を切った時代だった。それゆえに、共和国として誕生した中華民国（以下、民国）は、ナショナリズムと戦争と革命に覆われた時代にあって、仁政にかわる憲政を模索し続けた。その出発点は、清朝が自らの延命を図った欽定憲法大綱（一九〇八年）に求められる。

この中国憲政史の開始は、当然に、立憲主義や民主主義のあり方を中国にも突きつけ、民国の政治家や知識人たちは、自由主義と国家主義ないしは民族主義の調和と相剋をめぐって激論を交わしながら、近代西欧型法治の導入を試みた。その成果が、一九四六年に制定され、翌年から施行された中華民国憲法と同憲法を頂点とする六法の整備だった。しかし、中華人民共和国（以下、人民共和国）の成立によって中華民国憲法は台湾へと追いやられ、中国では、社会主義憲法の中華人民共和国憲法が一九五四年に制定、施行された。社会主義憲政は、確かに憲政の一形態ではあったが、徳治や人治と形容されてきた伝統的な政治文化を一掃できたわけではなく、いまだに法治の実現を達成できていない。

この徳治や人治に対抗する近代西洋型の法治概念は、戦前のドイツや日本が立憲君主制の下で君主の権力を法律によって制限しようとしたという意味の「法治主義」と、rule of law と呼ばれるイギリス流の「法の支配」とに区別されることがある。その場合、一般論からすれば、「法の支配」という意味の法治を理論化した二〇世紀前半の試みが、ハンス・ケルゼン（Hans Kelsen／漢斯・凱爾森、一八八一年—一九七三年）の純粋法学だった、ということになる。

ケルゼンは、法理論、公法学、国際法学、政治理論などの分野で活躍したオーストリアの法学者である。一九一九年にオーストリア共和国憲法を起草し、憲法裁判所を導入したことでも知られている。その彼が世界の法学者から脚光を浴びた理由は、彼が提唱した純粋法学理論にあった。この法理論は、規範と事実を峻別する新カント主義の二元論を背景にして、法学に倫理的価値判断や政治的価値判断を混入させることなく、実定法のみを取り上げることを主張した法理論だった。実定法そのものを純粋に認識しようとした彼は、規範概念によって国家理論や法理論を構築しようとし、規範こそがすべての上位に位置する原理だと捉えたわけである。この純粋法学は根本規範を頂点とする法の段階説を導き出し、法の最上位に位置する憲法も根本規範によってその妥当性を獲得する、とした。この法の段階構造においては、当然の帰結として、国際法と国内法が一つの法体系のなかに位置づけられることになり、国際法は国家主権に優位すると結論づけられた。日本の法学者も、戦前か戦後かを問わず、ケルゼンの学説を受容し続け、たとえば横田喜三郎は早くも一九三五年に『純粋法学』を岩波書店から翻訳出版した(1)。

このようにケルゼンの純粋法学は、政治的な法学支配に対抗する法理論であり、あらゆるイデオロギーを批判する性格を有していた。たとえば彼は、民主制に関するレーニンやハイエクなどの主張をすべて斥けて、相対主義を制度的に保障する議会制デモクラシー論を構築した(2)。彼の法理論は、あらゆるイデオロギーから解放されていたからこそ、民国や人民共和国においても受容されていた、と考えられるのではないだろうか。

しかしながら、このような問題設定は中国近現代史研究において、ほとんど行われてこなかった[3]。それゆえに、本章のタイトルは、法治を実現できていない人民共和国というイメージとも重なり合って、何とも奇異に映るだろう。すなわち、ケルゼンの純粋法学は、一九五〇年代から一九七〇年代にかけて社会主義建設へと突き進んでいた中国において、とりわけソ連の影響をうけた社会主義憲政下で受容されたはずがない、と。

ところが他方で、改革開放政策が社会主義憲政下で一九七〇年代に萌芽し、一九九〇年代以降に本格化するにつれて、人民共和国は法治の重要性を強調し始め、この文脈においてケルゼンの純粋法学に注目するようになった。試みに、ケルゼンの簡体字表記である「凯尔森（凯尔生）」をネットで検索すれば、この研究潮流を確認することはさほど難しいことではないだろう[4]。

つまり、ケルゼンの純粋法学は一九五〇年代から一九七〇年代の社会主義建設期には受容されていなかったが、その後に徐々に受容されるようになった、と理解されているのである。仮にこの理解が正しいとすれば、なぜ改革開放政策後に突如として受容されたのだろうか。管見の限り、その理由を説得的に提示できた研究成果はない。だとすれば、ケルゼンが活躍していた民国期から彼の学説はすでに受容されていた、と解釈するのが自然なのではないだろうか。

そこで本章は、ケルゼンの純粋法学がすでに民国期から受容されていたことを確認し、その受容が社会主義建設期の人民共和国初期にも細々と続いていたことを解明する。ただし、民国期からケルゼンの純粋法学が受容された背景として、自由主義思想の展開と憲政の実施という政治目標が設定されていたことが重要である。つまり、法学者の法学思想や政治思想が民国期の自由主義思想の展開を支え、それらが社会主義建設期に伏流しながら[5]、中国憲政史に「隠れた彩り」を添えてきたということである。本章は、第一節と第二節でこれらの無視し得ない背景を個別事例に即して分析し、第三節でケルゼン学説の受容過程を整理する。

一　民国期の自由主義思想と新民主主義段階の政治思想——法学者銭端升を事例に

中国の自由主義思想は、清末に登場して以来、個人主義を掲げた新文化運動から五四運動を経て、少なくとも一九三〇年代には各界で認知されるようになった。そして、この中国の自由主義思想を最も代弁する象徴的知識人として胡適の名が国内外に広まっていった。二〇世紀中国の自由主義思想を研究する章清氏は以下のように指摘している。

一九三〇年代に「中国の自由主義」の命名は完成をみた。このことは「五四」新文化運動を自由主義の思想運動と定義しただけではなく、胡適を「中国の自由主義者」とみなし、梁啓超をその先駆者とみなして、彼らの地位を肯定していったことを意味する。(6)

このように二〇世紀中国に自由主義思想が存在していたことは明らかである。

もっとも、この中国の自由主義がリベラリズムと同質であるのか否か、異質であるならばどのように定義されるのか、といった根源的な問いは今もなお残り続けている。しかし、リベラリズムが時代や地域によって多様に解釈され、必ずしも一義的に定義できるわけではないとの立場からすれば、中国の自由主義を明確に定義できないからといって、中国を自由主義では語れないということにはならないであろう。やはり事実として強調しておかなければならないことは、たとえ民族主義、国家主義、無政府主義、社会主義……といった様々な主義を多用したとしても、それらでは捉えきれない二〇世紀中国の概念や思想動向が無数に存在し、それらはしばしば自由主義から理解した方がしっくり

くる、ということである。(7)

こうして二〇世紀中国に自由主義思想を確認できるわけだが、この自由主義思想が盛んに議論された時期の一つが、日中戦争終結（一九四五年八月）から人民共和国成立（一九四九年一〇月）までの、激しい国共内戦が展開された戦後中国だった。今日の日本人からすれば意外な事実に映るかもしれないが、日本を含めた戦後の東アジアが自国の方向性を多方面から闊達に構想していたことを想起すれば、戦後中国が自由主義思想を高揚させていたことは不自然なことではない。しかも、この戦後中国の自由主義思想が二〇世紀中国史のなかでやや異質なのは、自由主義思想が一つの政治勢力あるいは一定の社会の力として存在し得る可能性を最も有し、自由主義思想を標榜する政治団体――たとえば中国民主同盟（以下、民盟）――が実在していたことである。戦後中国の憲政は、こうした政治的、思想的、国際的文脈のなかで実施されることになった。(8)

この時期の自由主義思想は、上海で創刊された政論誌『観察』（一九四六―四八年）に集約される。そして、その責任者だった儲安平を含む数多くの『観察』知識人は、人民共和国成立以後も大陸に留まり、中国共産党（以下、共産党）も、人民共和国成立直後の一九四九年一一月に『観察』の復刊を認めた。『観察』は、一九五〇年五月に人事と誌面を一新して『新観察』へと改称されたが、共産党は、その社会的影響力の大きさを考慮して「観察」の文字を残したとも言われている。(9)

もともと共産党は、人民共和国成立以前から、民主集中制を採用して社会主義体制への完全な移行を目指していた可能性がある。(10)しかし他方で、共産党は、人民共和国成立前後の時期においては、その他の政治勢力との協調を重視する、いわば連合政府による新民主主義段階をも想定していた。実際、その理念と方針は、臨時憲法の役割を果たした中国人民政治協商会議共同綱領（一九四九年九月、以下、共同綱領）に掲げられている。だからこそ、共産党は、新民主主義段階において、『観察』の復刊と『新観察』の存続を認めたのであった。

こうして復刊した『観察』は、以前の自由主義思想の論調をそのまま掲載できたわけではなかったが、戦後中国の自由主義思想を多分に大陸に残した。たとえば、政府に公然と反対する自由を訴えていた楼邦彦[11]は、その自由主義精神を行間に滲ませた文章を人民共和国成立直後に発表している[12]。民国期の自由主義思想の展開と不可分の関係にあった法学者の政治思想も、法学を担う学術機関が人民共和国の成立直後に再編されていったにもかかわらず、また、日本を含む西側諸国の影響をうけてきた民国期の法学がソ連の社会主義法学へと転換していったにもかかわらず（本書第4章（王貴松論文）も参照）、水面下で連続性を維持していた。本節では、民国期から新民主主義段階にかけて最も活躍した非共産党員の法学者銭端升の政治思想を具体的に取り上げてみたい。ちなみに、共産党側で最も著名な法学者は、董必武である。

銭端升（一九〇〇―九〇年）は、ハーバード大学で博士学位取得後、一九二四年に帰国、一九三一年に中国国民党（以下、国民党）に入党した。北京大学、天津『益世報』、西南聯合大学、国民参政会などで活躍し、一九四〇年代後半にハーバード大学の招聘に応じたが、人民共和国が成立する直前の一九四八年に再び帰国し、北京政法学院院長や中華人民共和国憲法起草委員などを歴任した。一九五二年に民盟に参加し、一九八一年には共産党に入党した[13]。

銭端升は民国期に独裁を擁護した知識人だったと評価されることがあるが、その評価は妥当性を欠いている。民国期の彼の政治思想の本質を端的に要約するならば、「自由と統一」の政治思想だった[14]。だからこそ彼は、人民共和国の成立直前に、周囲からのアメリカ残留の勧めを振り切って帰国し、連合政府による「自由と統一」の実現を果たそうとしたのだった。つまり、彼は、新民主主義すなわち人民民主主義の革命戦線に大いに期待したのであった。その意思を明確に示したのが、「統一戦線・人民政権・共同綱領」（『観察』第六巻第一期、一九四九年一一月一日）だった。

一見すると、この論文は、民国期に自由を論じていた知識人が人民共和国を支持することを宣言した、いわば無味乾燥な転向声明文にも映る。しかし、この論文は、以下で確認するように、彼が当時の政治環境のなかで慎重に言葉を選びつつ、自らの政治思想を大胆に告白した迫力ある文章として評価できる。

銭端升は、共同綱領が労働者階級、農民階級、小ブルジョア階級、民族ブルジョア階級からなる人民民主統一戦線を基礎とし、人民共和国の政治的基礎が人民民主主義すなわち新民主主義であることを強調した。このような認識をもつ彼は、新政権の性格が今後も——将来の社会主義への移行までは——変わらないことを確認するかのように、統一戦線と共同綱領の一体性をさらに強調し、帝国主義、封建主義、官僚資本という「三つの敵」以外は革命の対象には含まれないことを念押しした。そして、次のように述べた。

彼ら〔人民政治協商会議のすべての代表と統一戦線を形成するすべての人々〕が要求し、受け入れた共同綱領とは、必然的に新民主主義の綱領である。このことは、共同綱領が、ある一つの政党やある方面からだけの綱領ではなく、また、原則をもたない「共同」綱領でもないことを説明している。つまり、ある一つの政党やある方面からだけの綱領とは区別されるものであり、混ぜ合わせの綱領とも違うということである[15]。

ここで彼が強調していることは、ある特定政党の原則ではなく、人民民主統一戦線が決定した原則を保持した上で、複数性を確保することであった。だからこそ彼は、民主集中制を次のように受け入れたのであった。

人民民主独裁の四つの階級は複数の階級ではあるが、彼らの任務は同じである。それは、新民主主義の革命を完成させ、新民主主義の国家を建設することである。このように任務が同じであることから、政権の組織形態においては、資本主義国家に見られるような各種の権力分立の制度を採用することはできない。〔ただ、〕社会主義国家の民主集中制に倣うことができる〔だけである〕。……（中略）……政府というものは、形式上どれほど民主的で、システム上どれほど整っていたとしても、やはり完全に民主的であるわけではなく、ひどく混乱することもある。ただ民主集中制の下でしか、民主と効率は保障されないのである[16]。

彼のロジックからすれば、民主集中制とは、人民民主統一戦線の原則を効率よく実現しつつ、その同一の任務の下で複数性を民主的に保障する政治制度だ、ということになる。

それでは、このような銭端升の新民主主義論が、なぜ大胆な政治思想の告白になっているのか。それは、民国期の法学が社会主義法学へと再編されていく過程にあっても、民国期に形成された「自由と統一」という自らの政治思想を、この新民主主義論に巧みに埋め込んでいるからである。もう少し丁寧に説明すれば、次のようになるだろう。

新民主主義段階における共産党の民主集中制は、複数性を謳いながらも、自身の原則を唯一の基準として、複数性を画一化させることに重点を置くものだった。これに対して銭端升は、共産党の民主集中制という器を借りながら、人民民主統一戦線を形成する人民の論理に基づいて算出された原則の下で、複数性を残そうとした。両者が想定する民主集中制と新民主主義は、似て非なるものだった。したがって銭は、人民共和国成立後に共産党を支持しつつも、共産党の新民主主義に大いに期待し、それと抵触しない民国期以来の自らの政治思想を貫いた、と評価できよう。裏返して言えば、彼は人民共和国成立直後の時点において社会主義の独裁傾向とその危険性——民国期の彼の言葉を借りるならば、人民に「一致した言論を強いることも、統一には有害である」——を警告したかったからこそ、新民主主義の理念をこれほどまでに重視したのである。

このように銭端升「統一戦線・人民政権・共同綱領」を読み解くならば、以上のような緊張感をもった政治文書として理解できるだろう。事実、銭端升は、朝鮮戦争を背景として展開された各種の政治運動と思想運動によって、新民主主義段階が揺らぎ始めたにもかかわらず、自らの政治思想を堅持した。“How The People's Government Works”

（*China Reconstruction*, Vol. 4, July, 1952）では当時の政治運動に一定の理解を示しつつも、批判の自由の大切さを依然として強調し続けた。

人民も、国家権力の主役として、なんら躊躇うことなく政府を批判する。批判的意見を出すことは、時間と空間の制約を受けない。……（中略）……人民が政府を批判する力をもてばもつほど、彼らはますます責任感をもって、最も相応しい人民を人民会議の代表に選出しようとするはずである。そして、ますます責任感をもって、その代表を通じて、最も相応しい人民を人民政府の構成員に選出しようとするはずである。一九五二年前半に汚職や浪費、官僚主義に反対する運動が展開された時、政府内部で起こった政府批判や自己批判の実践は、新たに最高潮に達した。その結果、人民と政府の関係はより緊密になった[17]。

繰り返し確認しておきたいが、もし私たちはこの文章だけを手に取って、字面通りに解釈するならば、これは銭端升が共産党の新民主主義に迎合した政治文書に過ぎない、ということになる。なぜなら、文中には「人民は人民政府のすべての機構が毛沢東主席によって正しくかつ英明に指導されていると認識し始めた」と記されているからである。しかし、彼が「立法権と行政権の分離は考慮する必要がない」と述べ、人民が人民代表会議の選挙を介して人民政府に積極的に関与すれば政治の効率が必然的に上がっていくと述べたのは、共産党の民主集中制の論理をそのまま受け入れたからではない。ここでの主張の前提は「国家の権利は人民に属する」という人民主権の論理であり、これが人民民主統一戦線の下で複数性を保障する最大のポイントだった。だからこそ彼は、人民政治協商会議における三者三様の議論を「新中国の人民民主にとって好ましい前兆」だと期待を寄せ、各地の人民代表会議が各地の実情にあった統一戦線型の人民政府を組織している、と強調したのである[18]。したがって、ここに通底している政治思想が彼の民国期における「自由と統一」の発想と同一であることは明らかであろう。上記で引用した批判の自由も、この文脈で解釈されるべきである。

以上のように銭端升の政治思想の本質は、民国期から新民主主義段階へと引き継がれた（本書第5章（孫宏雲論文）も参照）[19]。だからこそ銭は、「過渡期の総路線」と称される時期（一九五三―五七年）に新民主主義から社会主義への移行を象徴する中華人民共和国憲法の制定（一九五四年）にたずさわったにもかかわらず、また同憲法の施行後にブルジョア法学を全面批判したにもかかわらず、最も代表的な「右派」法学者として弾圧されたのだった[21]。以後の彼は、ほとんど発言しなくなった[22]。

このような政治思想の動向は、次のように整理されるだろう。すなわち、民国期の自由主義思想は、朝鮮戦争を一つの契機として始まった反革命鎮圧運動などの各種の政治運動と思想運動によって、とりわけ「過渡期の総路線」の提唱によって、伏流を余儀なくされた。確かに、共産党の政治統制と思想統制はスターリン批判の衝撃を受けて一時的に緩まった（「百花斉放・百家争鳴」）ものの、共産党は一九五七年夏から反右派闘争を開始して、民国期の自由主義者らを「右派」として粛清し始めた[23]。この一連の政治過程で、戦後中国の自由主義思想を基盤にして共産党批判と社会主義批判を行った「右派」知識人が、『観察』の責任者だった儲安平であり、「中国民主同盟臨時全国代表大会政治報告」（一九四五年一〇月）を起草した羅隆基であり、当時民盟を指導していた章伯鈞だった[24]。戦後中国の自由主義思想を経済思想から支えていた陳振漢も、反右派闘争で弾圧された経済学者の一人だった[25]。一九五〇年代に北京大学法学部で教鞭を執っていた楼邦彦も、「右派」法学者の一人として弾圧されていった[26]。

それでは、こうした情勢下で始まった社会主義憲政は、民国史をふまえた場合、どのように理解できるのであろうか。

二　社会主義憲政の開始——中華民国憲法と中華人民共和国憲法の異同

新民主主義から社会主義への移行は、一九五三年から始まった。一九五三年から一九五七年にかけて第一次五ヵ年計画が実施され、農業の集団化が実践されると同時に、戸籍制度や単位制度、檔案制度も一段と整備されていった。

近年、あらゆる分野を一元的に管理していた中国の社会主義体制は戦時態勢として理解できる、と考えられている。この見解は、朝鮮戦争のインパクトを重視するとともに、社会主義体制の萌芽を一九三〇年代の日中戦争期にまで遡って捉え直そうとするものである。[27]「食糧の統一買付け・統一販売」政策（一九五三年）後に進められた農業の集団化や社会を管理する戸籍制度は、ソ連の社会主義イデオロギーの文脈のみならず、第二次世界大戦から冷戦という国際環境の下で展開された総動員政策の積み重なりでもある、ということである。一九三〇年代から一九五〇年代にかけての経済政策や貿易構造の連続性が中国の総動員体制とどのような関係にあるのかという点も含めて、興味深い指摘である。[28]

しかしながら、人民共和国成立前後の連続性と断絶性は、戦時の文脈からは連続しているが、ソ連ないしは社会主義の文脈からは一九四九年で断絶している、と分かりやすく整理できるわけではない。たとえば、人民共和国成立初期の経済活動は、その活動実態を支えるという観点からすれば、戦時や社会主義という論理とは別に、民族ブルジョア階級という民国期との連続性を有している。また、外交、司法、宣伝部門の人事と政策はイデオロギーの転換からして民国期との断絶性を帯びざるを得ないが、政策を法源とするような司法部門の現象がソ連法学の受容という文脈からだけで説明できるわけでもない。さらに、社会や文化、思想へと目を転じてみると、それらは共産党による画一化政策の下で民国期と断絶させられたかに見えるが、宗族を核とする地域秩序や西側文化に憧れる精神性は残り続けた。前節で確認したように、法学思想や政治思想も、ソ連からの影響を受けて新たな断絶性を発生させながらも、同時に民国期からの連続性を残し続けた[29]。

それでは、このような複雑な情勢下で、一九四七年に施行された中華民国憲法と一九五四年に施行された中華人民共和国憲法はどのような異同を帯び、社会主義憲政はどのような特徴をもっていたのであろうか[30]。

中華民国憲法は、三民主義と五権憲法の発想から完全に抜け出せたわけではなかったが、民国期の自由主義思想の展開を受けて、立憲主義——人権の保障と権力の分立——を中国憲法史において最も盛り込んだ憲法となった[31]。中華民国憲法は、孫文の三民主義を理念として掲げ（前文）、「中華民国は、三民主義に基づき、民有、民治、民享の民主共和国とする」（第一条）とはしたが、特定政党の指導を明記せず、それまでの憲法草案とは異なって、人権を憲法で直接保障しようとした[32]。

しかし、共産党は、中華民国という国体を否定すると同時にその法統を断ち切って——国民党が民国期に整備した六法を全廃した——、ソビエトと称された根拠地で実践してきた根拠地法と司法原則を中国全土へと拡大し、ソ連法学をより全面的に受容した[33]。したがって、中華人民共和国憲法の立憲主義は後退し、共産党の指導に関する歴史的役割が明記されるようになった（前文）。

もう一つの大きな違いは、主権のあり方と統治構造である。

中華民国憲法は国民主権を掲げ（第二条）、人民に四つの政権——選挙権、罷免（リコール）権、創制（イニシアティブ）権、複決（レファレンダム）権——を保障して、五つの治権——立法権、行政権、司法権、監察権、考試（試験）権——をもつ政府を管理させる、いわゆる「権・能」（政権・治権）分離型の統治構造だった。そして、直接選挙で選出された国民大会が人民の政権を代行して国家元首の総統を選出し、その総統の下に立法院、行政院、司法院、監察院、考試院が配置され、そのうち立法委員は直接選挙で、監察委員は間接選挙で選出された。司法権は憲法上独立しており（第八〇条）、立法院と行政院は議院内閣制に類似した制度となった（第五五・五七条）[34]。

こうした中華民国憲法の主権のあり方と統治構造に対して、中華人民共和国憲法は、人民主権を謳いながらも（第二条）、ここで言う人民を労働者階級、農民階級、小ブルジョア階級、民族ブルジョア階級に限定し、階級闘争による排除の論理を滑り込ませた。そして、全国人民代表大会と地方の各レベルの人民代表大会を人民が権力を行使する機関とし、ソビエト制を模した人民代表大会とその他の国家機関において民主集中制を採用した（第二条）。国家権力の最高機関かつ唯一の立法機関である全国人民代表大会（第二一・二二条）は国家元首である主席を選出し、その主席が最高の国家行政機関である国務院総理を任命するとした。ただし、国務院は、最高人民法院と最高人民検察院と同じように、全国人民代表大会（常務委員会）の監督下に置かれたため、中華人民共和国憲法の統治構造は西側の三権分立とは原理的に異なっていた[35]。

以上が、両憲法に見られる主要な相違点である。加えて、憲法からは見えてこない重要な相違点も併せて指摘しておかなければならない。それは、党と国家・政府の関係である。簡潔に述べれば、中華人民共和国憲法は、直接選挙や議院内閣制の仕組みを採り入れた中華民国憲法とは違い、党が国家・政府を一元的に管理するような統治メカニズムを埋め込んでいた。共産党は、ソ連のノーメンクラトゥーラを模倣して、党グループと対口部を介しながら国家・政府を一元的に掌握しようとしたのである[36]。

それでは次に、両憲法の類似点を探ってみたい。

これまでの通説によれば、中華民国憲法は、三民主義と五権憲法という特徴を内包するが故に国民党独裁型の憲法であり、独裁型という点において、中華民国憲法と中華人民共和国憲法は本質的に類似している、と理解されてきた。しかし、上述のような相違点と民国期における自由主義思想の展開を念頭に置くならば、独裁型という点において本質的に類似していたとは断定できない。実際、中華民国総統の権限を拡大した動員戡乱時期臨時条款（一九四八年）

が廃止される（一九九一年）などした結果、中華民国憲法は本来の姿を取り戻し、現在の台湾の民主化を支えている。したがって、これまで強調されてきた独裁型という類似性は、正確に言うならば、行政権優位型の中華民国憲法草案いわゆる五五憲草（一九三六年）と、中華人民共和国憲法との間に見出されるべきものである。

ここで、五五憲草、中華民国憲法、中華人民共和国憲法を比較した金子肇論文を参考にしたい。同論文を大胆に要約すれば、三者の間には不連続性が存在するものの、五五憲草と中華人民共和国憲法との間には連続性も見出せる、ということになる。その連続性とは、すなわち、国民大会と全国人民代表大会の制度面における類似性である[37]。

確かに、五五憲草の国民大会は直接選挙で選出されるのに対して、中華人民共和国憲法の全国人民代表大会は間接選挙で選出される、という大きな違いがある。しかし、五五憲草は、中華民国憲法のように立法権を強化せず、議院内閣制のような仕組みも採用しなかったことから、国民大会で選出される総統が立法院、行政院、司法院、監察院、考試院を容易に統制できた。つまり、五五憲草は、国民大会を介した総統独裁型の統治構造だった。ある政党が国民大会さえコントロールできれば、五五憲草の統治構造は民主集中制を採用した中華人民共和国憲法のそれと同質だ、ということになる[38]。

ただし、若干補足しておくと、五五憲草の国民大会制は、ワイマール憲法を参照しながら孫文の五権構想を具体化したものでもあった[39]。したがって、中華人民共和国憲法の全国人民代表大会制は、単にソビエト制を模倣しただけではなく、その発想の根底にはドイツの要素も含まれていた、と解釈できるのかもしれない[40]。

三　社会主義中国とケルゼン学説——ソ連法学の受容の裏側にあるもの

社会主義建設期の中国は、中華民国憲法とは異質な中華人民共和国憲法を制定した。この憲法の施行は、ソ連法学の受容と深く結びついた社会主義憲政が中国に導入されたことを意味した。しかしながら、同憲法は民国までの歴史と完全に乖離しているわけではなく、一九三〇年代の五五憲草との間に相応の類似性をもっていた。いわば一九五〇年代の社会主義憲政は、その原理において一九三〇年代との類似性を内包しながら、一九四〇年代に五五憲草を中華民国憲法へと変質させた、あの民国期のリベラルな法思想や政治思想と対決する可能性をもっていた。実際、このような対決を引き起こした政治思想上の現象の一つが、意外なことかもしれないが、ケルゼン学説の継続的な受容だった。

ケルゼン学説に対する関心の高まりは、どんなに遅くとも一九二〇年代に始まる。純粋法学について言えば、中国法学界は一九三〇年までにはその概要を国内に紹介し[41]、その後は主に日本を経由して受容を試みた[42]。ただし、一部の法学者は、国家と民族が存亡の危機にさらされ、中国の独自性（「中国本位」論）が重視された一九三〇年代の時代風潮を受けて、純粋法学の法規範でさえも、「社会の諸事実の中間に存在する」ものだ、と批判的に受けとめた。要するに、彼らは、純粋法学の法規範と言えども、決してすべての物事から「遊離して存在しているわけではない」と強引に解釈して、純粋法学を自らに都合のいい法理論として利用しようとしたのだった[43]。

このように純粋法学は、一九三〇年代において、中国流に受容されるかに思われた。ところが、この牽強付会の受容に歯止めをかけたのが、純粋法学の根幹部分のみを重点的に翻訳した作業だった[44]。さらに、日中戦争期に入ると横田喜三郎の『純粋法学』が中国語に重訳され、それが戦中から戦後にかけて中国で出版された[45]。中国語版『純粋法学』を完成させた劉燕谷は、政治イデオロギーを含む一切から法学を解放することで、中国に法治を定着させようとした[46]。その熱意と決意は、以下のような訳者序言に濃縮されていよう。

我が国の政治は、従来、人治を重んじて法治を軽んじてきた。しばしば法家は覇権の道具でしかないと排斥され、蔑まれてきた。近年、西洋文化の影響を受けて、法治の重要性が徐々に国内の人々によって認識され始めたが、〔人治を重んじてきた〕積年の弊害はすさまじく、〔法治を〕軽んじる偏見はまだ取り除かれていない。この偏見は実際の政治にも影響を与え、行政権の濫用となってあらわれている。また、学術面にも影響が及び、中国法学の遅れとなっている。……（中略）……訳者である私は、この書籍を紹介することで、国内の人々が法学の理論研究に関心を向け、純粋法学が我が国の法学界において異彩を放つことを期待している。㊼

こうして日本を介して全面的に紹介された純粋法学は、一九四六年に中華民国憲法が制定され、翌年から憲政が実施されるにあたり、韓徳培（一九一一―二〇〇九年）らによって、より肯定的に受容されるようになった。ちなみに、韓徳培は、戦後中国の自由主義思想を代表する『観察』誌で自由を訴えた法学者であり㊽、人民共和国成立後も武漢大学で国際法学者として活躍した㊾。

韓徳培は、「ケルゼンは法学の研究対象を実在する法律、すなわち「実定法」（positive law）のみに限定して、いかなる政治的道徳的理想――いわゆるイデオロギー（ideology）――にも触れてはならないと考えていた」と紹介し、「法とは一種の強制秩序であ」り、その根源は「根本規範」である、と正確に純粋法学を理解していた。しかも、ケルゼンの根本規範という発想が一部の法学者から批判されていたにもかかわらず、「もしケルゼンの言う前提を受け入れるならば、彼の学説は少なくとも自家撞着には陥っておらず、非の打ち所がないと言えよう」と擁護した。確かに彼自身も、法学が絶対的に純粋なのかどうかも含めて検討の余地があるとし、純粋法学を一〇〇％受け入れたわけではなかったが、その意義については、次のように認めている。

〔ケルゼンの学説は〕相当に空虚なように思われるが、実際の法律の問題とは至る所で密接にかかわっている。〔実際」近代法学におけるいくつかの重要な問題は、純粋法学によって、容赦のない批判を受けたか、新たな説明ないしは解釈を施されてきた。また、ケルゼンは、この学説を根拠に、法と国家の関係、国内法と国際法の関係を再整理し、公法と私法の区別および行政と司法の対立を根本から否定した。彼は、これらの問題に対して独自の見解を表明し、人々に深く考えさせた[50]。

ちなみに彼は、ケルゼンの『法と国家の一般理論』（*General Theory of Law and State*, 1945）も、続けて中国に紹介している[51]。

以上のようなケルゼンの純粋法学に対する関心の高さは、一九五〇年代以降、表向きは途絶えた。純粋法学があらゆるイデオロギーから解放されていたとはいえ、社会主義建設期の中国においては、ケルゼンもやはり西側のブルジョア法学者と見なされたからであろう。さらに、社会主義憲政下の中国的法治が純粋法学とは相容れないものだったからであろう。

しかし、表向きの断絶とは裏腹に、ケルゼン学説に対する関心は消滅したわけではなかった。

たとえば、国際法の基本テキストであるオッペンハイム（L. F. L. Oppenheim／奥本海、一八五八―一九一九年）の『国際法』（*International Law*, 1905）がヴィシンスキー（維辛斯基）やコロービン（柯羅文）らソ連の国際法学説とは別に公式に翻訳されるなか[52]、ケルゼンの *Principles of International Law*（Rinehart and Company Inc., 1952）の全訳が国際法学者の王鉄崖によって一九五〇年代に密かに進められていた。この中国語版『国際法原理』は一九八九年に華夏出版社から公刊されたが、その翻訳原稿は、反右派闘争で民国期からの法の継承性が批判され、ケルゼン学説も全面的に批判されていた一九五八年に、密かに準備されていたのである。つまり、逆説的ではあるが、ケルゼン学説は、反右派闘争以降も全面批判にさらされるほどに、絶えず注目を集めていたのであった。

この反右派闘争でケルゼンの法理論を全面批判したのが、皮肉なことに、日中戦争期に『純粋法学』を翻訳した劉燕谷だった。彼は、根本規範は「統治階級の意志」でしかなかったと評価を一変させ、純粋法学がブルジョア階級によって操られた勢力を擁護する西側の学説に過ぎないと見なすようになった。当然に、法の段階構造によって国際法の優位を唱えたケルゼン自身に対しても、国家主権を否定して帝国主義の侵略に加担しているだけだ、と痛烈な批判を浴びせるようになった。彼は、国家主権はむしろ帝国主義の侵略を防止する理論的武器である、と共産党に同調し始めた[53]。

この正負反転のケルゼン評価が劉燕谷の本音だったのかどうかは分からない。しかし、一九六〇年代前半の中国は、反右派闘争や大躍進政策による急進的な社会主義建設の弊害を調整し始めたにもかかわらず、ケルゼン学説に対する警戒心を解こうとはしなかった[54]。一九六〇年代前半の調整期に西側の政治思想に対する寛容度が広まったとはいえ、ケルゼンが反共産主義の姿勢を鮮明にしたせいか、純粋法学はファシズム、帝国主義、資本主義を弁護しているに過ぎない、とますます厳しく批判された[55]。と同時に、西側で広まっている超国家法、世界法、世界国家、世界政府などという主張は、ケルゼンの国際法優位説を利用した帝国主義勢力による陰謀でしかない、とも見なされた[56]。

ところが、文化大革命が収束すると、ケルゼンの純粋法学に対するタブーは徐々に解かれていった。呉恩裕や周子亜といった反右派闘争で批判された知識人たちが、ケルゼンの純粋法学を先陣を切って再び中国に紹介し始めた。

呉恩裕は、一九四〇年代後半に『観察』誌上で自由と平等を訴えた自由主義者だった。そのため、反右派闘争で「右派」のレッテルを貼られた呉は、一九六〇年代前半の調整期にもケルゼン学説を批判せざるを得なかったが[57]、一九七〇年代末にいち早くケルゼンの純粋法学を慎重な物言いで取り上げ、後にケルゼンが再評価される道を準備した。つまり、「純粋法学の出現は、ブルジョア階級の命運がすでに行き詰ったことを象徴している」と結論づけながらも、純粋法学の内容を余すところなく紹介し、国内の法学者に基礎情報を十数年ぶりに提供したのだった[58]。

また、周子亜は、一九五七年から一九五八年の国際法システムをめぐる論争――資本主義国際法システムの存在を認めるか否かが次第に争点となっていった――において、純粋法学に基づく国際法優位説を否定したものの、社会主義国際法システムもまだ萌芽段階にあると主張したために、反右派闘争で自説の修正を余儀なくされた(60)。その彼が、呉恩裕に続いて、純粋法学の存在を中国思想界に知らしめたのだった(61)。

こうして純粋法学に対する関心は、王鉄崖訳『国際法原理』の公刊以後も、現在まで高まり続けている(62)。

おわりに

社会主義建設期の中国憲政は、ソ連法学を基礎とした社会主義憲政だった。この事実は、特段の検討を要さない。しかし、その事実が当然視されるあまり、一九五〇年代から一九七〇年代の中国憲政史は、かえって、清末に始まる中国憲政史から切り離されてしまった。その分離した理解を是正するためには、かつて日本の中国法研究者が的確に分析したように、二度にわたる法の継承性論争に再び注目する必要があるのかもしれない(63)。

この論争は、まず「百花斉放・百家争鳴」政策から反右派闘争までの一九五〇年代後半に、民国期の法制が社会主義法制の下でも継承可能か否かを、社会主義イデオロギーにも配慮しながら争った。スターリン批判後に社会主義諸国に動揺が広がるなか、中国法学界は社会主義法制のさらなる発展を政治的に強いられたため、この論争が活発化した。民国期に著名な法学者として活躍した楊兆龍は、法規範の性格に応じて法の階級性を区分すれば法の継承性を認め得ると説明して(64)、多くの法学者たちから注目された。楊のように民国期に法学を修めた学者たちは、民国期の法遺産を活用して「法制の社会主義化」に貢献しようとした。その彼らは反右派闘争で「右派」と認定され、法の継承性は直ちに否定されてしまったが、この論争は、学術論争として決着を見たわけではなかった。そのため、一九八〇年代前半に「四つの近代化」（工業、農業、国防、科学技術の近代化）がますます重視されると、論争が再燃した。この時期の法学者たちの主たる目標は、文革で崩壊した社会主義法制を再建するために、とりあえず左派の立場から、「社会主義の法制化」に貢献することだった。

このように法の継承性論争は、中国近現代史における連続性と断絶性を検討するのに格好の事例である。今後の中国近現代史研究者に求められていることは、法の継承性論争を民国史の視点から再考し、一九五〇年代から一九七〇年代の中国史をその前後の歴史のなかに定位し直すことである。本章は、そのような研究課題に応えるための第一歩である。

（1）　鵜飼信成ほか編『ハンス・ケルゼン』（東京大学出版会、一九七四年）、国際法学会編『国際関係法辞典』（三省堂、二〇〇五年）、高橋和之『立憲主義と日本国憲法　第二版』（有斐閣、二〇一〇年）六―七頁などを参照。

（2）　前掲鵜飼信成ほか編『ハンス・ケルゼン』一五、四四、五一―五三、一〇四、二五七頁。

（3）　李剛「批判与継承――純粋法学在中国」（『山西大学学報（哲学社会科学版）』第三〇巻第五期、二〇〇七年）、Liang Zhijian, "Widerhall der Lehre von Hans Kelsen im Osten: Rezeption und Kritik im geschichtlichen Überblick am Beispiel von China（ハンス・ケルゼン学説の東方での反響――中国における受容と批判に関する歴史的考察）", in Robert Walter ed., *Hans Kelsen anderswo: Hans Kelsen abroad*, Manzsche Verlags-und Universitätsbuchhandlung. 2010.

（4）　たとえば、中国人民大学法学院の学術活動　http://www.law.ruc.edu.cn/article/?32203 が挙げられる。

（5）　多くの研究者によって指摘されているが、近年の日本語による成果のみに絞ると、次の通りである。水羽信男『中国近代のリベラリズム』（東方書店、二〇〇七年）、水羽信男「儲安平」（趙景達ほか編『講座東アジアの知識人5――さまざまな戦後』有志舎、二〇一四年）、中村元哉「雑誌『観察』と羅隆基」（前掲趙景達ほか編『講座東アジアの知識人5――さまざまな戦後』）。

（6）　章清（中村元哉訳）「中国現代思想史における『自由主義』」（『近きに在りて』第五四号、二〇〇八年）。

（7）村田雄二郎編『リベラリズムの中国』（有志舎、二〇一一年）序章。
（8）中村元哉『戦後中国の憲政実施と言論の自由 1945-49』（東京大学出版会、二〇〇四年）。
（9）この段落からの本節の内容は、中村元哉「従一九四〇年代後半期的中国自由主義思想看新民主主義階段（一九五〇―一九五三年）的中国政治思想――以法学家銭端升為中心」（『人間思想』第三輯、二〇一五年）で検討している。
（10）楊奎松（大沢武彦訳）「共産党のブルジョアジー政策の変転」（久保亨編『一九四九年前後の中国』汲古書院、二〇〇六年）。
（11）楼邦彦「論「公然反対政府」」（『観察』第四巻第二二期、一九四八年七月三一日）。
（12）楼邦彦「論城市的政権組織形式」（『観察』第六巻第四期、一九四九年一二月一六日）。
（13）謝慧『西南聯大与抗戦時期的憲政運動』（社会科学文献出版社、二〇一〇年）三四―三五、一〇七頁。
（14）詳細は、前掲謝慧『西南聯大与抗戦時期的憲政運動』の銭端升の全般的評価、および前掲中村元哉「従一九四〇年代後半期的中国自由主義思想看新民主主義階段（一九五〇―一九五三年）的中国政治思想」を参照。
（15）銭端升「統一戦線・人民政権・共同綱領」（『観察』第六巻第一期、一九四九年一一月一日）。
（16）同右銭端升「統一戦線・人民政権・共同綱領」。
（17）Qian Duansheng, "How The People's Government Works," *China Reconstruction*, vol. 4, July, 1952.
（18）*Ibid*.
（19）銭端升の民主集中制に対する評価について、本章が民主の側面を、本書第5章（孫宏雲論文）が集中の側面を強調しており、見解を異にしている。しかし、銭が内面から民主集中制に対応していたという点では一致している。
（20）銭端升・楼邦彦『資産階級憲法的反動本質』（湖北人民出版社、一九五六年）。
（21）呉家麟「関於批判資産階級憲法的一些問題――評銭端升・楼邦彦著：〝資産階級憲法的反動本質〟」（『教学与研究』一九五六年第一一期、一九五六年一一月二六日）、盧一鵬「政法界的右派大将――銭端升」（『政法研究』一九五七年第五期、一九五七年一〇月二日）。ちなみに、楼と銭を「右派」として批判した法学者呉家麟も「右派」として批判された。
（22）『銭端升学術論著自選集』（北京師範学院出版社、一九九一年）には一九五〇年代以降の文章はほとんど収録されていない。
（23）中村元哉「国共内戦と中国革命」（木畑洋一ほか編『岩波講座　東アジア近現代通史』第七巻、岩波書店、二〇一一年）。
（24）詳細は章詒和（横澤泰夫訳）『嵐を生きた中国知識人』（集広舎、二〇〇七年）を参照。

(25) 久保亨「戦後中国の経済自由主義」（前掲村田雄二郎編『リベラリズムの中国』）。
(26) 前掲呉家麟「関於批判資産階級憲法的一些問題」。
(27) 奥村哲『中国の現代史——戦争と社会主義』（青木書店、一九九九年）。
(28) 久保亨「東アジアの総動員体制」（後藤乾一ほか編『岩波講座　東アジア近現代通史』第六巻、岩波書店、二〇一一年）。
(29) 前掲中村元哉「国共内戦と中国革命」で整理している。
(30) 中華人民共和国憲法による社会主義憲政の実態、つまり同憲法の運用史については、国家権力の最高機関と位置づけられた全国人民代表大会の実態を分析せざるを得ないため、後日の課題としておきたい。
(31) Nathan, Andrew J., "Political Rights in Chinese Constitutions", in *Edwards, Randle et al., Human Rights in Contemporary China*, Columbia University Press, 1986（邦訳：斎藤惠彦ほか訳『中国の人権——その歴史と思想と現実と』有信堂、一九九〇年）。
(32) 中村元哉「戦時中国の憲法制定史」（波多野澄雄ほか編『戦時中国の経済政策と社会変容』慶應義塾大学出版会、二〇〇四年）。
(33) 高見澤磨「近代法制の形成過程」（久保亨編『シリーズ20世紀中国史3　グローバル化と中国』東京大学出版会、二〇〇九年）、高見澤磨・鈴木賢『中国にとって法とは何か』（岩波書店、二〇一〇年）。
(34) 薛化元（吉見崇訳）「憲法の制定から憲法の施行へ——『政協憲草』と自由主義者の憲政主張（1946–1972）」（石塚迅ほか編『憲政と近現代中国——国家、社会、個人』現代人文社、二〇一〇年）。
(35) 竹花光範『中国憲法論序説　補訂第三版』（成文堂、二〇〇七年）、木間正道ほか『現代中国法入門　第六版』（有斐閣、二〇一二年）。
(36) 唐亮『現代中国の党政関係』（慶應義塾大学出版会、一九九七年）、唐亮『変貌する中国政治』（東京大学出版会、二〇〇三年）、毛里和子『現代中国政治〔第三版〕』（名古屋大学出版会、二〇一二年）。
(37) 金子肇「国民党による憲法施行体制の統治形態」（前掲久保亨編『一九四九年前後の中国』）。
(38) 前掲金子肇「国民党による憲法施行体制の統治形態」。
(39) 中村元哉「世界の憲政潮流と中華民国憲法——張知本の憲法論を中心に」（前掲村田雄二郎編『リベラリズムの中国』）。
(40) 平野義太郎は、人民民主主義諸国の憲法をワイマール憲法の民主主義諸原則を継承し発展させたものである、と理解している（平野義太郎『人民民主主義憲法への史的展開――ワイマル憲法の崩壊から新中国憲法の成立まで』日本評論社、一九五六年、三頁）。

(41) 阮毅成「凱爾遜政法学説概要」（『中大法学院季刊』第六期、一九三〇年）。

(42) 美濃部達吉（林紀東訳）『法之本質』（商務印書館、一九三五年）などから、ケルゼン学説の一端を受容していた。

(43) 劉陸民「建立中国本位新法系的両個根本問題」（『中華法学雑誌』新編第一巻第一号、一九三六年九月）。

(44) Kelsen（高承元訳）「Kelsen 純粋法論之基本観念」（『中華法学雑誌』新編第一巻第七号、一九三七年三月）。

(45) 『純粋法学』（中国文化服務社、一九四三年初版、一九四六再版）。なお、管見の限り、この事実を最も早く指摘した論文は、前掲李剛「批判与継承」である。

(46) Liang Zhijian, *op. cit.*

(47) 前掲凱爾森（劉燕谷訳）『純粋法学』四―五頁。

(48) 韓徳培「評出版法修正草案（1）」（『観察』第三巻第一五期、一九四七年一二月六日）。

(49) 韓徳培『韓徳培文集』（武漢大学出版社、二〇〇七年）。

(50) 韓徳培「凱爾生与純粋法学」（『思想与時代』第四七期、一九四七年九月）。

(51) 韓徳培（Anders Wedbery 訳）「General Theory of Law and State by Hans Kelsen」（『国立武漢大学学報社会科学季刊』第九巻第一号、一九四八年）。

(52) オッペンハイム（ラウターパクト〔H. Lauterpacht／労特派特〕編訳、中国人民外交学会編訳）『国際法』（法律出版社、一九五五―五六年）。これは第八版の翻訳である。

(53) 劉燕谷「凱爾生的反動法学理論批判」（『武漢大学人文科学学報』一九五七年第二期、一九五七年七月二日）。

(54) 史東（Julius Stone）「凱爾遜的純粋法学」（『現代外国哲学社会科学文摘』一九六一年第八期、一九六一年八月二九日）、凱爾遜「純粋法学説中的〝法律〟、〝国家〟和〝正義〟」（『現代中国哲学社会科学文摘』一九六一年第八期、一九六一年八月二九日）。

(55) *General Theory of Law and State*（1945）の中国語版（沈宗霊訳）は『法与国家的一般理論』（未刊行、一九六〇年　＊一九九六年に北京の中国大百科全書出版社から出版された）、*The Political Theory of Bolshevism*（1948）の中国語版（王名楊訳）は『共産主義的法律理論』（商務印書館、一九六二年　＊内部刊行物であり、二〇〇四年に北京の中国法制出版社から出版された）、*The Communist Theory of Law*（1955）の中国語版（呉恩裕訳）は『布爾什維主義的政治理論——一個批判的分析』（商務印書館、一九六二年）である。

(56) 周鯁生『現代英美国際法的思想動向』（世界知識出版社、一九六三年）。

(57) 前掲凱爾森『布爾什維主義的政治理論』。

(58) 呉恩裕「西方法学流派略論（下）」（『社会科学戦線』一九七八年第三期）。

(59) 周子亜「現代国際法的性質問題——国際法的階級性、独特性、強制性和継承性」（『学術月刊』第七期、一九五七年七月一〇日）。

(60)「上海国際法学者集会討論〝国際法的体系問題〟」（『学術月刊』第一五期、一九五八年三月一〇日）。なお、当時の論争を詳細に分析したのが、川崎一郎「国際法体系論争について（1）——中共国際法学界の紹介をかねて」（『愛知大学法経論集』第五〇号、一九六六年三月）である。

(61) 周子亜「評純粋法学説和它的創始人凱爾遜」（『社会科学』一九七九年第一期、一九七九年一月三一日）。

(62) 凱爾森（張書友訳）『純粋法理論』（中国法制出版社、二〇〇八年）。

(63) 西村幸次郎『中国における法の継承性論争』（早稲田大学比較法研究所、一九八三年）、土岐茂「50年代中国における法の継承性論争の展開過程」（『早稲田法学会誌』第三五巻、一九八四年）。

(64) 楊兆龍「法律的階級性和継承性」（『華東政法学報』一九五六年第三期、一九五六年一二月五日）。

第4章　現代中国法学教育の起源

王　貴松
（杉谷幸太訳）

はじめに

中国では古代から律学が存在し、さらには法学も存在していた。しかし、近代法学の誕生は清末における出来事であった。近代法学とそれ以前の律学などとの最大の分岐点は、公法学、とりわけ憲法思想の貫徹という点にある。中国近代法学教育の発展史は、それ自体が幅広いテーマである。本章では筆者の能力に鑑みて、とりわけ公法教育の側面に重要な役割を果たした法学高等教育機関を選定し、その変遷について論述することにしたい。

一　清末における近代法学教育の幕開け

清末に律令が再編纂され、新式の法科大学が創設される以前から、中国ではすでに近代的な内容を備えた法学教育が始まっていた。その先駆けとなったのが、北京の同文館、湖南の時務学堂、天津の北洋大学堂などである。一八九八年、戊戌変法の主導者梁啓超は、「中国は宜しく法律の学を講究すべきを論ず」において、「今日、法律の学を新たに発展させなければ、中国は生き残れないだろう」と初めて呼びかけた。以後、法学会の設立、法学書の翻訳などが行われるようになった(1)。

中国で法学教育が正式に始まったのは、一八九五年である。一九〇四年の奏定学堂章程（「癸卯学制」）には、日本の法学教育制度をモデルとして法学科目表が掲げられた。これが、近代中国の法学教育史において最初に公布された法学科目表であった(2)。清朝政府の学部（民国の教育部に相当）総務司が編纂した第三回教育統計に基づいて計算すれば、一九〇九年、中国全土には〔高等教育機関に相当する〕学堂が一二七ヵ所、学生は二万三七三五人在籍していた。そのうち法政学堂が四七ヵ所、その学生が一万二二八二人となっており、学堂総数の三七％、学生総数の五二％を占めていた。その後、清朝政府は一九一〇年、私人による法学教育機関の設立を解禁した。清末の法政学堂は、課程の設置や教材、教員などの各方面で日本からの影響を強く受けており、各校の課程内容は、大清律と大清会典に関する少数の講義を除けば、日本の法学課程をそのまま取り入れたものであった(3)。

二　民国における三大法学教育

民国の高等教育史上、法学教育はとりわけ大きな成果を上げた分野であり、その一部はすでに世界的なレベルに達していた。この時期には、公立大学、私立大学、ミッション系大学が、法学教育界において三派鼎立の様相を呈していた。

（1）公立の法学教育機関

公立大学は官辦大学とも呼ばれ、国立大学と省立大学に分けられる。そのうち、北京大学、清華大学[4]、北平大学[5]、中央大学、武漢大学[6]、中山大学、安徽大学などが、法学教育において代表的な存在であった。

中国における最初の国立大学は、北洋大学〔今日の天津大学〕である。北洋大学の前身は、一八九五年に盛宣懐を初代督辦として設立された北洋大学堂であり、一九一三年に北洋大学と改称された[7]。北洋大学は、創立以来、アメリカの大学に倣って全面的かつ系統的に西洋の学問（「西学」）を取り入れ、最上位の学堂には「律例」学科を設けて、法学概説、ローマ法、イングランド契約法、イングランド刑法、国際法（「万国公法」）、商法などを教授した[8]。しかし、北洋大学における英米法系の法学教育は、〔英米法が〕中国の実情との不一致、英米法と中国法との間の形式上、精神上の相違、さらには教員不足などの原因により、成果を上げられなかった。北洋大学は一八九九年に第一期の卒業生を送り出し、その翌年の〔太陰暦〕正月に中国史上初の大学卒業証書を頒布したが、そのなかで律例学科の王寵恵[9]が「欽字第一号」〔最優秀卒業〕の授与者となった。一九一七年、〔民国政府の〕教育部が学科再編を行った際、北洋大学の法学系の専攻（「法科」）は北京大学に移され[10]、以後の北洋大学は工学の単科大学へと変わった。

北京大学は、その前身である一八九八年創立の京師大学堂の時代から、すでに法律学課程を設置していた。それが京師大学堂時代の一九〇四年に設けられた「法律学門」である。一九一九年、北京大学法律学門は北京大学法律学部（「法律系」）に改称された。その後、一九二七年に北京大学法律学部は北京法政大学に編入され、一九二九年に再び北京大学法律学部が設置された。翌年、北京大学法律学部を北京大学法学院と改め、その下に政治・経済・法律の三つの学科（「系」）を置いた。北京大学の法律学科は、一九三八年には〔日中戦争での南下にともなって〕西南聯合大学法商学院に編入され、法律・政治・社会・商学などの学科が設置された。一九四六年、北京大学法学院が復活すると、政治・経済・法律の三学科へと戻った[11]。

北洋大学が英米法系を採用したのに対して、北京大学の法学教育は大陸法系を採用した。中国の法制改革が大陸法系に倣って進められ、〔ドイツ法を採用した〕日本の影響も比較的大きかったからである。[12] しかし、当時の法制環境の制約のため、北京大学における初期の法学教育は、必ずしも理想的なものではなかった。〔北京大学初代学長の〕蔡元培は、初期段階の北京大学における法学研究、法学教育の状況について、以下のように述べている。

往時の北京大学の法学教育は、当初は最も奇妙な有様であった。中国に成文化された公法と私法がなかったために、外国法を教えており、そこにも、三つの区分があった。第一がドイツ・日本法であり、ドイツ語や日本語の履修者が聴講していた。第二に英米法であり、英語を学んだものが聴講していた。第三にフランス法であり、フランス語履修者が聴講していた。私は、この状況はよくないと考え、比較法を教えるよう主張した。しかし、当時の教員のうち比較法を教えることができたのは、わずかに王亮疇〔王寵恵〕と羅鈞任〔羅文幹〕だけであった。二人はともに司法部に勤務しており、講師にはなれても、教授にはなれなかった。そのため全面的な改革は困難であった。後に王雪艇〔王世杰〕、周鯁生の諸君が教授として着任してから、ようやく正式の法学〔教育〕を組織できるようになり、次第に学生も猟官の陋習を取り去って、求学の喜びに目覚めていったのである。[13]

一九一七年から一九二六年の間、北京大学は法律専攻の卒業生を年平均七〇人ほど輩出していた。それが一九二八年以降、試験制度の変更や日中戦争による混乱などの原因によって、卒業生は年平均一二人ほどに激減し、再び五〇人を超すまでに回復したのは、一九四七年以降のことであった。[14] 北京大学では、公法学者の王世杰〔パリ大学法学博士〕・鍾賡言〔東京大学法学士〕・白鵬飛〔東京大学法学修士〕・銭端升〔ハーバード大学哲学博士〕・張映南・張志譲らが前後して憲法や行政法を教えた。

(2) 私立の法学教育機関

私立の法学教育機関は、民国期にかなりの成果を上げた。主に民間からの資金で運営されたが、国家の認可を受ければ一定の補助を得ることができた。私立の法学教育機関のうち、著名なものは北京の朝陽大学、上海の復旦大学、上海法政学院、中国公学、持志大学[15]などである。

朝陽大学は北京法学会[16]によって一九一二年に創設され、一九一三年七月に正式に設立、翌一四年に教育部の認可を受けて、同年九月に法学院と商学院を開設した[17]。朝陽大学は「浚哲文明」(智慧が深く、天地人文に明るいこと、出典は『尚書・舜典』)を校訓に掲げ、校名の「朝陽」には、朝日が遥か彼方を照らすように民主と法治に向けて邁進するという意味を込めた。校長は汪有齢、董事長は居正(覚生)であった。一九二九年、大学組織法第五条に「凡そ三つ以上の学院を設置していれば大学と称してもよく、この条件に合わない場合には単独の学院と呼ぶ」と規定されたことを受けて、法学、商学の二学科からなる朝陽大学は、一九三〇年一二月に朝陽学院と改称した[18]。ただし、その後も許可を得て、従来の朝陽大学の校章を使用し、人々もまた朝陽大学と呼び習わした。この朝陽大学は、日中戦争期に、湖北省の沙市、次いで四川省の成都、重慶へと移転し、重慶では朝陽正陽学院と称した。一九四五年に北平に戻った後、一九四九年に華北人民政府に接収されて、いわゆる朝陽大学は姿を消したが、法律に関する図書と教員・学生の大部分は中国政法学院に移管され、一九五〇年には中国人民大学に吸収された。

北京法学会を創設主体とした朝陽大学は、法学教育だけでなく法学研究にも力を注ぎ、一九二三年創刊の法学雑誌『法律評論』は赫々たる名声を博した。朝陽大学の教授陣にはドイツ、日本、フランス留学経験者が多く、教育研究では大陸法を中心として、法律典の学習や理論研究が重んじられ、ドイツ語と日本語が選択科目となった。私立大学であったため、一九四〇年代以前の教員は多くが兼職であり[19]、当時の法学界の碩学や重鎮、さらには司法界や政界の要人が招聘された。一九一二年から一九三三年の間に、朝陽大学が招聘した専任および兼任の教授と講師は延べ三二七人、そのうち中国籍でイギリス、アメリカ、日本、ドイツ、フランスに留学して法学修士、法学博士の学位を取得した者が一五〇人で全体の四五・九％を占めた[20]。創立初期の教員には程樹徳・江庸・岡田朝太郎・岩谷孫蔵らがおり、その後にも呂復（憲法学）・呂渭（憲法、国際公法）・鍾賡言（憲法、行政法）・銭公武（行政法）・楊兆龍（行政法）・余棨昌（民法）・趙琛（刑法）・石志泉（民事訴訟法）・倪征噢（国際法）といった著名な学者が講義した。彼ら教授陣が、毎回の講義の前に配布した資料が、後に著名なリレー式講義「朝陽大学法律科講義」となった。朝陽大学法律科の講義内容は多彩で、法学のあらゆる科目が揃っていた。一九一七年から始まったこのリレー式講義は、朝陽大学で内部印刷、刊行され、全国の各省、各区の法政学校の多くが教材として採用したため、洛陽の紙価を一時期高騰させたほどであった[21]。

朝陽大学は一九一三年八月に学生募集を開始して以来、大量の法学人材を輩出した。一九一三年から一九三三年の間に、朝陽大学は五三クラス、三五七八名の卒業生を輩出したが、そのうち法律科が三二クラス三一一一名で、卒業生の八七％を占めた。さらに、法律科の卒業生は、教育・研究の道に進んだ少数派を除けば、圧倒的大多数が司法界と政界で実務に携わった。とりわけ日中戦争前後の時期には、全国の司法機関の判事、承審員（旧時、県長を補佐して訴訟審理に当たった役人）、書記官はほとんどが朝陽学院の卒業生で占められていたため、「朝陽学院がなければ裁判所は成り立たない」「朝陽出身者がいなければ開廷しない」とまで讃えられたのである[22]。当時名声を馳せた朝陽大学卒業生には、胡長清・曽志時・林紀東・管欧・李景禧・陳守一らがいた。同じく朝陽大学学士の熊先覚は、かつてこのように記している。

朝陽大学の学風は非常に特色があり、法学理論と司法実務との密接なつながりを重んじた。これによって卓抜した業績を上げ、幾度も教育・司法当局から表彰され、内外にその名を知らしめた。たとえば、一九一六年に教育部の発布した特別賞状を、一九一八年には司法部から「法学模範」の称号を得た。また、一九二七年に世界法学会から特別に招待されてその会員となり、ハーグ会議においては「中国で最も優秀な法律学校」と認められている。法官試験においても、朝陽大学の学生は全国の合格者の三分の一を占め、しかも上位合格者が多かった。大学の刊行した『法律評論』は、北京法学会の会誌『法学会雑誌』の伝統を発展させ、「法学会の明珠」と讃えられた。朝陽大学の教授が編纂した『朝大講義』はすこぶる評判がよく、他大学の学生や社会人も、この講義集を手に入れることを誇りとしていた。こうしたエピソードは、まだほかにも数多くある。(23)

(3) ミッション系の法学教育機関

民国時期には、教会の創設した大学もまた一席の地位を占めた。(24) そのなかでも法学教育において知られたのが東呉大学、輔仁大学、震旦大学などである。

東呉大学は、アメリカ南部メソヂスト教会（一八五三年の南北戦争でメソヂスト教会が南北に分裂してできた南部側の教会組織、中国語では「監理会」）が母体となって一九〇〇年に蘇州に設立することを決定し、翌年にアメリカ・テネシー州で登録された。(25) 一九一五年、アメリカの弁護士にして政治学を修めたキリスト教徒のチャールズ・ランキン（Charles Rankin）が上海で東呉大学法律学科を開設し、一九二七年に東呉大学法律学院と改称、一九三五年には東呉大学法学院へと改称された。英語の校名はComparative Law School of China（中華比較法律学院）であった。(26) 一九三七年に日中戦争が勃発すると、法学院は移転を迫られ、運営を中止した。一九四五年に上海で再開され、一九五二年の大学再編によって大学そのものは消滅したが、法律関係の図書と教員の大部分は華東政法学院に移管された。偶然の一致であるが、法学教育において南北の双璧と言われた朝陽学院と東呉大学は、ともに三七年間存在し、幕を閉じたのであった。

アメリカに起源をもつ東呉大学は、英語・中国語併用もしくは英語の教材を用いた。それゆえ、朝陽大学法律科講義のような影響力をもった教材を生み出せなかった。このほかにも朝陽大学と対照的だったのは、東呉大学が英米法を重視した教育を行ったことである。また、その校名が意味する通り、比較法の分野で重要な貢献を残した[27]。さらに、朝陽大学が裁判官（「法官」）を輩出したのに対して、東呉大学は弁護士（「律師」）を輩出した。しかし、両校には一定の教員交流もあり、たとえば東呉大学法学院院長の楊兆龍は朝陽大学法学院でも教鞭を執り、東呉大学法学院教務長の孫暁楼は後に朝陽大学法学院教務長へと転身し、東呉大学法学院のケーススタディ中心の教育法を朝陽大学にも導入した。

一九二二年に創刊された〔東呉大学〕『法学季刊』は、もともと中国語・英語を併記したものであったが、一九三一年から中国語版と英語版をそれぞれ独立して刊行するようになった。その際、中国語版を『法学雑誌』と改称し、英語版はそれまでの *China Law Review* を用い続けた。東呉大学の卒業生には、呉経熊・王寵恵・倪征噢・楊兆龍・潘漢典らがいた[28]。

三　人民共和国成立初期における法学教育の大再編

一九四九年一〇月一日に中華人民共和国が成立すると、その後三〇年近く、中国の法学教育は空前の大変革にさらされ、後には瀕死の淵へと追いやられる災難に遭遇することになった。この時期は、一九四九年からの再編段階と、一九五七年に始まった反右派闘争以後の集団的沈黙の時期に分けられる。

(1) 人民共和国成立初期における二大改革

人民共和国成立初期における法学教育の改造は二つの大きな背景をもっていた。一つが一九五二年の司法改造運動、もう一つが一九五二年から一九五三年にかけて行われた学院と学部の再編、いわゆる「院系調整」である。法学教育の改革はこの再編過程の一環でもあった。

一九四九年二月二二日、中国共産党中央は「国民党の六法全書を廃止し、解放区における司法原則を確立することに関する指示」を発布して、次のように宣言した。

無産階級に指導された労農連盟を主体とする人民民主独裁の政権下で、国民党の六法全書は廃止すべきである。人民の司法活動は国民党の六法全書に依拠できず、人民の新しい法律に依拠しなければならない。……マルクス・レーニン主義と毛沢東思想に基づく国家観、法律観、および新民主主義の政策、綱領、法律、命令、条例ならびに決議の方法を学習し理解することで、司法幹部を教育し改造せねばならない。そうすることで初めて我々の司法活動は真に人民民主独裁政権の有機的な構成要素となり、我々の司法幹部の理論知識や政策知識、法律知識の水準を高め、活動能力も高めることができる。それによって、古い法律を学んだだけで実務に活かせない人たちの、誤った思想、有害な思想を徹底的に粉砕できるのである。その後に彼らは、古い重荷を下して虚勢を捨て、小学生のように虚心にマルクス・レーニン主義と毛沢東思想および我々の政策、綱領、法律、命令、条例、決議を学習して自己を改造し、新民主主義政権にふさわしい人民のための司法幹部になれるのである。

この〔司法人員の改造を命じた〕文書は、人民共和国成立以前に作られたものであったにもかかわらず、その後数年にわたって司法活動の重要原則となった。なぜなら、人民共和国成立初期に六法全書を廃止したことで生じた法律上の空白は、「共産党の政策および人民政府と人民解放軍の発布する各種の綱領、法律、命令、条例、決議」によって埋めることも可能であったが、民国期の司法人員を短期間ですぐに入れ替えることはできなかったからである。

一九五二年六月、共産党中央と政務院〔国務院の前身で、一九五四年九月の第一次全人代において国務院に改称〕の批准を経て、全国の司法系統で大規模な司法改革運動が発動された。この運動は、旧司法人員を取り除き、旧法思想を一掃し、旧い司法のやり方を正し、政法教育を発展させることを目的として[29]、翌年二月まで八ヵ月にわたって続けられた。

思想教育の領域では、早くも一九四九年九月二九日、中国人民政治協商会議共同綱領第四一条が次のように定めている。すなわち、「中華人民共和国の文化教育は、新民主主義のための、すなわち民族的、科学的、大衆的な文化教育である。人民政府の文化教育活動は、人民の文化水準を高め、国家建設のための人材を育成し、封建的、買弁的、ファシズム的な思想を一掃して、人民に奉仕する思想を発展させることを主要任務とすべきである」。

さらに、「アメリカの補助を受けた文化教育、救済機関および宗教団体を処理する方針に関する政務院の決定[30]」の要求に基づいて、アメリカの補助を受けている文化教育機関は、それぞれの状況に応じて、あるものは政府に接収されて国家事業となり、あるものは民間団体に経営を引き継いで人民が独自に行う事業となった。ただし後者についても、経済的な困難を抱えている場合には、国家による適当な補助を受けることができた。一九五一年末には、ミッション系大学の接収作業は基本的に終了した。また同時期に、私立の高等教育機関も、時期を分けていくつかのグループごとに接収された[31]。こうしてミッション系の大学は、「教育主権」の名の下に、私立化ないし公立化され、中国において姿を消すことになったのである。

一九五二年五月、教育部はソ連の教育モデルを参考にして、全国の高等学校〔主に日本の大学に相当〕の学院・学部の再編原則と計画を発表した。その方針とは、「工業人材と教育人材の育成に重点を置き、専門学院を発展させて、総合大学を整理し強化する」ことであった。この計画に基づいて、高等学校はその教育内容と形式によって、総合大学、専門学院〔単科大学に相当〕、専門学校の三種に分類、再編された。一九五三年末には、全国の高等学校は二一一校から一八二校に縮減され、五三校あった政法系の学院・学部も、政法幹部の育成を目的とする四校の高等政法学校へと合併、再編された。これにともない、私立大学はすべて公立化され、「学院・学部が乱立し、それらの配置が不合理であった状況に終止符を打ち、国家建設に必要な専門的人材の育成に合致した道へと歩を進めた[32]」のであった。この再編は、理工系の人材育成能力を高め、高等教育機関の地域分布の不均衡を解消するものであったが、一部の名門大学には重大な損害を与えた。また、文科系学部の縮減は、実質上、高等教育における政治思想改造の意味をもった[33]。

(2) 中国人民大学法律学部の創設

一九四九年、華北人民政府は朝陽学院を基礎として、その所在地に北平政法学院を設立した。同年八月五日、中央の決定により、北平政法学院は中国政法大学と改称した（これは今日の中国政法学院とは無関係である）。毛沢東自ら校名を揮毫し、謝覚哉が校長に任命された。一九四九年一二月一六日、政務院は「中国人民大学設立に関する決定」において、国家建設の需要に応えて「中央人民政府政務院は、中国人民大学を設立し、先進的な国家建設経験を学ぶため、ソ連から教授を招聘し、計画的かつ段階的に、新国家の各部門を建設するための幹部を育成することを決定する」とした。一九五〇年二月、共産党中央は中国政法大学と華北大学とを合併して中国人民大学を設立し[34]、呉玉章を初代校長に任命した。

中国人民大学法律学部は、創立当時の八大学部のうちの一つであり、その教育の中核を担ったのが朝陽大学の出身者たちであった。彼らは主として法理学、国家法学、法制史、民法などの科目で教鞭を執ったほか、他の専門や他学部の教育にも携わり、さらに行政活動を担当する教員も合わせると、その数は一〇〇名を下らなかった[35]。朝陽大学から中国人民大学の法律学部に編入され、卒業後に法学教育を担った者を含めるならば、その数はさらに多くなる。彼らは全国の法学高等教育機関に広がり、人民共和国の法学教育において重大な貢献をなした。

このように、中国人民大学法律学部は、人民共和国における法律教育の出発点であり、それゆえ「マザーマシン」〔機械部品を作り出す工作機械〕とも称された。法律学部は、「国家と法権」の理論、国家法、刑法、民法の四つの教育研究室を有していた〔中国語の「法権」とは、客観的な法規範（法規）に対して、主観的な「法律上の権利」を意味する。マルクスは一八七五年の『ゴーダ綱領批判』において、共産主義の最終段階では国家の消滅、生産物の必要に応じた分配が可能になるが、その前段階（今日の一般的理解では社会主義に相当するとされる）では、過渡的にプロレタリア独裁の国家が必要であり、またブルジョア的「法権」の名残（母斑）を残した労働に応じた分配が行われると主張した。このため「国家と法権」の関係が、マルクス主義法学の重要な研究テーマとなった〕。

人民共和国成立初期の法学が、ソ連法学の圧倒的な影響を受けていたことは周知の事実であるが、その媒介となったのが中国人民大学法律学部であった。ここでソ連の様々な法学教材が翻訳され、ソ連の専門家を招いて講義が行われた。その方法は、ソ連の専門家が通訳の助けを借りながら人民大学の教員に直接教授し、それを中国側の教員が中国人学生に教えるという形であり、そこに一つの転換の契機があった。

一例として、一九五〇年八月に成立した国家法の教育研究室では、ソ連の専門家の講義をよりよく理解し、理論と現実を結びつけるために、以下のような詳細な手順が確認された。すなわち、まず、主任教員がソ連の専門家の講義の精神的内実と科学的体系を把握した上で、中国の実際の状況と結びつけて教学要綱を作成する。次に、この教学要綱を用いて教育研究室において予行演習し、それを集団で討論する。最後に、教員相互で聴講しあうことで講義を改善する[36]。このような方法によって、ソ連の理論と中国の実践を結びつける努力がなされただけでなく、法律学部の教員が相互に学び合うことで、高いレベルで同質性を確保することにも役立った。このプロセスでは、朝陽大学法学部時代に培われた基礎も一定の役割を果たしたと考えられる。

一九五三年頃から、中国人民大学の法学教育において、ソ連法学の中国化という方針が明確化された。それまで三年余りの期間に、中国人民大学法律学部は〔中国側の教員が〕ソ連の専門家から手に手を取って教わり、自ら学びながら学生に教えるという段階を基本的に終えており、講義資料の内容も、ソ連に関するものから中国に関するものへと次第に重点を移していた(37)。一九五三年以降は、法律学部の各教育研究室が組織的に各課程の講義資料を編纂し、出版していった(38)。中ソ関係が悪化してソ連の専門家が引き上げた後、中国人民大学法律学部はそれまでの蓄積を活かして、自主創業の重任を自覚的に担っていくことになった。

(3) 政法四学院の設立

一九五二年の「院系調整」は、ソ連の教育モデルに倣って、一定規模の大学を専門別に複数の単科大学へと分割するものであった。政法分野については、中国人民大学と東北人民大学に法律学部を設け、他の総合大学では一律に法律学部を廃止した。このため、北京大学、清華大学、武漢大学および中山大学などの法律学部は、すべて再編、合併されることになった。

一九五二年、まず北京大学、清華大学、燕京大学、輔仁大学などの政治学部、法律学部、社会学部などが合併して、北京政法学院（一九八三年には中国政法学院と改称）が設立され、初代校長には北京大学法学院の院長だった銭端升が就任した。他の大行政区もこれに倣って、上海、重慶、武漢において、それぞれ華東、西南、中南の三つの政法学院が設立され、いずれも中国人民大学および中央政法幹部学校から中核を担う教員が派遣された。一九五三年以降、中国全土の法学教育は、前述の二校の法学部と、これら四校の政法学院によって担われることになった。

表1　1952-53年の「院系調整」時期の法律学部の吸収・合併

校名	設立年	吸収された学院・学部
中国人民大学法律学部	1950	朝陽学院法律学部
東北人民大学法律学部	1950	東北行政学院
北京政法学院	1952	北京大学，清華大学，燕京大学，輔仁大学4校の法律学部，政治学部，社会学部（民政専攻）
華東政法学院	1952	復旦大学，南京大学，安徽大学，震旦大学，上海学院，東呉大学，廈門大学7校の法律学部および復旦大学，南京大学，聖ヨハネ大学〔上海・アメリカ聖公会系ミッションスクール〕，滬江大学〔バプティスト系ミッション大学University of Shanghai〕4校の政治学部
西南政法学院	1952	四川大学，重慶大学，重慶財経学院，輔仁学院，雲南大学，貴州大学6校の法律学部
中南政法学院	1953	中原大学政治学院，武漢大学，湖南大学，中山大学，広西大学5校の法律学部，政治学部，社会学部系

出典：方流芳「中国法学教育観察」(『比較法研究』1996年第2期).

表1は、これら六校が吸収した学院・学部を示している。この「院系調整」によって、全国の政治学部と社会学部は廃止された。しかし、この法学教育の単科大学化がもたらした弊害は大きく、問題の重大性は直ちに明らかとなった。一九五四年四月、全国政法教育会議は、北京大学、復旦大学、西北大学の法律学部を再建する決定を下した（併せて西北大学の司法専修科は停止となった）。北京大学においては、法律学部を再開するための教員は、主として三つの方面から集められた。董必武〔中央人民政府政務院副総理兼政治法律委員会主任、青年時代に日本大学で法律を学んで人民共和国の法制建設に貢献した〕は、司法部教育司長兼中央政法幹部学校副教務長の陳守一（朝陽大学法学士）を学部の責任者に、中国人民大学法律学部副責任者の肖永清を学部副責任者として派遣し、陳と肖がそれぞれの大学から教員を引き抜いた。さらに、中央政法部門から選抜された幹部も、教員として派遣された。復旦大学、西北大学の法律学部も、再建にあたり中国人民大学法律学部から中核となる教員の支援を受けている(39)。

(4) 人民共和国における法学教育の停滞

一九五七年後半から、極「左」思潮の氾濫によって、法ニヒリズム（法規範を否定する精神性）が猖獗を極めた。法学教育は日を追うごとに衰退し、十年の災難（文化大革命）においては、法学教育は徹底的に叩き潰された。統計によれば、一九五八年に全国の法律学部における学生募集はわずか八九八人しかなかった。これは一九五七年の一六九一人から四七％も減少した数字である。一九六三年七月一二日、共産党中央は、「高等政法教育を強化し、政法学院と政法学部を再編する問題に関する報告」を批准して、政法学院と政法学部の設置状況を調整し、募集人数を安定化するとともに、政法学院をしっかりと運営する旨の指示を出した。一九六三年、西北政法学院が設立され、一九六四年夏には全国の高等政法学院と政法学部は四学院四学部体制となった。すなわち、北京政法学院、華東政法学院、西南政法学院、西北政法学院と、北京大学法律学部、中国人民大学法律学部、吉林大学法律学部、湖北大学法律学部（中南政法学院と武漢大学法律学部が合併してできた）である。しかし、一九六六年に文化大革命が始まると、北京大学、中国人民大学、吉林大学（一九五八年に東北人民大学から改称）の三校が法律学部の学生募集を停止した。一九七〇年には湖北大学が廃学となるに伴い、法律学部も廃止となった。北京、華東、西南、西北の四つの政法学院は、一九七一年前後に相次いで廃学となり、このとき中国人民大学法律学部も北京大学法律学部に併合された。吉林大学と北京大学の法律学部は一九七三年と一九七四年にそれぞれ新規の学生募集を行っているが、この時は労農兵学生に限った募集であり、その数も少なかった。統計では、一九七一年から一九七六年の五年間で、全国における法学学生の募集は合計三一九人であり、全国の高等教育機関の在校生総数のわずか〇・一％を占めるに過ぎなかった(40)。

四　改革開放後における中国法学教育の新生

文化大革命の災難が終わり、本来なされるべき事業が一斉に着手された。一九七七年四月、国務院は西南政法学院

表2　法学教育の上位10校の推移

	2002-2004年	2007-2009年	2010-2012年
1	中国人民大学	中国人民大学	中国人民大学
2	武漢大学	中国政法大学	中国政法大学
3	中国政法大学	北京大学	北京大学
4	北京大学	武漢大学	武漢大学
5	中国社会科学院研究生院	吉林大学	華東政法大学
6	西南政法大学	清華大学	西南政法大学
7	吉林大学	華東政法大学	清華大学
8	廈門大学	廈門大学	吉林大学
9	清華大学	中南財経政法大学	中南財経政法大学
10	復旦大学	上海交通大学・浙江大学	廈門大学

出典：2004年は新浪教育（http://edu.sina.com.cn/focus/xkpm/），2009年，2012年は教育部学位中心（http://www.cdgdc.edu.cn/xwyyjsjyxx/xxsbdxz/）を参照．

の再開を批准し、五月に正式に再開の運びとなった。同年夏、西南政法学院と湖北財経学院法律学部が学生募集を開始した。一〇月、国務院は教育部の「一九七七年の高等学校学生募集活動に関する意見」を批准し、高等学校学生統一試験制度（いわゆる高考制度）が復活した。一一月、教育部と中国科学院は連名で「一九七七年の研究生募集に関する通知」を出し、一九七八年の共産党中央第三二号文書で「政法学院・政法学部を回復して、司法人材を育成する」旨が提案された。一九七八年七月七日、国務院は教育部の「中国人民大学の再開に関する問題についての報告」を批准し、七月一三日には中国人民大学が正式に再開するとともに、同年夏に学生募集を開始した。さらに、国務院は七月一一日に北京政法学院と西北政法学院の再開を批准し、両校は八月に再開された。一九七九年二月、国務院は華東政法学院の再開も批准し、同年夏には北京政法学院、西北政法学院、華東政法学院が再び学生募集を開始した。こうして法学教育は、次第に正しい軌道へと戻っていった。

その後、法学教育でも規制が緩和され、多数の大学が法学教育に参入できるようになったが、五学院四学部、すなわち北京政法学院、華東政法学院、西南政法学院、中南政法学院、西北政法学院、北京大学法律学部、中国人民大学法律学部、吉林大学法律学部、武漢大学法律学部の勢力が拮抗する構図が三〇年近く続いた。

一九九七年、国務院は「社会力量辦学条例」（「社会力量」とは国家機構以外の個人、企業、NGOなどを指す）を公布し、二〇〇二年には全国人民代表会議常務委員会が「民辦教育促進法」を頒布して、民営教育を推進するとともに、その規範化を図った。このため、現在では、公立大学と民営大学の二元体制となっているが、様々な原因によって、民営の大学は現時点では公立大学と肩を並べるには至っていない。

おわりに

現在、全国の法学関係の教育機構は総数で六七〇校に達し、在籍する学生の規模も三一万人を超える。表2は、教育部が三度にわたって実施した「法学一級学科評価」の上位一〇校を示したもので、今日の中国の法学教育の勢力図をうかがい知ることができるだろう〔評価基準については、出典のウェブページの「評估介紹」を参照〕。

(1) 李貴連「二十世紀初的中国法学」(『中外法学』一九九七年第二・五期)。
(2) 王健『中国近代的法律教育』(中国政法大学出版社、二〇〇一年)二六二―二六六頁。
(3) 方流芳「中国法学教育観察」(『比較法研究』一九九六年第二期)。
(4) 一九一一年、清朝政府がアメリカから返還された義和団賠償金を使って清華学堂を設立した。アメリカ留学の予備学校として、辛亥革命後に清華学校、一九二八年に国立清華大学と改称した。一九二九年に法学院を設置する。蕭公権(コーネル大学法学博士)・銭端升(ハーバード大学哲学博士)・張奚若(コロンビア大学政治学修士)らが教鞭を執り、王鉄崖・龔祥瑞・楼邦彦ら著名な法学人材を育成した。
(5) 一九二八年、経済的困難のため、ナポレオン時代の大学院制に倣って設立された、分散配置を採る大学である。法学院は謝瀛洲(パリ大学法学博士)が院長を務め、法律・政治・経済の三学部を置いた。そのうち法律学部は、一九一二年の北京法政専門学校、後の一九二三年の北京国立法政大学を前身とする。一九三四年に商学院と合併し、法商学院となった。白鵬飛(東京大学法学修士)が院長を務め、憲法学者の章友江が教えた。

（6）武漢大学は一九二八年に創立された。法学院は一九二六年の武昌法科大学に由来する。武漢大学初代校長は著名な憲法学者の王世杰（パリ大学法学博士）である。王世杰が武漢大学を設立した状況については、薛毅『王世杰伝』（武漢大学出版社、二〇一〇年）二七頁以下を参照。
（7）王傑「関於北洋大学的幾点考証」（『天津大学学報（社会科学版）』二〇〇四年第三期）。
（8）前掲王健『中国近代的法律教育』一五四頁。
（9）王寵恵は、一九〇五年にイェール大学法学博士を取得し、一九一二年に南京臨時政府の外交総長となった。
（10）李書田「北洋大学五十年之回顧与前瞻」（『東方雑誌』第四一巻第二〇号、一九四五年）。王寵恵のほか、北洋大学は趙天麟（ハーバード大学法学博士）・馮熙運（シカゴ大学法学博士）・燕樹棠（イェール大学法学博士）などの法学人材を輩出した。
（11）北京大学の沿革については http://www.law.pku.edu.cn/xygk/lsyg/index.htm を参照のこと。詳細は、李貴連ほか編『百年法学——北京大学法学院院史（1904-2004）』（北京大学出版社、二〇〇四年）を参照。
（12）前掲李貴連ほか編『百年法学——北京大学法学院院史（1904-2004）』一三—一九頁。
（13）前掲王健『中国近代的法律教育』一七八頁。
（14）前掲李貴連ほか編『百年法学——北京大学法学院院史（1904-2004）』一二八、二九四頁。
（15）持志大学は一九二四年一二月、東呉大学法律学科の卒業生でミシガン大学法学博士の何世楨によって創立された。持志大学法律学科の卒業生は、ほとんどが法律実務に携わった。旧時の上海では、正式に「律師公会」（弁護士会）に属する「律師」が一三〇〇人余り、そのなかでは、持志大学、東呉大学、上海法政学院と上海法学院校の卒業生が最も多かったという。
（16）北京法学会は一九一〇年一一月設立。中国歴史上最初の全国規模の法学会である。初代会長は沈家本、会誌は『法学会雑誌』であった。
（17）『朝陽大学概覧』（一九二九年九月）一頁。
（18）『朝陽大学概覧』（一九三三年七月）一頁。
（19）この時期の民国政府の関連政策の変遷については、陳育紅「民国大学教授兼課現象考察」（『民国檔案』二〇一三年第一期）を参照。
（20）邱志紅「朝陽大学法律教育初探——兼論民国時期北京律師的養成」（『史林』二〇〇八年第二期）。該当箇所は、氏の単著

である邱志紅『現代律師的生成与境遇——以民国時期北京律師群体為中心的研究』（社会科学文献出版社、二〇一二年）一一七頁にも収録されている。

(21) 薛君度・熊先覚・徐葵主編『法学揺籃　朝陽大学（増訂版）』（東方出版社、二〇〇一年）六〇頁。二〇一四年には「朝陽法科講義」第一巻から第八巻が上海人民出版社から出版された。そのうち、「行政法講義」三巻がすべて『鍾賡言行政法講義』として二〇一五年に法律出版社から出版されている。

(22) 前掲邱志紅「朝陽大学法律教育初探——兼論民国時期北京律師的養成」。前掲邱志紅『現代律師的生成与境遇——以民国時期北京律師群体為中心的研究』一一五頁。

(23) 熊先覚「朝陽大学——中国法学教育之一脈」（『比較法研究』二〇〇一年第三期）。

(24) 民国時期のミッション系大学については、蘇渭昌「二十一所教会大学始末簡介」（『教育発展研究』一九八四年第二期）。詳細な研究として、譚双泉『教会大学在近現代中国』（湖南教育出版社、一九九五年）がある。

(25) 東呉大学の創立年については、二つの説がある。第一が、設立を決定して初代校長を選挙で選んだ一九〇〇年とする説である。第二が、実際に開学し登録が行われた一九〇一年とする説である（王国平「東呉大学的創辦」『蘇州大学学報（哲学社会科学版）』二〇〇〇年第二期）。東呉大学の英語の校訓は「Unto a full-grown man」であり、これは新約聖書の「エフェソの信徒への手紙」に由来する。一九二〇年代半ば、中国人として初の校長となった楊永清は、孫文が一九二三年に書いた「天地の正気を養い、古今の完人に法る」を中国語の校訓とした（劉源俊「承往開来——東呉大学的風格与実践」『大学通識教育暨大学校長治学理念与風格研討会』武漢大学、二〇〇二年、二頁）。中国語と英語の二言語の校訓が存在したことも、東呉大学の特色の一つである。

(26) 艾莉森・W・康納（王健訳）「培養中国的近代法律家——東呉大学法学院」（『比較法研究』一九九六年第二期）。

(27) アメリカ・ハーバード大学教授のハドソン（Manley O. Hudson）は、一九二七年に東呉大学で行った講演のなかで、「国内法の教学を、英米法や民法との比較の基礎の上に打ち立てたという点において、あなたたちの学校は、私の知る限り唯一の名実兼ね備えた比較法律学校だと言えます」と述べたとされる（孫偉「近代中国最著名的法学院——東呉法学院之研究」『江西社会科学』二〇一〇年第一一期）。

(28) 一九四八年の時点で、中国の二〇五校の大学のうち、法学教育課程をもっていたのはわずか二九校に過ぎなかった。そのうち、学生数が最も多かったのは、順に朝陽大学、東呉大学、北京大学、清華大学、武漢大学、中山大学などであった。

(29) 黄文芸「1952-1953年司法改革運動研究」(『江西社会科学』二〇〇四年第四期)。
(30) 一九五〇年一二月二九日の政務院第六五回政務会議で採択された。
(31) 曲士培『中国大学教育発展史』(山西教育出版社、一九九三年)六四三頁。
(32) 「中央人民政府高等教育部関於一九五三年高等学校院系調整工作的総結報告」(『党的文献』二〇〇二年第六期)六六―六八頁。
(33) 留学生が人民共和国の法制工作に果たした役割については、郝鉄川「中国近代法学留学生与新中国初期的法治建設」(『法学研究』二〇〇〇年第二期)を参照。
(34) 中国政法大学は三つの部に分かれていた。第一部は、解放区の県・科レベル以上の司法幹部を訓練した。訓練期間は四ヵ月であった。一九五〇年初頭、第一部は新法学院と合併した。一九五一年、この基盤の上に、中央政法幹部学校が成立し、中級の政法幹部を訓練するようになった。
(35) たとえば法理学には尹平(劉文俊)・林景仁・柴鍾麟・孫国華・劉家駒・謝会皐らが、国家法には周嵩峰(李篤誠)・王向明・譚叔辯・劉新(劉道栄)・董琦・葛家瑛らが、法制史では郝正宇らが、刑事法には孔釗(賈日章)・王舜華・陳士正・周亨元らがいた。民事法には唐世儒・関懐(関家駒)・趙中孚・鄭立(鄭雲仙)・王鎔・陳逸雲(王顕澤)・田学成・李景森・胡金書らがいた。また、刑事偵察の面では周恵博らがいた。学部辦公室の担当は徐卓世・曹重三らであった。以上は、前掲薛君度・熊先覚・徐葵主編『法学揺籃　朝陽大学(増訂版)』一二五頁を参照した。なお、一九九七年一〇月三〇日、朝陽大学校友会が中国人民大学内において正式に発足し、後に中国人民大学校友会に編入された。二〇〇〇年五月には、中国人民大学法学院朝陽法学研究センターが設立されている。
(36) 中国人民大学法学院院史編写組『中国人民大学法学院史(1950-2015)』(中国人民大学出版社、二〇一五年)一九―二〇頁。
(37) 前掲中国人民大学法学院院史編写組『中国人民大学法学院史(1950-2015)』四七―四八頁。
(38) 前掲中国人民大学法学院院史編写組『中国人民大学法学院史(1950-2015)』五二―五四頁。
(39) 前掲熊先覚「朝陽大学――中国法学教育之一脈」。
(40) 朱立恒「新中国成立以来法学教育工作的歴史沿革」(『中共党史研究』二〇〇八年第三期)。

第II部　社会主義憲政の模索

第5章　法学者・政治学者と一九五四年憲法の制定

孫　宏雲
（戸部健訳）

はじめに

一九五四年憲法（以下、五四年憲法）は、毛沢東自らの指導の下で、中国共産党（以下、共産党）によって主導的に制定された社会主義型の憲法である。それはソ連の指導者やその憲法の影響をかなりの程度受けていた。スターリンの意見に鑑みて、憲法の制定は、国際政治における争いにおいて共産党が政権の合法性を確立し、支配権力の法律的根拠を打ち立てるという目的をも帯びるものとなった[1]。国内政治においては、全国人民代表大会がまだ普通選挙によって生まれていなかったため、依然として中国人民政治協商会議全国委員会（以下、全国政協）がその職権を執行していた。しかも、当委員会が制定しようとしていた憲法は、社会主義に向けた過渡期の憲法と位置づけられるものであった。そのため、政治的な考慮に基づき、憲法を制定するためには、民主党派との間で意思の疎通や協調を行い、共産党外の民主派人士の参加を受け入れる必要があった。同時に、憲法の制定は法律の専門的な問題にも及んでいたため、それと関連する法学・政治学の専門家の参与も必要とされた。

実際の憲法制定過程を見ると、それには、主に以下の方面の人員が参加していた。⑴憲法初稿起草小組。毛沢東自らがトップを務め、メンバーには陳伯達・李維漢・胡喬木・田家英などがいた。⑵憲法起草委員会。毛沢東・朱徳・宋慶齢など三三名の委員によって構成され、毛沢東が主席に就いた。⑶憲法起草委員会の会議に列席した人々には、以下三つの方面からの参加者が含まれていた。①劉伯承・呉玉章など中央人民政府委員会委員一六名。②憲法起草委員会秘書長の李維漢（兼任）および斉燕銘・田家英など副秘書長七名。③法律顧問の銭端升・周鯁生、言語顧問の葉聖陶・呂叔湘。⑷全国政協憲法草案座談会各組召集人聯席会議の一七の小組から出席した五〇名の召集人[2]。

こうした各方面の人員のなかには、銭端升・周鯁生・張奚若・羅隆基・張志譲など共産党員の身分をもたない法学・政治学者（以下、法政学者）もおり、彼らも憲法草案の討論に参加していた。それでは、彼らは憲法制定関連の動向のなかで具体的にどのような態度を示したのであろうか。五四年憲法の制定に一定の作用を及ぼしたのであろうか。本章でそうした問題について注目するのは、主に以下の点について考慮するからである。㈠、民国期の法政学者について十分に理解するためには、彼らの人民共和国期における経験についても注目する必要がある。㈡、銭端升らと五四年憲法との関係について言及した論著はいくつかあるが[3]、いずれも比較的簡略かつ漠然としたものであり、これまでこの問題について詳しく検討したものがない。㈢、五四年憲法に関する研究にはなお盲点や考察が弱い部分があり、なにがしかの具体的な研究を通して修正および補完する必要がある。㈣、憲法制定活動における銭端升らの態度やその影響について考察をすることは、民国の憲政と人民共和国の憲政との間の連続性と断絶性についての一側面を認識する上での助けとなる。

現在、五四年憲法制定に関する檔案史料の多くは未公開、または一部消失しており、当事者に関する一次資料も必ずしも十分とは言えない[4]。そのため、肝心な問題について把握することが難しくなっている。このような情況のなか、本章では、韓大元が編纂した『一九五四年憲法制定過程』（法律出版社、二〇一四年）のなかで引用されたオリジナルの檔案の一部を利用する。

一　五四年憲法の制定過程

一九五三年一月一三日、中央人民政府委員会第二〇回会議は、人民全国政協委員会から出された、全国人民代表大会の開会と憲法制定に関する提案について特に審議した。会議は、一九五三年中に全国人民代表大会を開いてそこで憲法を制定し、かつ通過させることを決定した。併せて、毛沢東をトップとする憲法起草委員会を設立させ、それに憲法の起草作業を受けもたせることを決めた⑤。

憲法の起草作業が順調に進むことを保証するために、一九五三年末に共産党中央は、憲法起草小組を設立させることを決定した⑥。その前に毛主席は、憲法起草委員会委員の陳伯達に憲法草案の初稿をあらかじめ作成させた⑦。一二月二四日、毛沢東は北京から杭州に向かい、そこで憲法草案の起草を主宰した⑧。

一九五四年三月九日、憲法起草小組は毛沢東自らが手直しした「四読稿」を提出した。その後、劉少奇は北京で中央政治局拡大会議を招集し、当稿について議論した。会議は陳伯達と胡喬木などによる憲法小組を組織し、それに憲法草案初稿の最終的な手直しをさせることを決定した。三月一六日、全国政協委員会第一期第五三回会議における討議において、各民主党派や各人民団体の責任者、各界人士を招いて全部で一七の小組を組織し、憲法草案初稿を討議させることを決定し⑨、併せて「憲法問題について各組で座談することに関するリスト〔分組座談憲法問題的名単〕」を採択した⑩。三月一七日の晩、毛沢東らは北京に戻り、憲法草案初稿について引き続き討議し、修正を行った。そして彼が自宅で会議を開いて憲法草案を討議した二一日の晩までに⑪、共産党側での憲法草案初稿の立案作業はすべて終了した。

三月二三日、憲法起草委員会は第一回全体会議を開催した。毛沢東は共産党を代表して中華人民共和国憲法草案（初稿）を正式に提出した。会議は、中央人民政府委員会に提出して批准を受け、草案として交付できるように、二ヵ月以内に憲法草案初稿に対する審議と修正を終えることを決定した。またそこでは、憲法起草委員会全体会議上での討論以外に、全国政協と共同で分科会において議論し、併せて各大行政区や各省市の指導機関および各民主党派、各人民団体の地方組織にも送付して討論させることも決められた。憲法草案初稿に関する議論やその手直しに向けた組織的な作業を強化するため、会議は、李維漢を憲法起草委員会秘書長に、斉燕銘・田家英など七名を副秘書長に任命し、彼らに憲法起草委員会辦公室の設立を任せることを決定した[12]。

会議の後、全国政協はすぐに憲法起草委員会に各分野について集中的に座談する一七の小組を組織し、小組ごとに二人から四人の召集人を置いた。三月二四日の午後、李維漢は各召集人を呼んで会議を開き、進め方を決めた[13]。小組の活動順序は、次のようであった。まず各組ごとに小組会議を開き、憲法草案初稿について一条ごとに議論する。各小組会議が終わった後、各組召集人聯席会議を開催する。同会議は各小組で提起された意見や争点を取りまとめ、整理した上で、憲法条文に対する修正意見を作成し、それを憲法起草委員会に報告する[14]。

全国政協の小組は三月下旬から始まり、五月五日に終了した。五月六日の午前、各組召集人聯席会議は第一回会議を招集した。五月二二日までに全部で一七回の会議を開いた。そして最終的に、各組召集人聯席会議は、憲法草案（初稿）に関する正式な修正意見を作成した。それと同時に、各大行政区・省・市・自治区および部隊の指導機関でも憲法草案に関する座談会が開かれた。五月二九日までに、新疆省と鞍山市を除く各地方組織の座談会はみな相次いで終了した[15]。

全国政協の小組および地方組織と軍事組織での広範な討論を通して集められた大量の修正意見の基礎の上に、憲法起草委員会は、五月二七日に第二回全体会議を開催した。その後引き続き五月二八日、二九日、三一日、六月八日、一一日に全体会議を開いた。毛沢東は自らが主宰する六月一一日の全体会議に出席した。その会議において、憲法草案全文は全会一致で可決された。

六月一四日、中央人民政府は会議を開き、憲法起草委員会が提出した中華人民共和国憲法草案について審議した。会議は、憲法草案を全国の人民に示して討議させることを決議した。六月一六日、『人民日報』は憲法草案を公布し、併せて社説を発表した。全人民による討論がすぐに始まり、九月一一日まで続いた。九月八日、憲法起草委員会は第八回全体会議を開き、全人民が討論した意見を基に、憲法草案の原文に修正を施すとともに、それを中央人民政府委員会に提出して正式に採択させることに同意した。九月九日、中央人民政府委員会第三四回会議は憲法草案について討議し、それを可決した。また、まもなく開催される全国人民代表大会第一期第一回会議にそれを提出し、審議させることを決定した。九月二〇日、全国人民代表大会第一期第一回会議は中華人民共和国憲法を採択した。九月二一日、『人民日報』はそれを公布した。

二　憲法制定過程における銭端升らによる意見表明

上述した憲法制定過程において、周鯁生と銭端升は、憲法起草委員会の法律顧問[16]として、憲法草案の作成や審議の部分に関わっていた。羅隆基と張志譲は、全国政協が組織した憲法草案小組の召集人の立場で、各組の座談会と各組召集人聯席会議に参加していた。張奚若も小組の召集人であり、中央人民政府委員会委員の立場で憲法起草委員会全体会議にも列席していた。以下、憲法制定過程での彼らによる意見表明情況についていくつか紹介する[17]。

(1) 憲法草案初稿立案段階（一九五四年一月九日—三月二一日）

『毛沢東文稿』で公表された一六のコメントから知ることができるのは、次の通りである。憲法草案（初稿）について、一九五四年三月一八日と一九日、修正原稿のなかの全国人民代表大会常務委員会の職権に関する第三六条に「外国と締結する条約の批准または廃棄を行う」という第一一項を加えることについて議論した。毛沢東はこの条文の横に「この条文は周鯁生の意見を受け入れるべきである」とのコメントを記している（のちに第一期全国人民代表大会が採択した憲法において、この項の職権は「各国と締結する条約の批准および廃棄について決定する」と規定された[18]）。

(2) 全国政協が組織した憲法草案座談会（一九五四年三月二四日—五月二二日）

この段階には、各小組の座談会と各組召集人聯席会議が含まれる。各小組の状況に関して理解するうえで目下依拠できるのは、憲法起草委員会辦公室が発行した『憲法草案初稿討論意見彙輯[19]』と『黄炎培日記』などの関係者個人の記録のみである。羅隆基・張奚若・張志譲はそれぞれ第四・一一・一四小組の召集人の一人であり、周鯁生と銭端升は法律顧問としてこの段階で意見を表明したはずである。しかし、『憲法草案初稿討論意見彙輯』は憲法起草委員会辦公室での整理を経た意見集であったため、どの小組の誰が意見を提起したのかそこには明記されていない。しかも、羅隆基・張奚若・張志譲および彼らが所属した小組のほかの召集人に関する記録もない。そのため、現在のところ上述した各人がそれぞれの小組でどのような意見を言ったのか知る手立てがない。ただ幸いなことに、韓大元の『一九五四年憲法制定過程』に、各組召集人聯席会議での討論情況および最終的に形成された正式な修正意見についての比較的詳細な紹介がある。以下は聯席会議における銭端升などの発言の一部である（傍線の部分は憲法草案初稿の条文である）。

第二条　中華人民共和国の一切の権力は人民に属す。人民が権力を行使する機関は全国人民代表大会と地方各級人民代表大会である。

中華人民共和国における国家権力の中央機関と地方機関は民主集中制を一律に実行する。

田家英は、この条の第二項を第一六条の後に置き、第一七条にするよう提案した。それに対して、羅隆基は次のように主張した。民主集中制は民主精神を表すものであり、各方面に通貫するとても重要な原則である。これを後ろに置き、機関や機関職員とともに置くのは適当でない。前に配置し、独自に第三条とすべきである。併せて彼は、この条文を「中華人民共和国の国家機関は民主集中制を実行する」とするよう提案した。周鯁生はそれに同意したが、それを第四条とするよう主張した。田家英は自らの意見を堅持し、ソ連の規定を援用して説明した。それに対して、羅隆基は、自己の主張について弁解した。「一切の権力が人民に属すると言いながらも集中について言わないのであれば、民主に過ぎる。したがって民主集中制の問題は「一切の権力は人民に属する」に引き続いて書くべきである」。銭端升は田家英の意見に賛成し、やはりそれを第一七条とするよう主張した。彼は次のように述べた。民主集中制は非常に重要な原則・活動方法であるが、前の三条と性質が異なる。前の三条はみな国家の構造について語ったものであり、国家制度の基本的なものである。民主集中制を第三条あるいは第四条とすると、かえって前の三条の重要性を弱めてしまう。重要な原則であれば後方に置いてもかまわない。

また、周鯁生は、「一切の権力」を「国家政権」に改めよとのある人の主張に対して、次のように答えている。「「政権」とはまさしく「国家権力」を意味するので、もし「国家政権」とすると「国家国家権力」となり、重複してしまう。「権力」という語を用いるのはロシア語でも英語でもフランス語でも全く問題がない。「一切の権力は人民に属する」、これは革命のスローガンであり、手を加えてはならない。手を加えたならば力を失ってしまう」。

第一一条　国家は公民の労働収入・貯蓄・住宅・その他生活必需品の所有権と相続権を保護する。

李維漢はこの条を「国家は法律に基づいて公民の合法的な収入・貯蓄・住宅・その他生活必需品の所有権を保護する」に変え、相続権問題は単独で一条とするべき、との意見を提起した。これに対して周鯁生は、以下のように主張した。「「合法的な収入」という言葉を用いるのはよろしい。公民の生活必需品の所有権については積極的に保護するものであるから、「法律に基づいて（依照法律）」の四文字は削除すべきである」。羅隆基も、それに続いて次のように指摘した。「それ以前のいくつかの条でも法律に基づいてという言葉があるが、議論において「法律に基づいて」をどのように解釈するのか、との意見が出ている」。そこで、銭端升は次のように説明した。「前の三条に「法律に基づいて」という言葉があるが、これは国家が社会主義改造を実施する時期にあるからである。労働者個人の所有制と資本家の所有制については、「法律に基づいて」の規定によって保護する。過去数年において保護の範囲はいささか大きかったかもしれないし、今後数年においてはやや小さくなるかもしれない。公民の生活必需品については完全に保護するものであるから、「法律に基づいて」の文字は不要である。公民財産の相続権については有限制の下で保護するため、「法律に基づいて」の文字が必要である」。

第二二条　中華人民共和国の最高権力機関は全国人民代表大会である。

張志譲は次のような意見を提起した。「権力機関」の前に「国家」を加えるべきである。なぜなら、この方面の「権力」は単純な権力ではなく、「国家権力」であるべきだからである。ソ連憲法の第三章と第三〇条のいずれにも

「最高国家権力機関」という言葉が用いられている。周鯁生はそれに賛意を示した。銭端升も次のようにつけ加えた。「国家権力」は専門用語である。もし権力の上に「国家」をつけないのであれば、「政権」の二文字を用いたほうがよい」。

> 第六六条　中華人民共和国の司法権は最高人民法院・地方各級人民法院および法によって設立された専門法院が行使する。最高人民法院と地方各級人民法院の組織は法によって規定する。

この条文中の「司法権」の概念は比較的多くの論争を引き起こした。

まず李維漢が、「司法」を「裁判〔「審判」、以下「裁判」を用いる〕」に改めるべきだ、と提案した。張志譲は、そのように改めることに同意したが、「権」の字を使用しないよう主張した。その理由は、ソ連憲法は「立法権」にのみ「権」の字を使っており、別の場所では使っていないからである。ソ連は活動によって機関の性質を区別しており、権利によって区別しているのではない。つまり、任務のために機関が設立されるのであって、あれこれの権利があって初めて機関が設置されるわけではない、ということである。また、原則的な問題も含まれる。もし「権」の字を使ったならば、法院（裁判所）も権力機関のようになってしまう。それゆえ、彼は、この条文の第一文を、「中華人民共和国最高人民法院・地方各級人民法院および法によって設立された専門法院は中華人民共和国の裁判機関である」に改めるよう提案した。

周鯁生は、「権」の字を使わないことに原則同意したが、「権」の字を「業務」に改めるべきとして、次のように述べた。自身も所属する法律小組は、「司法」を「裁判」に改める必要はない、と考えている。なぜなら、ロシア語で司法と「裁判」は別々の言葉であり、ソ連憲法がここで使っているのは「司法」であるからである。さらに法院が扱う仕事は、裁判だけでなく、公証や仲裁などもあるので、やはり「司法」を用いるのがよい。しかし、張志譲が自らの意見を堅持したため、周鯁生は、これは原則的な問題ではなく、法律小組も「司法」という名詞を用いることに固執しているわけではない、とも述べた。

続いて銭端升は、次のように意見した。「裁判の方式を用いて法律を執行するのが司法であるから、当然、裁判を用いてもよい。ただし、ここに「権」の意味は、英語にもロシア語にもない。私は、張志譲最高人民法院副院長の修正の仕方でもいいと思う」。

そこで、周鯁生は再び発言した。「司法」と「権」は、いずれも使えないというわけではない。憲法における名詞の説明で、「国家権力」について説明するなかで、「国家権力」という表現を有する法律の形式は、立法と行政管理と司法である。

張志譲は、この発言を受けて次のように指摘した。「これらの機関は国家権力を実現する機関であるが、それ自体は権力ではない」。

討論の結果、この条文の第一項については意見の一致を見ず、修正条文も提案されなかった。

第八一条　中華人民共和国公民の人身の自由は侵犯されない。法院あるいは検察長が法律に基づいて下した決定・許可を経ることなしにいかなる公民も逮捕されない。緊急の情況下での臨時拘留については、遅くとも三日以内に法院あるいは検察長の許可を得なければならない。そうでなければ被拘留者は釈放されなければならない。

張志譲らは、この条文を「中華人民共和国公民の人身の自由は侵犯されない。法院あるいは検察長が法律に基づいて下した決定・許可を経ることなしにいかなる公民も逮捕されない。緊急の情況下での臨時拘留については、法院あるいは検察長に迅速に通知し、遅くとも三日以内に批准を受けなければならない。そうでなければ被拘留者は釈放されなければならない」に改めるよう提案した。屈武は、ソ連憲法にこのような規定がないとして、規定をつくらないか、あるいは簡単な規定にして、「迅速に」などといった語を入れないようにすべきだ、と主張した。

そのほか、憲法草案第二章の標題について、初稿で「国家組織系統」としていたのを、修正意見では「国家機構」とした。張志譲は、「国家権力の組織」としたほうがよいと主張し、書面でその理由を詳細に説明した。彼は、次のように述べた。「国家機構という語を使った場合どこに問題があるかというと、中国語の「機構」という二字の単語には二つの意味があるからである。一つめの意味は機関について言うものである。この意味で用いるならば、「国家機関」と言うのと等しくなる。もう一つの意味は、「構造〔結構〕」および「有機」的な構造のことである。この意味で用いるならば、「国家構造〔国家結構〕」と言うのと等しくなる」。

周鯁生は、次のように言った。「法律小組は、「国家機構」を使うことを何度も主張している。私個人は、もともと「国家権力の組織」を用いるよう主張していた。なぜなら、「国家権力の組織」を用いたほうが「国家機関」を用いるよりも一つ利点があるからである。つまり、それがカバーする範囲が広く、かつ第三章の公民の権利義務という標題ともつり合いがとれる、ということである」。

銭端升は、第二章の標題に対する法律小組からの初歩的意見について説明した後に、次のような意見を表明した。私個人は、「国家機構」を用いても理解できると思う。ニュアンスははっきりしないが、将来習慣的に用いられるようになるのであればそれでもよい。だから「国家機構」を用いることに異議はない。

討論の結果、暫定的に「国家機構」とすることとし、張志譲と法律小組の意見は憲法起草委員会に送られることになった。

(3) 憲法起草委員会全体会議（一九五四年五月二七日―六月一一日）

憲法起草委員会が五月二七日から六月一一日までの間に開催した第二回から第七回までの全体会議において、銭端升と周鯁生は法律顧問として修正意見を発表した。また、張奚若も、中央人民政府委員会委員としてそれに列席し、しばしば意見を出した。

五月二七日の第二回全体会議では、憲法草案初稿の序言と第一章総綱について議論された[20]。領土の問題に関しては、各組召集人聯席会議と法律小組がともに領土について規定することに賛成しなかった。第一一条の個人財産問題に関する討論においては、そのなかで提起された「住宅」が自宅のみを指すのか、それとも貸し出して経営しているものも含むのかという問題について、劉少奇・薄一波・鄧小平ら共産党指導者が盛んに討論した。主に懸念されたのは、この条が、資本家によって経営される不動産を保護するかどうか、ということであった。銭端升は次のように説明した。「これには不動産を扱う資本家のものは含まれない。したがって完全な保護である。ここで言う「家屋」とは生活必需品のことを指しており、不動産を扱う資本家の家屋を含むものではない[21]」。

五月二八日の第三回全体会議では、憲法草案初稿第二章の第一節から第四節について議論した。全国人民代表大会の任期満了前の一定期間内に全国人民代表大会常務委員会が次期の全国人民代表大会代表の選挙を完了しなければならない、というところに議論が及んだ時、劉少奇が以下のように言った。「「任期満了の一ヵ月前」のほうが「任期満了の二ヵ月前」とするよりもさらによい」。これに対して、銭端升は以下のように主張した。「一ヵ月前に選挙を完了するに変更すると、おそらく期日通りに会議を開けるか保証できなくなる。「二ヵ月前」のほうがやはりよい」。討論の結果、草稿にあった「任期満了の二ヵ月前」は「任期満了の一ヵ月前」に改められた。

五月二九日の第四回全体会議は、憲法草案初稿第二章の第五節「民族自治地方の自治機関」と、第六節「人民法院と人民検察院」、および第三章「公民の基本的権利と義務」について議論した。少数民族の郷レベルの行政区域（民族郷」の性質と職権について議論が及んだ際に、銭端升は、「「民族郷」の国家機関とは一般的な国家機関であり、自治機関ではない」と指摘した。田家英は、銭端升の意見に同意した。最後には鄧小平が、実質的には「民族郷」が一般的な職権を行使することを言っているだけであり、原則は明確である、と総括した[22]。

また、草案第八二条に対しては、銭端升が「中華人民共和国公民の住宅は侵犯されず、通信上の秘密は法律の保護を受ける。中華人民共和国公民は居住・転居の自由を有する」と改めるよう提案した。劉少奇は「よい変更だ」と評価した。

この会議においては、法律小組が「人民」「公民」「有権者（選民）」などの概念についても説明をし、次のように指摘した。人民は国家一切の権力の帰属者であり、つまり国家の主人公である。公民は中華人民共和国の国籍を有するすべての人を包含する。「人民」は通常「集団」の意味で用い、「公民」は常に「個別」の意味で使う。「人民」は政治概念であり、指しているのは各民主階級である。「公民」は法律概念であり、法律上の地位を示している。

六月八日の第六回全体会議では、五月三一日の第五回全体会議が提出した憲法草案（初稿）修正原稿の全文に対して再度審議した。第四〇条の国家主席の法律上の地位に関する規定に話が及んだところで、李維漢が言った。「初稿ではもともとこの一条はなく、後につけ加わったものである。共産党中央でも、繰り返し検討してきた。私はやはり削ったほうがよいと思う」。

銭端升は、以下のように述べた。「法律小組はこの一条を書くのは科学的でなく、妥当でないと考える。憲法の第一節と第三節で、全国人民代表大会が最高国家権力機関であり、国務院が最高国家権力機関の執行機関であるとすでに規定してあるので、第二節で、主席は国家の元首である、との一条を書き加えると、全国人民代表大会や国務院との間でバッティングが起こってしまう」。

三　銭端升らの憲法制定活動への参与の効果と限界

五四年憲法を評価する際、その制定過程における民主性、および群衆路線を歩む共産党の思想的態度や活動方法が十分に体現されていたことが、通常高く称賛される。しかし、問題は結局のところ各方面で議論された意見が憲法の各バージョンにどのように吸収されたかである。この過程について詳しく実証研究を行わなければ、五四年憲法の民主性と開放性を判断するのは難しいだろう。重要な檔案の一部が依然として非公開であるという情況において、憲法制定の各段階における具体的な関係性について、はっきりさせる方法は今のところない。したがって、現在利用できる資料をもとにした簡単な検討しかできない。

憲法制定過程における銭端升らによる意見陳述を整理すると、以下のことが分かる。彼らがいくらかの法学・政治学用語の概念を用いて専門的な解釈や説明をしていたこと。また、いくつかの法律の条文に対して修正意見を提起し、そのうちいくつかの意見は毛沢東・劉少奇などといった共産党の指導者からも肯定的に捉えられたこと。あるいは、各組召集人聯席会議で受け入れられ、「憲法草案座談会各組召集人聯席会議の『中華人民共和国憲法草案（初稿）』に対する修正意見」に掲載されたこと。これらの意見が最終的に受け入れられ、全国人民代表大会で可決された憲法条文のなかに具体化されたかどうかは、依然として判定しがたい。しかし、関連する意見と条文とを対照表にして相互の異同について見てみるのもよいだろう（次頁の表1を参照のこと）。

併せて見る必要があるのは、銭端升らが憲法制定過程において表明した意見に国体・政体・人権といった根本的な問題に関するものが少なく、大部分が名詞や述語、語法や修辞、文体や構成など技術的な方面での修正提案だったことである。実質的な問題に言及したとしても、共産党と異なる意見が採用された可能性は極めて低い。たとえば、憲

表1　憲法草案への意見と条文

憲法草案（初稿）	銭端升らの意見[1]	憲法草案座談会各組召集人聯席会議による正式な修正意見[2]	第1回全国人民代表大会で採択された正式な憲法本文[3]
第2条		本条を「中華人民共和国の一切の権力は人民に属す．人民が権力を行使する機関は全国人民代表大会と地方各級人民代表大会である．全国人民代表大会・地方各級人民代表大会およびそれらによってつくられたその他中央・地方国家機関は民主集中制を一律に実行する」に改める．	第2条　中華人民共和国の一切の権力は人民に属す．人民が権力を行使する機関は全国人民代表大会と地方各級人民代表大会である．全国人民代表大会・地方各級人民代表大会および国家機関は民主集中制を一律に実行する．
第11条		本条を「国家は公民の合法的収入・貯蓄・住宅・その他生活必需品の所有権を保護する」に改める．相続権の問題のための1条を挿入し，第12条とする．条文は「国家は法律に基づいて公民の私有財産の相続権を保護する」とする．	第11条　国家は公民の合法的収入・貯蓄・住居・各種生活必需品の所有権を保護する． 第12条　国家は法律に基づいて公民の私有財産の相続権を保護する．
第2章標題		「国家機構」を留保する．	第2章　国家機構
第22条		本条を「中華人民共和国全国人民代表大会は国家権力の最高機関である」に改める．	第21条　中華人民共和国全国人民代表大会は最高国家権力機関である．
第66条		本条を「中華人民共和国最高人民法院・地方各級人民法院・法に基づいて設立された専門法院が裁判の職権を行使する」に改める．	第73条　中華人民共和国最高人民法院・地方各級人民法院・専門人民法院が裁判権を行使する．
第81条		条文を「中華人民共和国公民の人身の自由は侵犯されない．法院の決定あるいは検察長の批准を経ることなしにいかなる公民も逮捕されない．緊急の情況下での臨時拘留については，遅くとも3日以内に法院あるいは検察長の批准を受けなければならない．そうでなければ被拘留者は釈放されなければならない」に改める．	第89条　中華人民共和国公民の人身の自由は侵犯されない．人民法院の決定あるいは人民検察院の批准を経ることなしにいかなる公民も逮捕されない．
第82条		本条を第89条に移す．原文第2項にある「通訊」を「通信」に改める．移転の自由について加えるべきとの意見もある．	第90条　中華人民共和国公民の住宅は侵犯されず，通信の秘密も法律の保護を受ける． 中華人民共和国公民は居住および移転の自由を有す．

注1)　本章第二節第二項で詳述．
注2)　韓大元『1954年憲法制定過程』法律出版社，2014年，254-266頁．
注3)　「中華人民共和国憲法」（『人民日報』第2・3版，1954年9月21日）．

法草案第八一条の討論に関して、張志譲・黄炎培・陳叔通ら党外人士はみな人権を保護したり司法の乱用を防止したりするのに有利となるような修正を主張したが、共産党側の代表だった屈武は憲法草案座談会各組召集人聯席会議の場で反対を表明した。また、憲法起草委員会第四回、第五回全体会議でも共産党側のその他の代表から比較的多くの議論を呼び起こした。そして、憲法草案座談会各組召集人聯席会議が正式に建議した「緊急の情況下での臨時拘留については遅くとも三日以内に批准を受けなければならない。そうでなければ被拘留者は釈放されなければならない」という文を削除する決定がなされた[23]。そのため、最終的に採択された憲法本文のなかにこの文が現れることはなかったのである。

また、ある学者が指摘したような「司法」の欠陥に関する問題もそうした例の一つであった[24]。草案第六六条に関する議論において、李維漢は「司法」を「裁判」に改めるべきだと初めに提案した後、張志譲と周鯁生との間でこの問題について論争が生じた。張志譲は「司法」という字も「権」という字も使うべきではないと主張したが、周鯁生と法律小組はいずれも使うことができると述べた。ただ、実際彼らが争っていたのは原則的な問題ではなく、表現の問題であった。当時最高人民法院副院長を務めていた張志譲は、「司法」という用語が容易に資本主義国家における司法の独立という印象を与えてしまうのではないかと心配していた。一方、周鯁生は「司法」を「裁判」よりもカバーする範囲が広いと考えていた。銭端升はその間にあってどちらとも決めかねていた。結局、彼らはみなこの時点でよく分かっていたのである。人民民主主義独裁の権力機関としての人民代表大会制の下で、実質的な分権を通じての相互牽制は存在しない、ということを。

そのほか、王鉄崖は次のように述べていた。憲法草案において国際法に言及する規定が若干あり、「小組〔銭端升・楼邦彦・王鉄崖で構成された法律顧問小組のことを指す〕の議論でもこの問題について触れたことがあるが、憲法と国際法の根本的な関係については提議されていない。事実上、憲法草案はすでに憲法の内容に対する大まかな枠組みを規定していた。また、この枠組みはソ連憲法の影響を受けており、そのほかの新しい憲法の趨勢にしたがっているわけではなかった。……（中略）……実際、この小組では根本的なことに絡む問題には議論が及ばなかった。したがって、憲法と国際法との関係、つまりこの憲法における根本的な問題の一つについての討論をする機会も失われたのである[25]」。

四　内在していた親和性か、外からの圧力か？

銭端升ら党外の法政学者は、五四年憲法の制定に対して、専門的な見地から意見を提出したものの、いくらか遺憾に思うことを免れなかった。つまり、彼らはいささか根本的な問題について意見を提出して議論を掘り下げることができなかったのである。この種のイメージは、彼らが相当程度外からの圧力を受けていて、個人としての本音を隠した、というふうに容易に思わせるものである。これは中国の自由主義者について研究する学者の間ではかなり普遍的な見方であろう。しかし、問題の別の方面にも考慮する必要がある。というのも、なぜこの時共産党は彼ら以外の法政学者を選ばなかったのだろうか。かつて共同綱領の起草にも参加した鄧初民のような左派の学者でさえもそれに含まれなかったのは、なぜだろうか。共産党の当時の宣伝スローガンにおいて強調されていた、統一戦線としての中国人民政治協商会議（以下、人民政治協商会議）の調和性と、各民主党派の出版物に氾濫していた相互認識という語調は、いずれもそれぞれの策略による見せかけの宣伝だったとでも言うのだろうか。

したがって、自由主義に偏った後知恵や先入観から銭端升らの当時の境遇や心の動きを捉えると、上述の疑問に答えることはおそらくできない。実は、問題を以下のように簡単かつ直接的に提起することもできる。つまり、銭端升らは、共産党が五四年憲法で予定していた基本原則や構造・枠組み、および主要な条文を受け入れるよう迫られたのか、それともそれらに内心親しみを感じたのか。この二律背反的な問題に答えるためには、銭端升らの法政思想の、民国時代からの連続ないし変化の情況について考察しなければならない。以下では銭端升の例についてのみ簡単に分析を加える。

アメリカ留学から帰国した後、銭端升の政治思想的な立場は明らかに南方の革命政府に偏っていた。彼は国民党を擁護し、いかに党治を改善するかを建議する一連の文章を発表した。党治を擁護するという前提の下で、彼は監督の必要性、ないし輿論が自由について批評する必要性についても繰り返し強調した。それでも重く見ていたのはやはり「デモクラシー」の価値であり、当時流行していた「ソビエト・ロシア式の階級専制」と「イタリア式の暴君専制」のいずれに対しても意見を留保していた。しかし、一九三四年の初めに、一転してロシア・イタリア・ドイツの独裁制度を擁護し、短期間のうちに「強力な独裁政治」が中国に出現するのを期待するようになった。党治ないし「全体主義」〔極権主義〕を提唱したため、彼は国民政府立法院が当時行っていた憲法制定活動に対してすこぶる納得できなかった。彼は国難が迫っている時に憲法は急いでやる仕事ではなく、民主政治〔民治〕も必要ない、と考えていたのである。しかし、それと同時に、法治はなくてはならないものであり、法治は国民党の党治を前提としなければならないが、党治もまた法治の束縛を受けなければならない、とも考えていた。この原則の下で、彼は国民党と国民政府の制度の利害について分析し、改革のための意見を提出していた。そして、「全体主義国家」(totalitarian state) を建立するというその主張を、制度面での具体的なデザインにおいて実現したのである。

抗戦時期に入ると、銭端升の思想は再び転換する。彼は独裁と全体主義を主張しなくなり、民主と自由の価値を積極的に評価するようになり、中国は民主政治の方向に歩んでいくべきだと主張するようになった。しかしこの時、彼は、憲政を実施することについては依然として慎重に考えていた。抗戦と建国に必要な政治制度の具体的な像は英米式の民主政治では決してなく、全体主義制度でもない。「大きな権力をもち、かつ高効率でそれを発揮できる政府」

であるけれども、「この政府は個々の人民の人格と尊厳を尊重し、併せて個々の人民が人生と社会にとって重大な問題に対して疑いを抱き論難する権利をも許容する」と彼は考えていた。したがって、彼は国民党の一党制を実行することを主張したが、一方で国民党の組織とやり方に対しても大きな不満をもっており、さらなる改善を要求した。しかし、国民党の汚職や無能ぶり、そして専制的な横暴がますますひどくなったため、銭端升は一九四三年に彼らに対して失望し始め、国民党はすでに建国という重い任務を独立して担当するには不十分であると認識するようになった。そこで彼は、国民党の一党制度を主張していたのを転換して、連合政府の樹立を呼びかけるようになった。そして、国共両党が共同で民主政治を引き受け、政治による権力闘争によって武力による権力闘争に代えることを希望するようになった。しかし、この試みは成功せず、最終的に銭端升は、共産党が提唱した人民政治協商会議と共同綱領を受け入れたのである(26)。

それでは、銭端升は、共産党が提唱した人民政治協商会議と共同綱領を心から受け入れたのだろうか。彼のそれまでの思想遍歴を回顧すると、その政治思想には民族主義・民主主義・法治主義・現実主義のように幾重もの層を見ることができる。そのうち最も根本にあったのが民族主義であり、価値合理性を有するものである。民主主義・法治主義ないし党治・独裁（あるいは所謂「全体主義」）はみな目的合理性に属するものである。しかし、現実主義は、彼が異なる境地の下で良し悪しに基づいて取捨選択し、各種の目的合理性を案配する上で参照するものであった。したがって、銭端升は共産党が提唱した人民政治協商会議と共同綱領を受け入れたのは比較的自然であり、その積極性が大いに強制性に勝っていたと言うべきである。

同様に我々は、銭端升が人民共和国成立初期に執筆した「統一戦線・人民政権・共同綱領」（『観察』第六巻第一期、一九四九年一一月一日）と How the People's Government Works (*China Reconstructs*, Vol. 1, No. 4, 1952) を彼の民国期以来の思想的延長線上に置いて解釈することで、「自由主義」という先入観から導かれる誤解を回避すべきである。五四年憲法が共同綱領を基礎とし、かつ過渡期の総路線という要求を反映しており、銭端升が擁護していた人民政治協商会議とそのいわゆる「前人の業を継ぎ、前途を開拓する」という見通しとも符合していたことに鑑みるならば、共同綱領は提起しなかったが、五四年憲法が規定した共産党の指導や社会主義の建設などについて、銭端升は同じように比較的自然に受け入れられたと言うことができる。

周鯁生・張奚若・羅隆基・張志譲各人の思想遍歴についても具体的な分析が必要である。彼らはみな共産党の外部にいた法政学者であったが、みな同じ類型の自由主義知識人かと言うとおそらくそうではない。各人の思想遍歴はそれぞれ異なるが、民国時期に比べると、彼らの人民共和国成立初期における言論空間がかなり小さくなっていたことは間違いない。憲法制定過程の発言記録から見ると、彼らは用心深く慎重であり、迎合する意図があったようにさえ見える。実際、共産党側の指導者は言いたいことを言っており、ある種主人公のような勢いであった。それはまさにある人が以下のように言及したようなものであった。「毛沢東のあるコメントは彼の個人的性格と考え方を反映しており、また憲法草案を起草した執筆者たちのいささか微妙な心理状態をも図らずも表現していた[27]」。

たとえば憲法起草委員会第七回全体会議において、劉伯承は、第四二条の国家主席が「全国の武装部隊を統率する」を「全国の武装力を統率する」に代えるべきだ、とする意見を出した。毛沢東はこれに対して続けざまに何度も問いただした。意味は明らかだ、「武装力」に改めるべきだと述べ、併せて、初稿ではもともと「武装力」と書いてあったのに、どうして後に「武装部隊」に変わったのか、と質問した。銭端升は次のように答えた。「「武装力」と「武装部隊」という二つの名詞をロシア語に訳すと同じ言葉になる。それゆえ、当初「武装力」を「武装部隊」と改めたが、これは、部隊は統率できるけれども、力は統率しづらいからである。私たち法律小組の意見としては、「武装力」に改めることについて検討してもよい」。

この会議においてはさらに張奚若が、第五四条第二項の「由」という字は少々意味が不明確なので、「按照」を用いたほうがより適切だ、と述べた。周鯁生も「由」の字は意味が不明であり、将来の意味を含んでしまっていると述べた。しかし、彼は「按照」に改めるのには賛成せず、「在」の字を使うよう主張した。最後に毛沢東は次のように言った。「「由」のほうが「在」よりもいいし、「按照」よりもいい。「由」の字を、現在存在せず将来存在するもの、というふうには必ずしも解釈しない。張先生のご意見はいかがか。三つの語を比較したところ、やはり「由」の字がおそらくよい」。張奚若は「何の意見もない」と答えた。

上述の二つの例のなかにおいて、話者と聴者の互いの心理状態が文字記録を通して体現されているようである。このほかに、草案第八一条の拘留問題に関する議論の際に、反対者が述べた理由にはもとより道理がないわけではなかった。しかし、彼らの集団としての反応にはやはり深く考えさせるものがある。たとえば、張志譲は、「司法」と「裁判」との問題について熱っぽく発言した際に、一体どのような心理状態に基づいていたのだろうか。自らの立場を表明したいと思って焦っていたのだろうか。このような問題などは理解こそできるが、証明するのは難しいと思われる。

おわりに

五四年憲法の制定過程や手続きから見れば、銭端升ら党外の法政学者は、憲法起草小組のメンバーでも憲法起草委員会の委員でもなく、単に法律顧問ないしは全国政協憲法草案の各小組の召集人あるいは憲法起草委員会全体会議の列席者といった周縁的な役回りでしかなかった。彼らによって提起された意見は、単に参考・諮問の用に備える程度のものであり、法定的な意義をもたなかった。もちろん、手続きからすれば、五四年憲法は共同綱領の規定に背くことはできず、共産党の革命の宝である統一戦線や群衆路線に符合し、相当程度の民主性と開放性を表していた。しかし、共産党の下で生み出された新しい政治文化の雰囲気のなかで、この種の手続きは必ずしも実質的な作用をもったわけではなかった。疑うまでもなく、五四年憲法は共産党の主導によって制定され、その意思が表現された憲法であった。「毛沢東憲法」と呼ぶことさえできる。この前提の下においてのみ党外の法政学者は、彼らの専門的な役割を一定程度発揮できたに過ぎなかった。それは、関連の法律用語を借用し、法律のレトリックを応用することで、この憲法が一般的な法規範とある程度符合できるようにしただけであった。裏返して言えば、憲法の起草に参与した共産党の革命家や理論家は、憲法に関する専門的な修養に欠けていたのである。

共産党が主導し、党外人士が参与するこうした憲法制定モデルは、統一戦線ないしは共同建国〔協商建国〕を発揮した良きモデルとして共産党によって宣伝された。それは自然と各方面での意見の不一致を弱め、互いの共通認識を強めた。他方で、自由主義を強調する側は党内と党外の間にあった思想的差異を発掘すること、さらにはそれを増幅することに努力している。しかし、こうした二つの傾向は、いずれも学術研究の客観的立場とは符合しない。したがって、我々は、銭端升ら党外の法政学者と共産党とが五四年憲法を制定する際に、互いの憲政観念がすでに一致に向かっていた、あるいは依然として根本的に対立していた、などと簡単に言うことはできない。各人の思想遍歴を追跡し、具体的なコンテクストのなかで解読することで、歴史の真相およびその複雑性を示さなければならない。

（1）翁有為「中華人民共和国第一部憲法制定考論」（『史学月刊』二〇〇七年第一一期）を参照のこと。
（2）全国人大常委会辦公庁研究室政治組編『中国憲法精釈』（中国民主法制出版社、一九九六年）二〇頁。
（3）たとえば、李謀盛は「周鯁生教授伝略」（原載『晋陽学刊』一九八八年第六期）のなかで次のように述べている。「周鯁生は我が国初の社会主義憲法の制定において、その法学権威としての役割を発揮し、適切な意見を多く提供した」（何其生主編『珞珈国際法——学人与学問』武漢大学出版社、二〇一一年、九頁）。
（4）憲法制定に参与した人が当時残した日記や発言記録などは、疑うまでもなく非常に重要な一次資料である。ただ、こうした資料で、公表されているものは非常に少ない。すでに消失しているものもある。たとえば、銭端升の日記は文革時期に没収され、その後行方が分からなくなっている。

（5）中共中央文献研究室編『建国以来重要文献選編』第四冊（中央文献出版社、一九九三年）一五—一七頁。

（6）穆兆勇編著『第一届全国人民代表大会実録』（広東人民出版社、二〇〇六年）九二頁。

（7）胡喬木『胡喬木文集』第三巻（人民出版社、一九九四年）四〇九頁。

（8）中共中央文献研究室編『毛沢東年譜（一九四九-一九七六）』第二巻（中央文献出版社、二〇一三年）二一一頁。

（9）「政協全国委員会常務委員会挙行会議　決定分組討論憲法草案初稿」（『人民日報』第一版、一九五四年三月二五日）。

（10）黄炎培（中国社会科学院近代史研究所整理）『黄炎培日記』第一二巻（華文出版社、二〇一二年）二四二頁。

（11）前掲中共中央文献研究室編『毛沢東年譜（一九四九-一九七六）』第二巻、二二六—二二七頁。

（12）逢先知・金冲及主編『毛沢東伝』（中央文献出版社、二〇一四年）一二九三—一二九四頁。「中華人民共和国憲法起草委員会挙行第一次会議」（『人民日報』第一版、一九五四年三月二四日）。

（13）前掲黄炎培（中国社会科学院近代史研究所整理）『黄炎培日記』第一二巻、二四五頁。

（14）前掲全国人大常委会辦公庁研究室政治組編『中国憲法精釈』一九—二〇頁。

（15）「政協全国委員会和各大区・省・市　憲法草案初稿座談会円満結束」（『人民日報』第一版、一九五四年五月三〇日）。

（16）これまで資料を見てきたところ、憲法起草法律顧問の設置状況に関しては、依然として以下のような疑問が残っている。(1) いつ設置されたのか。(2) 法律顧問とはいかなる役職だったのか。彼らはどのような仕事をしていたのか。(3) なぜ銭端升と周鯁生の二人が法律顧問に選ばれたのか。これらについては別稿で検討しなければならない。

（17）主に韓大元『一九五四年憲法制定過程』（法律出版社、二〇一四年）で発表された発言記録に基づく。頁数については省略する。

（18）許崇徳『中華人民共和国憲法史』上巻（福建人民出版社、二〇〇五年）一一二—一一五頁。

（19）筆者が参考にしたのは、北京大学図書館が所蔵する銭端升の蔵書に含まれていたものである。しかし、韓大元の『一九五四年憲法制定過程』では、この資料名が『憲法草案初稿討論意見彙編』となっている。内容を精査したところ、この二冊は同一資料であった。

（20）中共中央文献研究室編『劉少奇年譜』下巻（中央文献出版社、一九九六年）三二三頁。

(21) 前掲韓大元『一九五四年憲法制定過程』二七六—二七八頁。
(22) 前掲許崇徳『中華人民共和国憲法史』上巻、一二七—一二八頁、前掲韓大元『一九五四年憲法制定過程』二八一—二八二頁。
(23) 前掲韓大元『一九五四年憲法制定過程』二五二、二八八、二九二頁。
(24) 李秀清「〝五四憲法〟本文中〝司法〟的缺失及其影響」(高鴻鈞主編『清華法治論衡　第一七輯　憲政与制憲(上)』清華大学出版社、二〇一三年)。
(25) 趙宝煕ほか編『銭端升先生紀念文集』(中国政法大学出版社、二〇〇〇年)七—八頁。
(26) 以上、銭端升の政治思想の概略に関しては、筆者が編纂した『中国近代思想家文庫・銭端升巻』(中国人民大学出版社、二〇一四年)の「はじめに」に詳しい。
(27) 前掲許崇徳『中華人民共和国憲法史』上巻、一一二—一一五頁。
(訳者注) 本文中の会話文の前後に「　」を付けるか否かは、翻訳の厳密性の観点から原則原典に従った(原典で〝　〟と表記された箇所のみに「　」を付した)。少々読みづらいところもあるかもしれないが、ご寛恕いただきたい。

第6章　中国社会と選挙
――一九五四年の人民代表大会選挙を中心として

水羽信男

はじめに

筆者は「実業界と政治参加――第1回全人大と中国民主建国会」と題する論文（以下、前稿）を深町英夫編『中国議会100年史――誰が誰を代表してきたのか』（東京大学出版会、二〇一五年）において発表している。前稿は本章と同様に、現在の中国の思想状況を歴史的に検討するための準備作業として、冷戦、あるいは一九五〇年代の「見直し」を目指し、中国におけるリベラリズムは一九四九年で断絶するものではなく、一九五七年の反右派闘争まで続き、その後は伏流したと考え[1]、本章と同様に一九五四年の「普選」運動を取り上げた[2]。だが、相違点も当然ある。そこで、まず本章と前稿を含む先行研究との関係について説明しておく。

第一回全国人民代表大会（以下、全人大）およびこれに先行した人民代表会議に関しては、筆者と問題関心を異にしているが、すでに詳細な実証研究が発表されている。そのなかで個別の事実関係に関して、本章が特に参照したの

は、張暁明「上海各界人民代表会議代表産生及構成辦法変動情況考察」（華東師範大学修士論文、二〇〇八年）、呉継平『新中国第一次普選運動研究——以北京市為個案』（河南人民出版社、二〇一〇年）、魯麗敏「建国初期上海首次普選運動研究（一九五三—五四）」（上海師範大学修士論文、二〇一二年）、杜崎群傑『中国共産党による「人民代表会議」制度の創成と政治過程——権力と正統性をめぐって』（御茶の水書房、二〇一五年）である。(3)

だが、中華人民共和国におけるリベラリズムとそれを支える社会的基盤が、一九四九—五七年においてどのような変化をとげたのか、また当時、リベラルの側からどのような意見が表明されたのか、という視角からの検討は不十分だと考えた。そこで前稿では、リベラルな知識人と彼らを支えると一般的に考えられる商工業者とが組織した中国民主建国会（民建）を取り上げ、当時の最大の経済都市・上海における活動に即して、彼らが議会選挙に対してどのように取り組んだのかを初歩的に検討し、次のような仮説を提示した。

一九五三—五四年の末端の行政区域での人民代表を選ぶ「普選」運動を通じて、中国共産党（共産党）による社会統合がそれまで以上に進められたが、商工業者のなかには主権者としての自覚を持ち、「普選」運動に積極的に参加したものもいた。それは中華人民共和国初期における「個の尊厳」を基礎とするリベラリズムの現れだといえる。章乃器や施復亮ら民建幹部は、こうした動きを支えようとしたが、それは共産党の中枢においても、劉少奇や彭真らによって法治を重視する姿勢が示されていたからであった。

他方、本書を貫く中心的なテーマは立憲思想と立憲体制の問題である。そこで、行論の必要に応じて前稿と一部重複するが、本章では以下の点に留意して論じてゆく。

(1) 石塚迅も指摘するように、多数者の支配の実現を目指す民主主義と、個人の自由を基礎とするリベラリズムおよびその価値原理を権力から守ろうとする立憲主義とは、「射程も目指すべき方向性も違う」ことを議論の前提とする。(4)

(2)「普選」をめぐる議論と実践を検討するために、共産党中央だけでなく地方党部の認識・政策を取り上げ、社会の側の「普選」に対する対応についても、特定の社会階層・地域に限らず広く目配りする。

(3)上記の考察と前稿の作業仮説に基づき、一九五〇年代の中国のリベラリズム・立憲主義のありようについて考察する。その際、中国におけるリベラリズム・立憲主義と民主主義の関係をどのように考えてゆくべきかについても、初歩的に検討する。

本章で主に使用した史料は、香港中文大学中国研究服務中心に所蔵されている『内部参考』と、『中国五十年代初中期的政治運動数拠庫――従土地改革到公私合営、一九四九-一九五六』である。両者については、先行研究においてまだ十分活用されていない。『内部参考』は、黄正楷によれば共産党が「公開が相応しくないニュースを別にまとめて出版したもので、幹部の閲覧・参考に供して、……幹部が問題を発見し解決できるようにし、同時に情報を党内あるいは限られた範囲でコントロールできるようにして、それを拡大させないようにした」ものであった。しかし『内部参考』は政策決定過程については全く触れず、もっぱら政策の実践面を報道した[5]。本章では『内部参考』が描く各地のさまざまな声に耳を傾けつつ、それが新華社の記者の目を通して語られた情報であることに注意を払った。

後者はカリフォルニア州立大学ロサンゼルス校の宋永毅が主編した二次史料集[6]『中国当代政治運動史数拠庫、一九四九-一九七六』の一つである。宋はプロレタリア文化大革命に参加し、その後、アメリカに留学しアーキビストになった。宋らは中国(大陸)・台湾・香港の学者の協力を得ながら、まず文革研究のためのデータベースの構築を行い、一連の作業の最後として、九〇八九編の文献を収録した前掲『中国五十年代初中期的政治運動数拠庫』をハーバード大学フェアバンク中国研究センターから二〇一四年に公刊した。宋らの編集作業の根底には、毛沢東時代の政治闘争の残酷さを、中華人民共和国史の「真相」として後世に伝えたいという思いがあり、それが編集作業に一定の傾向性を与えている(以上、宋永毅による「総導言」による[7])。使用にあたっては、こうした点にも留意した。

一　人民代表大会選挙の構想

(1)　制度の整備とその思想

一九五〇年に始まった朝鮮戦争は米中の直接的な軍事衝突に拡大し、こうした「総力戦」体制に対応するため、中国共産党はそれまでの新民主主義革命路線を転換した。一九五二年に「過渡時期」の政策の模索が始まり、社会主義への長期にわたる平和的な移行という改造政策が見直され、翌五三年六月に中共中央政治局が「過渡期の総路線」を提起したのである。

また一九五二年一〇月には、スターリンがモスクワ滞在中の劉少奇に、中華人民共和国の支配の正統性を担保するために、「普選」に基づく人民代表大会の開催と、そこでの憲法制定の必要性を強調した。[8] この指示を受け、共産党は慌ただしく、憲法制定のための人民代表大会の開催を準備してゆく。[9] こうした過程には、共産党に対するソ連の影響力の大きさが示されているが、朝鮮戦争の停戦さえいまだ実現していないという、アジアにおける「熱戦」の継続に着目しておく必要がある。

すなわち共産党としては支配の正統性を鞏固にするとともに、ソ連との連携を強める必要があったのであり、[10] 一九五二年一二月二四日、人民政治協商会議全国委員会常務委員会第四三回拡大会議において、周恩来が全人大と各地の人民代表大会を開催すること、および選挙法と憲法草案の起草などの準備工作を開始することを発表した。[11] 一九五三年一月一三日には、中央人民政府委員会の第二〇回会議が、「普選」による人民代表大会の組織を決議した。[12] こうした動きを受けて、一九五三年一月以降、各地で準備が本格化した。

中央人民政府は中華人民共和国全国人民代表大会及各級人民代表大会選挙法（以下、選挙法）を一九五三年二月一

一日に通過させ、三月一日に公布した[13]。周知のことではあるが、選挙法の規定について、次の点を確認しておきたい。まず人民代表大会の選挙が直接行われるのは、「郷、鎮、市が管理する区、そして区を設置しない市」のみである（第三条）。つまりそれ以上のレベルの人民代表大会は間接選挙方式を採用し、一級下の代表がすぐ上の代表を選び、最終的に全人大の組織に至るというものであった。また直接選挙における投票も、今日の欧米流の民主国家の制度とは異なり、原則的に有資格者の過半数が出席して成立する「選挙大会」で実施される（五六条）。被選挙人（「候選人」）も、過半数以上の票を獲得することで当選とされる（五九条）。

こうした一連の動きの根底には、「実際的な民主」の実施のためには中国の多様性と民衆の知的・政治的水準の低さという「具体的な情況」に対応することが必要だと強調する考えがあった。中央人民政府委員会では、三月三日に次のように説明されている。

> もし我々がこのような実際の条件（人民の選挙経験は乏しく、非識字率が高いなどの条件）を無視し、形式的には整っているようではあるが、実際には実施できない選挙法を現段階で無理矢理に規定しても、その結果は選挙の困難を増加させ、多くの公民の選挙権を制限する以外にどんな良いところもない[14]。

他方でこの文献は一部の人びとは欧米のブルジョワジーの選挙に惑わされていると指摘し、アメリカでは黒人の選挙権が実質的には制限されているなどと欧米の選挙の実態を指弾したうえで、次のように社会主義体制で定式化された批判を繰り返す。

> （選挙を戦うためには多額の費用がかかり）貧困に苦しむ人びとは、富裕層に対して被選挙人として完全に不平等な

地位に置かれる。このほか、ブルジョワジーは賄賂を贈り、政治的な売り買いをしてさまざまな不正行為を行い、請負選挙の目的を達成する。

人民代表大会・選挙制度の目的は、人民代表大会を通じて効率的な行政機関を組織すること、官僚主義者・命令主義者・法規を守らない者を排除すること、大会と人民の間に緊密な関係を築くこと、各民族との連携を強化し、人民民主統一戦線を強化することだ、とされた。ここでは地域間の「一票の格差」などは問題視されず、むしろ中国にとっての現実的・実際的な対応として肯定されていたといえよう。

(2) 制度設計の精緻化

「普選」の準備は各地の状況に応じて相応の調整がなされたが、基本的には①有権者の確定、②代表の定数の確定、③被選挙人の確定のための討論、④正式な人民代表大会の候補者リストの確定の四段階で行われ、モデル地域（「試験郷」などとよばれた）での経験の蓄積を経て、末端の行政区域の選挙区の代表が挙手などの方法も含め「投票」によって選出された。

「普選」運動において最も混乱を引き起こす可能性の高かった選挙権・被選挙権の認定のガイドラインとして、中央選挙委員会は一九五三年四月三日に「関於選民資格若干問題的解答」を出した。そこでは地主階級出身の農民と「地主階級分子」を区別することや、富農には選挙権と被選挙権を与えるべきことなどが決められた[15]。宣伝部からは見せしめ的な違反者の摘発運動（「打虎」）、拷問による自白の強要（「逼供」）、跪かせて辱めること（「罰跪」）、そして財産の没収の禁止などが通達されている[16]。

また華東局からの問題の提起に対する回答の形で、共産党中央は「選挙権の資格審査に関する工作は、土地改革や反革命鎮圧と厳格に区別しなければならない」として、「階級成分の違いを重視する」ことに否定的であり、「思想改造運動中の自白が徹底しているか否か」を選挙権付与の条件とすることに反対している。また安徽省の文化委員会の共産党のフラクションは、過去の小学校教師思想改造における「典型試験」の結果に基づき、選挙資格を剝奪する人の比率を二％以内にしようとしたが、これに対して中央は、「選挙権を制限する者をコントロールする数値を規定するやり方は、極めて容易に偏向を生じさせるがゆえに、妥当ではない」と拒否した⑰。

さらに地主など「反革命」分子と認定された人びとに対してだけでなく、下層幹部の摘発に繋がりかねない「新三反」というスローガンについても、共産党中央は提起しないことも可能だと指摘したうえで、各地の自律性を重視すると宣言した⑱。農村での運動は、ときに地域の秩序を混乱させ、共産党の権威をも傷つけるほどに激化しかねず、共産党はこうした事態の発生にも備える必要があったのである。

この点にもかかわって、投票権の確定や選挙における不正などのトラブルについては、人民法廷あるいは人民法院で判断することが「選挙法」において規定された。さらに人民法廷は、選挙工作が完成したのちには、県レベルの巡回法廷の基礎となることが想定されており、計画的に地域社会の司法制度を健全化するものとしても位置づけられていた⑲。

とはいえ「普選」運動のなかでも冤罪事件は発生した。共産党はなぜ冤罪が生じたのか問題点を検討し、今後の教訓を導き出すべきだとしつつも、次のように指摘して共産党の権威を揺るがしかねない誤審については、公開・再審を避けるように規定している。

この〔本当に被疑者に罪があり、人びとが憤っている〕ために、たとえ法廷での処罰がやや重く、あるいは大規模な運動のなかで群衆が義憤に拠って重い処罰を行っても、誤審として再審を行う必要はなく、このようにすることで、末端の民衆の不満と悪人の反攻を引き起こして、あらざる混乱を作り出すことがないようにする。[20]

共産党の権威に傷を付けないよう、統制された範囲内での是正であったことは否定できない。しかし、総じていえば、さまざまな混乱に立ち向かいながら、あるいはやり過ごしながら、共産党は穏便な形で、「普選」運動を組織し、その過程で自らの権力の正統性を確保し、権力を社会へ浸透させることを目指していたといえよう。

(3) 共産党にとっての「普選」の意味

共産党中央は、資本家を含む「民主人士」に対する統一戦線工作を維持すべきだと繰り返し強調していた。たとえば統一戦線部は、一九五三年七月に次のように指摘した。

民主人士とは、主要には民族資産階級・都市上層の小ブルジョワ階級およびその知識人のなかの代表的な愛国民主分子であり、そのほか一部の地主階級から分化してきた資本主義的な色彩をもつ愛国民主分子のうちの代表的な人物である。……全国および地方の各級の人民代表大会の代表は、民主人士のなかの革命的な知識人だけでなく、上述の各階級・階層出身の民主人士のなかの左、中、右を等しく吸収しなければならない。一方では相当の数の左翼分子と中間派を包括しなければならないが、他方では代表性のより大きな右翼分子も意識的に適宜吸収しなければならない。[21]

なぜこうした配慮が必要なのか。統一戦線部長・李維漢は、社会主義改造は一、二年のうちに完成するものではなく、それなりの時間をかけることが必要であり、それゆえに資本家が自発的に社会主義改造を受け入れるように説得することが重要だとしたうえで、個人としての資本家と「ブルジョワ階級」とを区分することの必要性を指摘している。さらに李は一九三四年の長征へといたる中央ソビエト区の衰退の根源は、小ブルジョワジーさえ排除する孤立政策にあったと強調し、今日でも戦車や航空機を国内で生産できない中国の後進性と、朝鮮戦争と冷戦という国内外の現実を直視すべきだと主張している(22)。

朝鮮戦争を機にナショナリズムをテコとして、いわば人為的に「階級闘争」を激化させた共産党が、いかなる国家統合を実現してゆくのか、という問題に答えたのが「普選」運動であった。その意味では、「選挙民として公民の身分を確認し、政治参加の拡大を通じて民衆の政治的なアイデンティティを強化し、中国の現代政治の構築に対して積極的な影響を生む」ことを目指すものであったといえよう(23)。

二　「普選」運動の実相

中国の民衆の政治レベルを直視したとき、「普選」を行うことそのものが、時期尚早ではないのか、という意見は決して少なくはなかった。たとえば上海では工商界の唐志堯が次のように述べている。

条件について論じれば、最低でも半年か一年は間をあける必要がある。……人民の文化水準は低く、覚悟は高くなく、おそらく腐敗分子につけ込まれる。はなはだしきは、いまだに共産党に対して先入感を持っている(24)。

農村部でも、たとえば湖南では食糧の強奪があったが、その犯人は「毛主席の食糧を少し取ってきて食べても、何の問題もない」と語ったといい、このニュースを報道した新華社の記者は、こうした農民の「極端な民主思想」を批判している[25]。犯罪者の発言は極端な例だとしても、農村では農繁期に「普選」運動が実施されたこともあり、状況は都市以上に劣悪だったようで、「普選」運動に際して陝西省宝鶏専区の農民たちのなかには、「選挙権では飯を食うことはできず、〔選挙権を〕持ってもよいし、持たなくてもよい」と発言するものもいた。さらには「普選」準備の人口調査を、食糧や兵員の調達の準備や家庭内における女性の権利の保障状況の調査と誤解するものもいたのである[26]。

他方、「普選」を指導する側にも問題はあった。上海では「普選」工作隊のメンバーでさえ、「なぜ「普選」を実行するのか」という基本的な問いに答えられなかったし[27]、北京の西単では、本来ならば「普選」に積極的に取り組むべき政務院の宿舎の住人でさえ、「責任を負うものがいない」というありさまだった[28]。農村では「小学校の教師や農業技術指導所の幹部らもみな選挙に参加せず、選挙は「農民のこと」だと考え、あるものは傍観していた」という状況が生じていた[29]。

以下、都市と農村に分けて情況を詳しくみてゆきたい。

(1) 都　市

識字率の高さなどから選挙活動を有利に進め得ると考えられた都市部でも、「普選」の実施は困難を極めた。というのは、当時は一九五〇年の反革命鎮圧、一九五二年からの三反五反運動の記憶も鮮明であり、労資間の相互不信と資本家たちの共産党の弾圧に対する恐怖は、中華人民共和国の成立直後に比べてはるかに深刻化していたからである。すなわち被害者として資本家は「劣等感」を持っており、「将来の普選では誰も資本家に投票できない」と認識していた、と重慶の民建幹部、黄黙涵は指摘している[30]。各地の資本家は、自分たちの意見は重視されないと考えており、福建の商工業者は、積極的に意見を言う仲間を「生まれたばかりの仔牛は虎を恐れない」と嘲笑したとの指摘もあった[31]。こうした不安・不信は多くの資本家に共有されており、貴陽市の「顔料大王」梅嶺先は「この国政選挙ののち、資産階級が以前の地位（共同綱領が規定した政治地位を指す）を保持できるかどうかは分らない」と述べている[32]。

それゆえ資本家の側から、共産党の指導による彼らの議席確保の必要性が強調されることになる。たとえば福建の資本家たちは次のように主張したと報じられている。

彼ら〔資本家たち〕は、もし上あるいは政府が指定すれば、自分たちが継続して代表に当選する可能性は大きく、もし下から上に〔候補者を〕提出すれば、自分たちが代表に当選する可能性はより少ないと考えていた[33]。

また武漢の中原大学のスタッフは次のように指摘している。

選挙は商工業者に配慮すべきとするか否か〔が問題である〕。というのは、三反五反ののち彼らの意欲は高くはなく、自分は主人公ではないと捉え、心配は大きく、思い切った経営をあえてしてこなかったからである。彼らが代表を選出できれば、彼らのなかに一定の影響を与えることができるだろう[34]。

章乃器ら民建の指導者は商工業者の「主体性」を守り発展させようとしていたが[35]、章らと同じ考えを持った人びとは広汎に存在しており、「普選」運動を通じて商工業者の権利を守り、彼らを人民代表大会の代表とすることで、その自発性を高めようとしていた。こうした要求は全国の資本家に共通する思いであったといえよう。

だが、共産党の側からみれば、こうした動きは「普選」運動を通じて自己の権益を守ることを画策したともみられかねなかった[36]。「反革命」的な行動と判断されれば、当然、鎮圧された。さらに上海の試点区の多くの労働者は「普選でなぜ資本家を選ばなければならないのか」と主張し[37]、「資産階級が政権に参加しなければ、我々も歴史的任務が完成できる」のであり、資本家が「造反することを恐れることはない。彼らが造反したら、我々も彼らを鎮圧する力を持っている」と考えていた[38]。上海では将来の流血の闘争を予想する労働者さえいたのである[39]。また成都では民建の会員の落選運動を展開する階級意識に燃える学生たちがいた[40]。労資の対立には厳しいものがあったのである。

(2) 農　村

元地主の一部が「普選」運動で利権を得るために幹部を籠絡しようとした事例が報告されているが[41]、むしろ多くの元地主は厳しい統制下におかれ、たとえば山東省の歴城の「試験郷」では、「管制の対象である人びとに対しては、労働改造を通じた教育ではなく、肉体的な懲罰を行って」おり、次のような状況さえ発生していた。

いくつかの郷ではいまだに地主の観劇を許さず、地主と民衆が会話するのを許さない。地主は道で誰と会っても頭を下げて道を譲らなければならない。郷の幹部・民兵は随時、地主の家に行き検査することができる。幾人かの法に違反し風紀を乱す輩は、機に乗じ地主の家の婦女を強姦する[42]。

資格審査の公平性を担保するために設置された人民法廷に対してさえ、反革命鎮圧を再び行い、殺人を行う場になるのではないかと危惧する人びとも出てきた[43]。

さらに農村に困難をもたらしたのは、「普選」運動とそれに先行した「新三反」運動を結びつけ、下層の幹部に対する誤った攻撃が進んだことであった。そのため民衆から迫害を受けた元地主・富農だけでなく、幹部のなかからも自殺者が出る始末だった[44]。

農村におけるこうした問題の根源は、民衆を革命に動員するために、土地革命において地主や富農に対する貧農層の無軌道な「闘争」を許容してきた、共産党の政策にあったといえよう。この点に関しては、次のような報道もある。

工作組と郷村幹部は選挙民の資格審査の前に、誰が地主なのかについて調査研究をせず、ただ幾人かの積極分子の一面的な報告を真に受けるだけだった。しかし積極分子と群衆は〔地主の〕家財道具をたくさん手に入れるために、そして土地改革で誤って地主のものとされ〔貧農たちに分配され〕た財産を返還しなければならなくなることを恐れたために、左傾の情緒を生じた。たとえば何人かの積極分子は、闘争の局面を作り出すために、宣伝のなかで故意に事実をねつ造して「○○郷では何人かの地主をまた探し出した」と述べた。吉慶郷の積極分子は地主を探し出せず失望して、「今回の家財道具のお裾分けには希望がない」といった[45]。

(3)「普選」運動と中国社会

運動の過程で発見された問題として、次のような情況が報告されている。

個別の村政権の組織は純粋ではない。海城県八区の刀把村の七名の幹部のうち五名は土匪のボス、偽〔日本の傀儡〕村長、偽〔傀儡〕保安隊隊長と清剿隊長であった。復県の大河区と楊家区の区長は一貫道の壇主で、九名の〔共産〕党員と一〇名の〔共産党の指導下にある新民主主義青年団の〕団員のうち、一五名は一貫道の信者であった[46]。

ここで問題視された人びとが、本当に傀儡政府や秘密結社に属していたのか否か、また彼らに対する共産党の個々の政策が適切だったか否かは、別に論じる必要があろう。

にもかかわらず、リベラリズム・立憲主義とは縁遠い人びとが権力の一端を担う可能性があったことは、上記の史料やこれまでの叙述から容易に想像される。こうした事実を共産党は「普選」を通じて発見し、彼らなりの方針に基づき是正しようとしたといえ、一九五四年に入ると「普選」運動に対する一定の総括が行われるようになる。そこで明らかにされたのは、結局、共産党の指導にもかかわらず、選挙権保有者の二〇%しか「普選」に参加せず、また聾唖者や視覚障害者、あるいは跛行者などの選挙権を奪うという事態まで地域によっては生じていた、ということであった。参政権を含む基本的人権にまったく自覚のない人びともいたのである㊼。権利意識の低さは、江蘇省松江県の長倭郷で「普選」ののち三ヵ月たっても、各種の委員会が設立されないという状況を生じさせている㊽。

第一節で触れた注14の選挙法草案の説明だけでなく、劉少奇が次のように述べたことも、それなりの社会的根拠があったといわざるをえまい。

実際上、このような選挙〔英米流の「人口の比率に応じた一律無記名投票」に基づく選挙〕で生み出された人民代表大会が、さらに多くの人民を代表する性質を持つことはできず、それゆえに、この方法を用いて、今日の人民政権をさらに民主化し、人民と密接に関係することはできない㊾。

おわりに

金子肇は、民主集中制を採用し、権力の分立を否定した全人大を純粋に規定上の文言から理解すれば、国家権力の頂点に立って国務院などの諸機関を従属させるがゆえに、「議会専制」的な機能を果たし得るのであり、それを防ぐために共産党は党がコントロールできる人びとによって人民代表大会を構成する必要があったと指摘している㊿。

前掲張暁明「上海各界人民代表会議代表産生及構成辦法変動情況考察」は、上海の第一次全国人民代表大会の代表を選出する前に、共産党が議会内の構成比率として設定した共産党系の代表と、統一戦線工作の対象から選出した代表との比率の七対三が、実際の選挙でも貫徹されていたことを実証した。それは上海人民代表会議での上記の構成比が、四七・六七対五二・三三であることと比較したとき、共産党のコントロールがより深化したことを表していた（六八頁）。そのうえで張は人民代表会議から全人大への移行には本質的な変化はないとして、次のように評価している。

〔人民代表会議において共産党は〕国家と社会の政治活動の中間地帯に真空状態を生じさせ、独立思考・自由の精神および民主主義に対する要求はしだいに消失し、中共は社会に対するコントロールを実現した（六九頁）。……この〔全人大の組織の〕時期の中共中央は、いまだ普遍的で平等の原則を持つ普選制度という考えを持ってはいなかった（七〇頁）。

金子と張の議論に基づけば――筆者も両氏を支持している――、人民代表大会を作り出すための「普選」運動は、権力の分立をキー概念とする民主主義とも、個の尊厳を基礎とするリベラリズム・立憲主義とも、異質なものであり、共産党の一党独裁を正当化するためのイデオロギーであり政策であった。筆者が前稿などで強調したことは、①共産党との共存を選択した一九四〇―五〇年代のリベラルたちは、この「普選」運動のなかで個の尊厳の保持につとめ、自らの「主体性」を確立しようとしたが、②しかし制度的な民主主義を構想する点で限界を有しており、やがて彼らの活動は伏流させられ、今日の中国政治の基礎が築かれた、ということであった。

とはいえ上述したように、中国には英米流の普通選挙を実施する条件が十分整っていたとはいえなかった。ジョバンニ・サルトーリの意見を待つまでもなく、秩序が維持できない社会で、欧米流の議会制民主主義が無条件によい結果をもたらすとは限らない[51]。「はじめに」で紹介した石塚も、立憲主義も民主主義も実現していない段階において、「個の尊厳」に基づく自由を一面的に強調するだけでは個人を市民として陶冶することも、民意・公論を形成することもままならないのではないか、と問題提起している[52]。

このサルトーリや石塚の議論によれば、欧米流の普通選挙を実施し、権力分立に基づく政治制度を築き難い中国で、リベラリズム・立憲主義の基礎を固めようとすれば、候補者を人びとの討論を通じて事前に調整するという方策は、最善ではないとしても最悪ではなく、ありえる選択肢の一つだったのではなかろうか。つまり当時の中国ではリベラリズム・立憲主義を社会に定着させるために、まずは社会の秩序を再建し公論の形成を可能とする代議制度をなんとか樹立することが、当面、目指すべき課題だったように思われるのである。共産党は自らの統治を鞏固にするためではあったが、こうした努力をなしたといえよう。

それゆえ中国共産党は上述のように資産階級の右翼的部分だけでなく、女性や少数民族などこれまでの政治システムのなかでは少数派であった人びとをも、党の指導によって代議制度に参加させようとした。因みに鄧小平によれば末端の行政地域の人民代表の一七・三一％が女性であったという[53]。共産党統制下で選出された代表には、政治的な独自性・自律性はないとの評価もあろうが、人口の圧倒的多数を占める漢族の貧困層が、共産党の指導もなく自由に普通選挙を行った場合、女性を含む政治的な少数派がどの程度選出されたのだろうか。

視点を転じれば、かつて福田歓一は民主主義の機構＝制度に、その価値に相応しい機能を果させるためには、民主主義の方法として「運動」が必須だと指摘している[54]。あるいは敗戦後初期の日本における「主体性論争」を論じたヴィクター・コシュマンは、主体は民主主義運動のなかでのみ生まれるとの基本的立場から分析を進めている[55]。「はじめに」で指摘したように、民主主義と立憲主義・リベラリズムとを同一視することはできない。「運動」への参加を通じて形成される主体が担うのは、リベラリズム・立憲主義を抑圧する民主主義となるかも知れない。しかしながら福田とコシュマン両氏の議論を筆者なりに敷衍すれば、候補者選びから始まり、「普選」運動において噴出するさまざまな要求のぶつかり合いは、リベラリズム・立憲主義と民主主義とを接合させる「主体性」を生み出すプロセスの一つになる可能性もあったように感じられる。

たとえば南京では、次のように等額選挙を否定する人びとも存在していた。

南京市陵園区首蓿園郷では、選挙大会の前に、代表の候補者はみな事前の相談と根回しを経ていた。しかし選挙大会が開かれたとき一人の幹部は候補者と当選者が同数なのは民主的ではないと考え、一人の新たな候補者を提起した。大会に参加していた農民も、幹部が新たな候補者を提案するのを見て、続いて二人の候補者を提起した。[56]

上記のような情況を政治的な未熟さゆえの混乱と理解することも可能だが、等額選挙や挙手による選挙、さらには区や郷など以上が間接選挙であることへの批判もあった。[57]共産党による統制は強化されつつあったとはいえ、「普選」運動の過程で共産党の方針に抗議する人びとの「主体性」も生まれていたのである。やがてこうした傾向は誤りとして断罪されてゆくが[58]、「主体性」が運動への参加を通じてしか形成されないとすれば、本章で紹介した「普選」運動の経験も、決して過小評価できないと筆者は考えている。

さらにいえば、選挙資格保持者を公開する掲示板にまつわる次のような典型的な報道は、間違いなく共産党の宣伝である。[59]だが全くリアリティのない宣伝は共産党の期待する効果をあげることはできず、「普選」をめぐる人びとの実感の一面を示していたといえよう。

絶対的多数の選挙民は、名簿が公布されたあとみなが欣喜雀躍し、多くの労働者・里弄の住民は先を争って掲示を見て、自分の名前を探した。とりわけ婦女は自分の名前を持ったことがなく、女性の名前が男性たちと同じように掲示されたことを本当にうれしがった。多くの年取った女性たちも出てきて掲示を見て、人びとはそれを「栄光の掲示」と呼んだ(60)。

問題は「主体性」の萌芽を成長させ、劉少奇らが重視した立憲主義の原則(61)に基づく政治制度とどう接続するのか、という点であった。しかしその努力は一九五七年の反右派闘争を画期として挫折させられ、一九六六年からはプロレタリア文化大革命が発動されることになった。リベラリズム・立憲主義の湧水は今日の課題となっている(62)。

(1)　この点については、水羽信男『中国近代のリベラリズム』(東方書店、二〇〇七年)、同『中国の愛国と民主——章乃器とその時代』(汲古書院、二〇一二年)なども参照されたい。

(2)　当時の史料用語である「普選」という語を本章では使用するが、中華人民共和国のもとでの「普選」は、候補者が共産党の意向にそって事前に指定され、候補者と当選者が同数であるなど、今日の日本でいう普通選挙とは異なる。

(3)　そのほかの先行研究としては、前掲水羽信男「実業界と政治参加——第1回全人大と中国民主建国会」一六七—一六八頁の参考文献一覧にあげたもののほかに、穆兆勇編『第一届全国人民代表大会実録　一九五四』(広東人民出版社、二〇〇六年)、楊火林『建政之初——一九四九—一九五四年的中国政治体制』(東方出版中心、二〇一一年)などがある。また今日の情況については高橋伸夫編『現代中国政治研究ハンドブック』(慶應義塾大学出版会、二〇一五年)を参照のこと。

(4)　石塚迅「立憲主義か民主主義か?——中国大陸と台湾」(前掲深町英夫編『中国議会100年史——誰が誰を代表してきたのか』)。

(5)　黄正楷『一九五〇年代中共新華社『内部参考』的功能与転変』(国立政治大学東亜研究所修士論文、二〇〇六年)二三、一〇四頁。

(6)　『中国五十年代初中期的政治運動数拠庫——従土地改革到公私合営、一九四九—一九五六』に収録された史料については可能な限り出典にあたったが、筆者未見のものについては、括弧内に本データベースに拠ったことを示した。

（7）宋については、維基百科：自由的百科全書（https://zh.wikipedia.org/wiki/）の記述も参考にした（二〇一六年四月一日閲覧）。

（8）中共中央文献研究室・中央檔案館編『建国以来劉少奇文稿』第四冊（中央文献出版社、二〇〇五年）五三六頁。

（9）師哲の口述記録である『在歴史巨人身辺師哲回憶録』は、スターリンが一九五四年に全人大を開催し憲法を制定するよう、まず一九四九年七月に中国共産党に提案したと指摘している（李海文が整理した師哲の最初の口述整理本は一九九一年に中央文献出版社から出版され、劉俊南・横澤泰夫訳による日本語版（『毛沢東側近回想録』新潮社、一九九五年）もある。その後、いくつかの版本が出版されたが、最新増訂本が九州出版社から二〇一五年に出版された。因みにこの指摘は翻訳本では二五〇―二五一頁にある）。この師哲の回想を採用する先行研究もある。

しかし筆者は一九四九年に関する回想は師哲の誤りの可能性もあると考え、梅村卓「中国一九五四年憲法の制定過程と歴史的性格の再吟味」（『アジア経済』第四五巻第九号、二〇〇四年）や前掲呉継平『新中国第一次普選運動研究』などに従い、一九五二年一〇月の劉少奇とスターリンとの会談の影響を重視する。この点については、前掲杜崎群傑『中国共産党による「人民代表会議」制度の創成と政治過程』に対する筆者の書評（『アジア社会文化研究』第一七号、二〇一六年）も参照のこと。

また前稿では、共産党が一九五二年の「末」に、一九五五年以後、すなわち社会主義改造の完成以後に、全人大の開催と憲法制定を構想したと記述した（一五六頁）。それは前掲呉継平『新中国第一次普選運動研究』八四頁の記述に拠ったものであったが、同書の全体の論旨、とくに六八頁の指摘を踏まえて、一九五二年の後半と訂正する。

なお本章は「普選」と憲法がこの時期に急に政治的な課題となった要因として、ソ連の「指導」という外的な条件を重視したが、それに即応できた条件を軽視することもできないだろう。序論が指摘するように、民国時期以来の中国国内の立憲主義的な思想潮流を踏まえて、国内的な要因についても、いままで以上に考察を深めることが必要である。

（10）代議制度を通じての共産党の正統性獲得の方策については、前掲杜崎群傑『中国共産党による「人民代表会議」制度の創成と政治過程』を参照されたい。

（11）『人民日報』一九五二年一二月二八日。

（12）『人民日報』一九五三年一月一五日。

(13)「中華人民共和国全国人民代表大会及地方各級人民代表大会選挙法」(中央人民政府法制委員会編『中央人民政府法令彙編(一九五三年)』法律出版社、一九五五年)。なお邦訳が日本国際問題研究所中国部会編『新中国資料集成』第四巻(日本国際問題研究所、一九八一年再版)にある。
(14)「関於〝中華人民共和国全国人民代表大会及地方各級人民代表大会選挙法〟草案的説明」(『人民日報』一九五三年三月三日)。
(15) この点については、非営利の学術ウェブサイトといわれる『中国選挙与治理』に掲載された史料を利用した(http://www.chinaelections.org/article/175/64903.html 二〇一六年三月三〇日閲覧)。
(16)「宣伝工作者注意」(一九五三年四月一五日)(『宣伝通訊』一九五三年第一三期、前掲『中国五十年代初中期的政治運動数拠庫』)。
(17)「中央関於審査大中小学教職員選民資格的問題的指示」(一九五三年七月二三日)(江蘇省の某檔案館の所蔵史料、前掲『中国五十年代初中期的政治運動数拠庫』)。
(18)「中共中央関於選挙工作中幾項重要問題的通報」(一九五三年八月二一日)(前掲『中国五十年代初中期的政治運動数拠庫』)。なお、ここでも選挙権を制限する数値目標の決定については、否定的である。
(19)「第二届全国司法会議決議」(一九五三年四月二五日第二届全国司法会議通過、一九五三年五月八日政務院第一七七回政務会議にて批准)(前掲中央人民政府法制委員会編『中央人民政府法令彙編(一九五三年)』九五頁)。なお、この史料では人びとの国家に対する責任感と主人公としての意識を高め、裁判所と民衆のつながりを強めるためには、陪審員制度の普及が重要だとしている(九七頁)。
(20) 前掲中央人民政府法制委員会編『中央人民政府法令彙編(一九五三年)』九五頁。
(21)「全国統戦工作会議関於実行人民代表大会制時安排民主人士的意見」(一九五三年七月)(中共中央統戦部研究室編『歴次全国統戦工作会議概況和文献』檔案出版社、一九八八年)一六二—一六三頁。
(22) 李維漢「関於国家資本主義和対資産階級代表人物安排問題」(一九五四年三月二五日)(前掲中共中央統戦部研究室編『歴次全国統戦工作会議概況和文献』)。
(23) 陳暁波・李暁峰「国民素質与普選民主」(『四川大学学報(哲学社会科学版)』第一九三期、二〇一四年)九五頁。しかし筆者は陳らの第一次全国代表大会選挙に対する評価は高すぎると考えており、全面的に支持するものではない。

(24)「上海各階層人民対召開人民代表大会反応」(『内部参考』一九五三年第四四号、二月二六日)四一〇頁。
(25)「湖南部分農民存在極端民主思想」(『内部参考』一九五三年第一九五号、八月二一日)二四三頁。
(26)「陝西省宝鶏専区普選工作中存在很多問題」(『内部参考』一九五四年第六七号、三月二四日)三二八頁。
(27)「上海普選試点宣伝工作中的困難」(『内部参考』一九五三年第一三六号、六月一六日)二六一頁。
(28)「北京市西単区部分機関幹部対普選重視不够」(『内部参考』一九五三年第二五五号、一〇月三一日)三五八頁。
(29)「鳳城県普選試点区参加選挙的人很少」(『内部参考』一九五三年第一四五号、六月二六日)四四二—四四三頁。
(30)「重慶民主人士対召開全国人民代表大会的反応」(『内部参考』一九五三年第一九号、一月二四日)三九五頁。
(31)「福建工商業者対普選有很多懐疑」(『内部参考』一九五三年第一〇九号、五月一五日)一九三頁。
(32)「貴州各階層民主人士対召開人民代表大会的反応」(『内部参考』一九五三年第二七号、二月三日)二九頁。
(33)前掲「福建工商業者対普選有很多懐疑」一九二—一九三頁。
(34)「中南各民主人士対召開全国代表大会的看法和疑慮」(『内部参考』一九五三年第二〇号、一月二六日)四三二頁。
(35)前掲水羽信男『中国の愛国と民主』第三、四章を参照のこと。
(36)「河南新郷市普選中部分資本家企図争奪領導権」(『内部参考』一九五三年第二四二号、一〇月一六日)一七六頁。
(37)前掲「上海普選試点宣伝工作中的困難」二六一頁。
(38)「上海普選試点区群衆対普選的認識」(『内部参考』一九五三年第一三三号、六月一二日)二〇〇頁。
(39)前掲「上海各階層人民対召開人民代表大会反応」四〇七頁。
(40)「成都市西城区機関選民参加選挙情況」(『内部参考』一九五三年第一九八号、八月二五日)二八九頁。
(41)「成都市地主階級分子争奪選挙権」(『内部参考』一九五三年第一四九号、七月一日)一〇頁。
(42)「山東歴城普選試点郷的管制工作很乱」(『内部参考』一九五三年第一四四号、六月二五日)四二六—四二七頁。
(43)「山東歴城基層普選試験中幹部和群衆的思想情況」(『内部参考』一九五三年第一二三号、六月一日)八頁。
(44)「江蘇省普選結合新三反中発生偏差」(『内部参考』一九五三年第一九七号、八月二四日)二七二頁、「最近河南省農村普選中発生四起自殺的事件」(『内部参考』一九五四年第五八号、三月一三日)一七八頁など。
(45)「江蘇丹陽等県審査選民資格時把部分中富農錯画為地主」(『内部参考』一九五三年第一五〇号、七月二日)三六頁。
(46)「遼東基層選挙中発現有百分之二十以上的落後村」(『内部参考』一九五四年第四八号、三月二日)三三—三四頁。

(47)「中南区普選工作中存在的問題」(『内部参考』一九五四年第六六号、三月二三日)三〇八—三〇九頁。
(48)「江蘇省部分地区郷人民代表大会未充分発揮作用」(『内部参考』一九五四年第六六号、三月二三日)三〇七頁。
(49) 劉少奇「在北京市第三届人民代表会議上的講話」〔一九五一年二月二八日〕(『建国以来劉少奇文稿』第三冊、中央文献出版社、二〇〇五年)一二三頁。
(50) 金子肇「国民党による憲法施行体制の統治形態——孫文の統治構想、人民共和国の統治形態との対比から」(久保亨編『一九四九年前後の中国』汲古書院、二〇〇六年)、同「近代中国における民主の制度化と憲政」(『現代中国研究』第三一号、二〇一二年)など。
(51) Giovanni Sartori, "How far can free government travel?", *Journal of Democracy* Vol. 6, No. 3, 1995.
(52) 前掲石塚迅「立憲主義か民主主義か?」。
(53) 鄧小平「関於基層選挙工作完成情況的報告(摘要)」〔一九五四年六月一九日〕(中国人民解放軍政治学院中共党史教研室・国防大学党史党建政工教研室編『中共党史教学参考資料』第二〇冊、中国人民解放軍国防大学出版社、一九八八年)三三〇頁。
(54) 福田歓一『近代民主主義とその展望』(岩波新書、一九七七年)一五八—一五九頁。
(55) ヴィクター・コシュマン(葛西弘隆訳)『戦後日本の民主主義革命と主体性』(平凡社、二〇一一年)。
(56)「江蘇各地機関幹部不積極参加普選活動」(『内部参考』一九五三年第二一八号、九月一七日)二三八頁。
(57)「河北省蒲窪等郷老区農民対選挙方法的意見」(『内部参考』一九五三年第一六八号、七月二一日)三一四頁、「西安市有些機関工作人員対選挙法有錯誤認識」(『内部参考』一九五三年第一一五号、五月二一日)三二四頁など。
(58)「重慶工商、宗教、医務界人士対普選的看法」(『内部参考』一九五三年第一四五号、六月二六日)など。
(59) 張済順(杜崎群傑訳)「「国家の主人公」の創出——第1回人民代表普通選挙」(前掲深町英夫編『中国議会100年史——誰が誰を代表してきたのか』)。
(60)「上海市普選試点公布選民名単後的群衆思想情況」(『内部参考』一九五三年第一六〇号、七月一一日)一七〇頁。
(61) この点については土屋英雄『現代中国の憲法集——解説と全訳、関連法令一覧、年表』(尚学社、二〇〇五年)二二—二五頁を参照のこと。
(62) この点については水羽信男「『現代中国のリベラル思潮をめぐる歴史学的考察』へ向けて」(『アジア社会文化研究』第一

八号、二〇一七年）を参照のこと。

第7章　団結、憲法、四つの現代化
——一九七五年の歴史的意味

孫　揚
（泉谷陽子訳）

はじめに

現代中国の歴史叙述のロジックには比較的明らかな論理の矛盾がある。一方では歴史の脈々と続く連続性を強調し、一方では至るところで新旧交替の断絶を示すというものだ。具体的に言えば、文革から改革へ向かう歴史解釈において、この種の断絶感はとりわけ強烈である。一般的な歴史叙述のなかで、中国の七〇年代はまるで映画の一コマのようである。「一〇年の動乱」「極左の横行」「崩壊の危機に瀕する経済」といったシーンから、一転して次のシーンでは「失った一〇年を取り戻す」「思想解放の春」「社会主義建設の新時期」に切り替わるのだ。七〇年代のいくつかの場面は、いびつに拡大されて人々の印象に残り、一つの一般的な歴史記憶になった。これまでのところ中国では、七〇年代はいまだ歴史学者が討論する範囲にはほぼ含まれない。それと相反するように文学芸術の領域と社会思想の研究者は比較的熱心に七〇年代の歴史に対する解読を表現している。(1) そしてこれらの多くは個人的、経験的なものであり、プロレタリア大衆が実際に体験した感覚とはかけ離れているものさえある。歴史とは豊かなものであり、具体的な歴史が個人の記憶のなかにのみ存在することもある。そのことは否定できないが、過度に具体化された個人的体験は、多くの場合、歴史的感覚と印象を残し、歴史の複雑さに脚注を増やすことができるのみであって、それを歴史認識にまで昇華させるには、さらに多くの面から検討する必要があるだろう。(2)

七〇年代のラベルは「転換」である。七〇年代が確かに転換の年代であったことは否定できない。転換の年と定義される年がある。たとえば一九七六年と七八年、前者は文革の終結を表し、後者は改革の開始を代表する。ある年は以前の歴史叙述のなかで、転換の前奏を構成するものとして、大変重要な位置づけを与えられていた。たとえば一九七一年と七二年は林彪事件とニクソン訪中が連続し、国内の政局と国際情勢において変更と調整が行われた年である。そして七〇年代全体がまるで転換の下地作りのためだけであったかのように叙述され、歴史のもつ多様性と複雑性がすっかりそぎ落とされてきた。またいくつかの問題においては、「転換」の叙述のみに専念し、意図的あるいは無意識に「連続」の面が覆い隠された。(3)

本章では七〇年代のなかでもほとんど注意されることのなかった年――一九七五年を選択した。翌年には文革が終結するのだが、この年に圧倒的多数の中国人はそのことを予想できなかったであろう。その後、政府や学界さらには一般向けの論述を問わず、転換叙述の枠組みができ上がり、この年はまるで「幕間劇」のような年となった。たとえ注目されるとしても、多くは鄧小平が主導した整頓に集中しており、そうした視角の下では、一九七五年はせいぜい中国がある方向へ発展していく際の前奏でしかないのである。(4) 筆者はこの年の考察を整頓が開始される前までの時期に限定し、第四期全人代の開催前後に関連する三つのキーワード――「安定団結」「一九七五年憲法（以下、七五年憲法）」「四つの現代化」のなかに濃縮させることを試みる。この三つの言葉が包含する歴史的な筋道と歴史的法則はそれぞれ異なる形ではあるが、文革と改革の時空を経てなお、今日の中国人の日常生活のなかに存在し、「転換」以外の歴史的「連続」を体現しているのである。本章は文革から改革へという転換叙述に挑戦するものではないし、まして中国現代史を解釈する枠組みを再構成しようとする意図などはない。つまるところ七〇年代は今日との距離が近過ぎて、関係する人や事柄が、人々の歴史認知と実体験に対する複雑で錯綜した感情のなかに依然として巻き込まれていることを筆者はよく分かっている。しかもいまだに七〇年代の史料の大規模な公開・利用ができない状況下では、歴史叙述についてどのような議論をすることも一種の冒険である。筆者が考えていることは、既存の歴史叙述の枠組みに異なる言説を書き込む空間がまだ残されているならば、そうすることで、あるいは中国の改革の起源に対する理解の幅をさらに広げることができるかもしれないということである。拙文の意図もただここにあるのだが、誤りがあれば、専門家の叱正を請いたい。

一　「安定団結」の裏側――「旧世界を叩き壊す」から「旧世界の回復」まで

一九七五年、中国のイデオロギー言説において最も頻繁に使われた言葉は「安定団結」だった。一月九日、毛沢東がマルタ政府の首相ドミニク・ミントフと会見した後、王海容と唐聞生が、共産党一〇期二中全会で主席はどのような話をされるのか、と伺いを立てると、毛沢東は周恩来が閉幕時に自分の意見を伝達するようにと指示した。それは「やはり安定団結がよい」というものだった[5]。共産党一〇期二中全会の簡潔な閉幕の言葉のなかで、周恩来は四度も「安定団結」を口にした[6]。この年の『人民日報』には「安定団結」を見出しとした記事が一二三本、「安定団結」に言及したものが一七一本ある。中国の政治的語彙の文化に照らすと、「安定団結」を強調すればするほど、その時の情勢が不安定で団結していないということを説明することになる。台湾海峡の向こう側で杭立武は次のように分析した。大陸の新聞が第四期全人代の開催前に「団結という言葉をつとめて提唱するのは、内部闘争の深刻さを証明している」[7]。杭氏の言う一九七五年の内部闘争とは、前年の「批林批孔」運動を指しているようだ。これによって党上層部内の闘争および各省の大衆運動が息を吹き返し、中国で再びかなり広範に社会的衝突が発生した。文革全体に目を向けると、共産党九全大会前後から政治的用語を使う際、「団結」は「闘争」といつも同列に論じられていた。指導者は全党全国に対して「団結し、さらに大きな勝利を闘い取ろう」と求めながら、その一方で「八億の人々が闘わなくていいのか?」と詰問した。文革によって、「民不聊生〔人民が安心して生活ができない〕」だけでなく、「官不聊生〔官もまた安心して生活できない状況〕」になった。林彪が言うように文革は「全党への批判運動であり、幹部を批判する運動」だった。文革の初期、ほとんどの幹部がこの運動について「よく理解しておらず、とても不真面目で、力を入れていなかった」。文革後期にも、こうした態度がすっかり改められなかっただけでなく、かえって内心の疑問や不満は日増しに高まっていた。林彪事件の後は言うまでもなく、毛沢東の文革に対する理論と実践は、すでに既存の政治的ロジックでは解釈できない地点にまで至っていたのである。

林彪事件によるもう一つの結果は、共産党九全大会で確立した権力構造が中央から地方に至るまで再編に晒され、文革初期に「旧世界を叩き壊す」といって打倒された昔の幹部たちが次々と解放されたことである。一九七二年五月中旬までに、福建省では八八・六%の省管〔省レベルの政治を管轄する〕幹部が解放され、その七五・四%が指導的地位を占めるようになった。湖南省の省管幹部は九一・八%が解放され、各レベルの指導班についた者は八三・八%であった。山西省では一九七三年前半、省級と地級〔省レベルと県レベルとの間の行政区〕管理の幹部が九七%解放され、そのうちすでに仕事を与えられたものが九八%を占めていた[8]。一九七三年の共産党一〇全大会前後、周恩来は省部級幹部たちに対する監視を解除する指示を相次いで出し、董必武・朱徳・陳雲・鄧小平・李富春・徐向前・聶栄臻らが公の場に姿を現すように何度も取り計らった[9]。共産党一〇全大会の選挙結果は「この二年間の極左思潮を批判し、幹部政策を実行した積極的成果をある程度反映したもので……鄧小平・王稼祥・譚震林・烏蘭夫・李井泉・李葆華・廖承志らが中央委員に選出された」[10]。収束していた各地の大衆運動が、一九七四年の「批林批孔」によって再度呼び起こされ、文革初期に戻ったかのようではあったが、すでに世の中の流れは変わっていて、全体的に見れば、「批林批孔」は老幹部を再度打倒するという「第二の文革」の方向へは向かわなかった。いくつかの省では「批林批孔」を経て旧省委がかえって権力の核心をおさえ、かつて叩き壊された「旧世界」がまさに少しずつ回復に向かっていたのである[11]。

このような背景があったので、第四期全人代前後の「団結」という言葉の裏には「均衡」という意味が多く含まれていた。そこには毛沢東が文革を守るために権力を構成する各勢力と協調せざるを得なかったという事情があった。毛沢東にとって文革は自身の最高権力者としての地位を守るためであり、また理想と抱負を実現するためのものでもあった。しかし、文革はせいぜい「旧世界」の一部を叩き壊しただけで、「上山下郷」「裸足の医者」「五七幹部学校」などのいわゆる「新生事物」が生まれはしたけれども、毛沢東の理想とする「新世界」は全く創造されることはなかった。亡くなる前の最後の数年間、権力を振るって配置したのは、実質的にはその後の政治を準備することだった。一九七二年から、彼は、文革は自分が一生のうちで行った二つの大事のうちの一つである、というようなことを何度も表明していた。このため文革がもたらした制御不能で混乱した状態の解決に着手すると同時に、文革が申し分ない結末を迎えることを望んだ。この目標を実現するために、毛沢東は「安定団結」の名目で、権力構造のバランスを維持することを必要とした。政治的天秤の片方には江青・張春橋らを頭目とする文革の理論と実践に励んで、その果実を得た者たち、もう片方には鄧小平・葉剣英らを頭目とする文革によって迫害あるいは攻撃を被った実務派の老幹部たちがかけられていた。それとは別に分銅のように重要な役割をもつ華国鋒や紀登奎などの地方から中央に抜擢された幹部たちがいたが、彼らは毛沢東の配置に従って、天秤の両端の上下に影響を与えていた。毛沢東本人は天秤の支点となり、左や右へ位置をずらしては天秤のバランスと傾きを決定した[12]。そのため「帮周会」にしても、四人組批判にしても、毛沢東はこの権力の天秤が傾き過ぎないようにしていたのである。毛沢東が晩年に行った配置は、矛盾するものが相互に牽制し合う動態的な均衡だった。彼は中央と地方で新（文革で権力を握ったもの）旧（原職に復帰した老幹部）両派の人員が団結し協力しあうことを望んだ。表面的にはただ毛沢東を仰ぎ見て従いながら、「老人」は文革前の旧秩序に回帰し、それを擁護しようとし、「新人」は旧秩序を破壊しても、毛沢東の意に沿った「新世界」を創り出すことができず、見かけだけの団結の下で、実のところ底流では波が渦巻き、各々が正統を争う心を抱いていた。「安定団結」の指示は、毛沢東の旧秩序に対するやむを得ない妥協を表してもいた。上述のこうした政治的配置あるいは人事配置と言ってもよいが、これが第四期全人代の重要な背景となっていた。

第四期全人代は表面的には単に手順通り、あるいは儀礼的な会議であったように見える。もともとは国家制度に共産党九全大会の内容を反映させるためのものだったが、共産党九期二中全会後の一連の事件のために、第四期全人代は一九七〇年から七五年までに、四度開催が提起され、三度夭折するという不幸を繰り返した。しかしながら、人事面において、第四期全人代は取るに足りないものではなく、会議前に各勢力が激しいつばぜり合いを行った。一九七四年九月、武漢にいた毛沢東が鄧小平に第四期全人代を今年開催できるかどうか尋ねたところ、鄧は「主要には人事問題です」と答えた[13]。一〇月、王洪文は風慶輪事件のために長沙に赴き、毛沢東に告訴したが、その時周恩来が第四期全人代の人事のために鄧小平・葉剣英・李先念らと頻繁に往来しているということを強調した[14]。ところが、周恩来は手術を受けた後、八月一六日から客との面会を開始し、一〇月六日以降、面会回数は増えていき、多い時は一日に五回、時間も最も長いときは一回に二時間半余りだった[15]。一一月一九日、江青は毛沢東宛ての手紙に「九全大会の後、私は基本的に暇になり、特に仕事も割り当てられてこなかったが、現在はもっとひどい」と書いた。また人に託して毛沢東に王洪文を副委員長に指名するよう伝えたが、その目的もまた第四期全人代の「組閣」に関わることだった[16]。

一二月二三日、周恩来は病を抱えて長沙に赴き、第四期全人代で有利な人事配置を獲得しようとした。出発前に医者が周恩来の大便に潜血があることに気づき、すぐさま治療を始めるよう求めたが、周恩来は医者に対して「歴史の舞台に上げられたものとして、わたしは歴史的任務を全うしなければならない」との意思を示した。周恩来の医療の責任者だった葉剣英は医療スタッフに「党と国家の最高利益のために計画を変えることはできないが、あらゆる手を尽くして、絶対に周総理の安全を保証するように」と繰り返し言い含めた。[17] 一九七四年末、周恩来たちの主導の下、第四期全人代の人事が基本的に確定した。

一九七五年一月一三日から一七日にかけて北京で第四期全人代が開催された。共産党一〇全大会と同様、会議は極秘裏に進められた。代表たちの北京入りは内密にされ、滞在先から一歩も出ることが許されず、外界とのいかなる接触も禁じられ、合わせて二回の全体大会が行われた。開幕式は一月一三日の夜八時に正式に始まり、代表たちはみな地下道を通って人民大会堂に入った。具体例を挙げると、湖南省代表団は動物園の西にある西苑大旅社に宿泊したが、開幕式の二時間前にバスで復興門の西にある京西賓館まで送られ地下鉄に乗り、それから歩いて地下道を通って人民大会堂に入った。[18] 香港マカオ代表団の一八人は各自深圳まで行き、そこからまとまって広州へ赴き、飛行機で北京に到着した。呉康民の回想では、開幕式当日の晩、代表たちは地下道の中を四〇分ほど歩いたという。[19]

第四期全人代の重要な使命は「組閣」、つまり政府人事の任命によって政治権力の分配を完成させることだった。「新人」を重用しようとする江青らの努力が挫折し、復活した老幹部たちが改めて重要な位置を占めたのが明白な事実であり、ここから四人組の権力基盤がいかに脆弱で虚ろなものだったかが分かる。鄧小平が権力をもったキーマンとなり、共産党においては、第四期全人代の前の一〇期二中全会ですでに鄧小平を共産党中央政治局委員に追認し、また政治局常務委員および共産党中央副主席に選出していた。軍隊においては、一月五日の中央第一号文件によって中央軍事委員会副主席・解放軍総参謀長に任命され、政府においては、国務院第一副総理（これより前の副総理には「第一」といった肩書はなかった）となり、外交を担当し、周恩来が治療静養している間、総理に代わって会議を主宰し、主要な文書に意見をつけて提案していた。二一二名の〔全人代常務委員会〕副委員長のうち、康生はすでに江青を見限っており、また重病を抱えてもいた。成り上がりの李素文と姚連蔚の順位は最後から一番と二番であって実権はなかった。一二名の副総理のなかで、張春橋は第二位ではあったが、文化・教育を担当していたため、実質的に党内のイデオロギー工作を分担する以上の権力は握っていなかった。陳永貴と呉桂賢・孫健らはみな労働模範出身であり、見識・経験・能力からいっても、分担領域からいっても、力を発揮する場はなかった。二九名の部長と部委主任は陳紹昆・于会泳・劉湘屏・荘則棟を除いて、圧倒的多数は江青らと特に関わりがなかった。第四期全人代によって生まれた政府機構から見ると、国防・計画・基本建設・財政・外貿・外経・農業・商業・国防工業・交通・鉄道・軽工業・石油・煤炭・水電・教育など鍵となる部門と全経済部門が、葉剣英・李先念・余秋里・谷牧・王震・張勁夫・万里・康世恩・周栄鑫など老幹部の手に握られている。海峡の対岸で王世杰は終始大陸の政治情勢の変化に注目していた。彼は日記に次のように書いている。「中共は先頃（一三日から一六日）秘密裏に「第四期全人代」を挙行したが、この会議が何年も開かれなかった主要因は中共内部が紛糾していたためである。この度の大会ではなお多くの古参（周恩来・鄧小平・葉剣英など）を任用している。採択した憲法では主席を設けることをやめ、毛沢東の後継者の指名もしていないところを見ると、内部の重大な難題はまだ解決できていないことが分かる」[20]。王世杰の「古参の任用」という観察はかなり正確であったが、権力構造が変化したからには、彼が「重大な難題」と見たものの解決はすでに時間の問題になっていた。

当然、この時の中国の権力構造において毛沢東はなおすべての重大事項の最終決定者であり、最高の権威を有していた。彼はなお最後の一線を堅持していたが、それは文革の否定を許さないということだった。言い換えれば、毛沢東は個人の力で、すべての人の政治的運命を決定できた。第四期全人代が終わって一〇ヵ月の間に鄧小平批判、右傾の翻案風への反撃が暴風雨的に展開され、鄧小平は再度失脚した。その原因は結局のところ、鄧が大鉈を振るって行った整頓が限界を超え、毛沢東の守る文革の最後のラインへの挑戦となったことである。にもかかわらず「旧世界」

の権力の枠組みと秩序の基礎はすでに回復していた。さらに重要なことは、人々が長きにわたる混乱にうんざりし、秩序回復を求めることで心を合わせ、その民意が一九七六年の春に一気に爆発したことである。至高の権力といえども、自然な世の流れのなかで、いつか終わりが来る。一九七五年、毛沢東は自分がもう長くはないことを感じ取り、国慶節に「これが私の最後の国慶節かもしれない、最後の「十一」だ」と独りごちていた。[21]事実そのようになった。彼が逝去した後、中国政治の天秤は急速にバランスを失っていった。

二　七五年憲法の歴史的遺産

第四期全人代が残したもう一つの歴史的痕跡は七五年憲法である。それは一九五四年憲法（以下、五四年憲法）、一九七八年憲法（以下、七八年憲法）、一九八二年憲法（以下、八二年憲法）およびその修正案とともに中華人民共和国の憲政史の筋道を構成するものである。しかしながら、「七五年憲法の印象は頗るよろしくない。一般に七五年憲法には重大な欠陥が存在している、つまり文革の極左思考の産物であると見なされており、銭端升などは「屁のような憲法」だとストレートに批判している。[22]こうした評価に筆者もまた賛同するのだが、ただ歴史的文書としての七五年憲法には、当然その位置づけが行われるべきであり、憲政的価値は無視してもよいが、それが残した遺産は無視してはならないと考える。[23]

七五年憲法は五四年憲法を修正したものだが、五四年憲法には突出した特徴があった。それは過渡性である。毛沢東はかつて「この憲法は共同綱領を基礎に総路線を加えた過渡期の憲法であり、その期間はだいたい一五年間だろう」[24]と指摘した。わずか三年後に毛沢東はまた「中等学校における政治課目を復活させ、憲治（法）課目を廃止しなければならない」[25]と提起した。五四年憲法は長い時間を経て、特に文革が始まって以後有名無実となっていった。五四年憲法の修正提案は社会主義改造が完了した一九五六年にはもう提出されていたが、共産党九全大会の後、一九七〇年になって憲法修正問題がようやく議事日程に上った。このことから、七五年憲法が生まれるまでには、中華人民共和国の全ての憲法のなかで最も長い時間（一九五六年から起算すれば二〇年、一九七〇年からでも六年）がかかったと考える研究者もいる(26)。

憲法修正と第四期全人代の開催は一九七〇年に同時に提起された。当初、憲法修正案の草案作りの責任者は康生・張春橋・呉法憲・李作鵬と紀登奎の五人で組織した工作小組だった。一九七〇年七月一七日、共産党中央は中華人民共和国憲法修正起草委員会を設立させ、毛沢東と林彪がそれぞれ正副主任となった。その後、共産党九期二中全会で国家主席の廃止問題をめぐる政治的騒動が生じ、この会議で憲法修正案は採択されたが、翌年、林彪事件が発生したため、草案は棚上げされた。一九七四年になって再度、憲法修正が議事日程に上り、張春橋が責任者となった。新しい憲法修正草案は初めからやり直して作られたのではなく、一九七〇年案を踏襲したものだった。新草案の主要な変更点は序言と総綱を書き直したこと、毛沢東は「我が国のプロレタリア独裁の元首」であるという表現と林彪の名前、極めて独特な林氏のレトリックを削除した点などである。一九七五年一月一七日、第四期全人代第一回会議でこの憲法が採択された。

文書として見ると、この七五年憲法は五四年憲法の構造を踏襲し、序言・総綱・本文から構成されている。七五年憲法の最も突出した特徴はわずか三〇条、四一七九字と簡潔であることだ。一方、五四年憲法は一〇六条、序言部分だけで一〇〇〇字近い長さがある。五四年憲法と比べると七五年憲法は規範的な法律文書ではなく、法制史的には明らかに後退している。七五年憲法で最も重要な特質は政治的規約になったことだ。張春橋は共産党中央を代表して作成した憲法修正に関する報告のなかで次のように述べている。「偉大な領袖である毛沢東主席はかつて「団体には章程が必要であり、国家にも章程が必要だ、憲法とはつまり総章程であり、根本をなす大法である」と指摘された(27)」。

七五年憲法は全国人民代表大会を「党の指導下の国家最高権力機構である」と規定したが、このような表現は、もちろん法律的に荒唐無稽である。ただ政治的に理解するならば、この憲法の意図は党の一元的指導の制度化と絶対化にあったと分かる。だからこうした意味から言えば、これは当時の中国政治の実践を如実に表現したものに過ぎない㉘。七五年憲法は文革を背景とした毛沢東の意志と理想を体現した憲法であり、プロレタリア独裁の下での継続革命という理論が七五年憲法の魂であった。その目的は文革の理念と成果を国家の根本をなす大法の形式を使って保存し、後世に伝えることであった。それはまた同時に矛盾した議論をもたらした。七五年憲法が文革という段階の成果であるならば、憲法という形式は本来文革が批判の矛先を向けた旧秩序なのだから、失敗が運命づけられた憲法となってしまう。しかしながら文革の烙印のほかに、七五年憲法は中国の憲政史上に一体どのような痕跡を残しているのだろうか。

文書として七五年憲法はすでに失効したが、その背後にあった構想や指向、さらにはいくつかの創造さえ今に至るまで存続している。五四年憲法、七五年憲法、八二年憲法の三者の間の関係から見て、もし五四年憲法と七五年憲法を中国憲政における価値という観念の座標軸上で両極端に置くならば、現行の八二年憲法およびその修正案は、その両極の中間で揺れ動き、完全に前者を継承し新機軸を打ち出したものでもなければ、後者を徹底的に批判してできたものでもない㉙。法学界ではなお論争があるが、厳格な意味において、七五年憲法こそが中国最初の社会主義憲法である。国体について、七五年憲法のプロレタリア独裁に関する表現が八二年憲法では「人民民主独裁」に改められているが、人民民主独裁とは実質的にはプロレタリア独裁である㉚。五四年憲法の過渡的な性格は新民主主義国家の合法性を強調することになり、文書のなかで共産党の指導は明示されていない。七五年憲法では党派性が旗幟鮮明となり、それが極致に達している。こうしたことから総体的に見て八二年憲法は党の指導問題では五四年憲法よりは七五年憲法からの継承性が強いと言える。毛沢東思想を憲法本文へ入れたのも七五年憲法が初めてであり、その後、中国憲法が党の各時期の行動指南を表現する時の手本となった[31]。このため、現行憲法のなかで核となっている「四つの基本原則」、その主要な内容もまた、整った形で規定したのは七五年憲法が最初であると考える学者もいる[32]。

いくつかの具体的な問題から見ると、七五年憲法が創造した多くのものが、現今の中国憲法体系に共通したいくつかの特質を構成している。たとえば土地所有制では、ある法学者は次のように述べている。五四年憲法は農民の土地所有権を保護していたが、八二年憲法が五四年憲法によって実質的に規定されていた農村の土地私有制と都市の各種土地所有制を廃止した。したがって「こうした廃止は七五年憲法が土地の私有権に対して保護しないとしたことの延長であると言える[33]」。こうした評価はこじつけの部分もあるが、ただ全体的に見れば、五四年憲法から八二年憲法に至るまで、国家は一貫して土地やその他の自然資源に対する所有権を拡大してきたと言える。五四年憲法では「地下資源、河川、法律によって国有と定められた森林、未開墾地およびその他の資源はいずれも、全人民の所有に属する」と規定し、七五年憲法は「地下資源、河川、国有の森林、未開墾地およびその他の資源はすべて全人民所有に属する。国家は、法律の定める条件に基づいて、都市・農村の土地およびその他の生産手段に対して収容、徴用あるいは国有化を実行することができる」と規定している（憲法の条文の翻訳に際しては、一部修正したが、土屋英雄『現代中国の憲法集――解説と全訳、関係法令一覧、年表』（尚学社、二〇〇五年）を参照した）。八二年憲法では「国有に移す」という部分は削除されたが、その意図は引き続き貫徹されていて、ほとんどすべての自然資源が国家所有あるいは集団所有に属すると規定されただけでなく、さらには、都市の土地は国家所有であることが初めて明確に規定されたのである[34]。

もちろん七五年憲法の遺産は土地所有権に関わるものだけではない。国家元首の問題では、七五年憲法が廃止した国家主席というポストが八二年憲法で復活したが、国家主席の基本的職責は儀礼的・手続き的な仕事に限定された。八二年憲法は五四年憲法が設けた国家主席というポストを回復させながら、五四年憲法が規定していた国家主席の最も重要な職権についてはまるまる廃止したのである[35]。国家主席のポストを復活させながら、実際の権力を掌握させない。

こうしたやり方は五四年憲法への回帰というよりは、七五年憲法のこの問題における立場を密かに受け継いでいたと言えるだろう。

七五年憲法の影は文革と改革の時代を跨ぎ、今なお中国政治の生活のなかにたゆたっている。面白いのは、この民主と法制の原則から外れた憲法が規定する「四大（大鳴・大放・大字報・大弁論）」自由とストライキ権が、現在でも一部の者たちから文革時代の「大民主」と見なされ、懐かしく興味深く話題にされることである。もちろん公民権およびその表現形式は複雑なテーマであり、論者は往々にして過去に言及するが、その真の意図は現在にあり、他人の酒杯を借りて自分の胸中の鬱積を晴らすことにある。これもまた七五年憲法の遺産は、こうした意図的な、あるいは無意識の誤読を多かれ少なかれ有しているということであり、そうして文革と改革という二つの時空の錯綜した複雑な対話を構成しているのである。

三　隠れた筋道のなかの「四つの現代化」

「四つの現代化[36]」は一九七五年の第四期全人代で再提起されてから、九〇年代の初めに中国政治の語彙から消えてしまうまで、文革と改革の二つの段階、一〇年余りを経験した。「四つの現代化」は一九七六年と七八年の分水嶺を越えて、文革と改革をつなぐ橋梁であった。第四期全人代の政府工作報告では、一九六四年第三期全人代で提起された二〇世紀末までに「四つの現代化」を実現するという二段階の構想が改めて表明されている。それは第一段階の一五年間、つまり一九八〇年までに独立した比較的整った工業体系と国民経済体系を打ち立て、第二段階では二〇世紀のうちに農業・工業・国防と科学技術の現代化を全面的に実現し、中国の国民経済を世界の前列に立たせるというものである[37]。

一九七五年に「四つの現代化」が再提起されたことについて、これまでの議論でその意義については多くのことが解明されてきたが、基本的に次の二点に落ち着いている。一つめは政治的感情、すなわち長い混乱を経験して安定を待ち望む気持ちである。中国人の集団記憶のなかで、「四つの現代化」の再提起は、周恩来の政治舞台におけるカーテンコールの後の最後の挨拶の姿と強くリンクしている。周恩来は体調不良から一月一三日の大会当日、報告の最初の数百字を読み上げただけだった。彼は最後に言った。「我々はこれから二十年余りで、今世紀内に必ず我が国を社会主義の現代的な強国に建設することができる」。この時「会場全体が奮い立ち、万雷の拍手がおき、しばらくやむことがなかった[38]」。「長く苦しい文革の歳月を経て、改めて全国人民の目の前に、この壮大な目標が高らかに提起され、人々の心に新たな希望の光を灯したのである[39]」。二つめは、動乱から建設への転換、乱から治へ。「四つの現代化」の再提起は「共産党九全大会と同一〇全大会で一貫して提起されていた「継続革命」のスローガンの後に、初めて生産の発展を国家目標とした[40]」。「人民による「文革」の誤りを是正する闘争が、画期的意義のある勝利を獲得したことを示すものであり」、「四つの現代化」の目標は人々に「経済建設をスローガンとして「文革」の動乱と格闘する旗印を掲げさせた。この意味において、「第四期全人代は乱から治への転換点であった」と言える[41]」。

筆者は「四つの現代化」の再提起は、実のところ歴史的な筋道に含まれていると考えている。この筋道はおおむね次のようであった。一九七二年と七三年に「四三方案」が出され、一九七五年に「一九七六―一九八五年国民経済発展一〇ヵ年計画要綱（草案）」と「工業二十条」が制定され、第五次五ヵ年計画が実施され、そして一九七七年と七八年に「洋躍進」が形成されていった。この筋道はまた、現代化の実現が近代以来の中国人民の一貫した奮闘目標であるという中国近代の歴史的文脈のなかに存在するものであった。清末の洋務運動に始まり、第一次世界大戦後に孫文が作成した実業計画、そして「黄金の一〇年」に国民政府が強く推し進めた工業建設、さらには人民共和国の第一次五ヵ年計画の前倒しの達成が建設した工業体系の基礎である。

一般的に言って、現代化が大きく進展するには、諸外国との関係調整が緊密に関係する。林彪事件前夜の一九七一年八月、政府工作報告の起草を主管していた周恩来は、報告の要綱に「農業、工業、国防と科学技術の現代化」を明記した[42]。しかし、現代化建設は科学技術の進歩と切り離せないものであり、周恩来は中国と西側先進国との落差をはっきりと認識していた[43]。五〇年代の中国が工業体系の基礎を築き、重工業や国防工業などの分野で世間を瞠目させるような成果を挙げられたのは、ソ連からの援助と切り離せない。中ソ関係が悪化した後、中国は独立自主である程度の成果を挙げたが、多くの分野では技術的なネックを克服できず、停滞が深刻化した。しかし「東が暗いなら、西が明るい」。一九七一年に中国の国連代表権が認められた後、一九七二年にはリチャード・ニクソン大統領が訪中し、日本との国交が回復し、中国と西側諸国との往来が次第に回復し始めた。西側諸国との往来を回復させる最も重要な目的は、当然ながら冷戦構造のなかでソ連の覇権に対抗することであったが、西側の先進技術を導入し、自国の現代化を加速させることもまた隠れた重要な要因であった。しかし、「独立自主・自力更生」という言説が支配的な下では、西側の生産設備を輸入し、西側の技術を導入することは相当敏感な話題であり、後世の文革に関する記憶からはすっぽりと抜け落ちることになった。

朝鮮戦争の時期、アメリカは西側諸国に働きかけて、国際貿易を統制する組織——ココムとチンコムを設立し、その貿易統制の主要対象をソ連・東欧諸国から中国へと転換した。その主要目的は「中国の現代化を阻害」することだった[44]。興味深いのは、かつての妨害者が次第に中国の現代化を促進する推進者になったことだ。上海コミュニケでは中米双方が一致して平等互恵の経済関係は両国人民の利益に符合すると認め、両国間の貿易関係が再開されることになった。一九七二年春、中国政府は初めて四二名のアメリカのビジネスマンを広州の春季輸出品交易会に招待した。同年一一月、ニクソン大統領はアメリカ船舶と飛行機が中国に運航することを禁じていた命令を廃止した。注目に値するのは、中ソ関係が悪化した後、中米が和解するまで、イギリスはいくつかの分野で実質的にすでにココムの縛りを脱しており、貿易を通じて先進的技術製品と設備を輸出していたことである。航空産業の分野を例にとると、早くも六〇年代初めに中国はイギリスから旅客機ビスカウント六機を購入していた。一九七〇年、中国空軍は中国民航の名義でパキスタン国際航空からイギリス製ジェット旅客機トライデント三機およびエンジンと補修設備を購入し[45]、イギリスの黙認あるいは支援のおかげで、これらの飛行機と設備は順調に納入された。その後、中国はイギリスからトライデントを直接購入し始めた。中米関係が緩和した後、中英間の協力関係はより密接になった。一九七五年、中英双方は六回の協議を経て軍用エンジン「ロールス・ロイス　スペイ」の技術のパテントを譲渡する契約を結んだ。これによって、中国の航空産業の水準は大いに高められた[46]。

「四三方案」は中米の緊張緩和を背景とし、中国が西側諸国から技術と設備を導入して現代化建設を進めようとした重要な試みであったと言える。「四三方案」の源流は六〇年代初めにまで遡ることができる。中ソの関係悪化によって毛沢東は西側諸国から技術と設備を導入することを考慮し始めた。彼は一九六四年に、一定の時期に限り、日本人に中国で工場や鉱山を経営させ、彼らから技術を学んでもよいとまで言っている[47]。文革初期、対外的な経済工作は深刻な被災地域となった。七〇年代、アメリカとの関係が緩和し始める一方で、世界的には経済危機が生じていた。一九七二年一月、李先念・余秋里ら経済工作を主管する指導者たちは、西側諸国が輸出先を切望しているこの有利な時期を捉え、国内需要に対応して「二化（化学繊維・化学肥料）」のプラントを輸入することを検討していた。毛沢東の同意を得た後、周恩来らはこれを突破口として外国との経済交流をさらに拡大させようとした。一九七三年一月五日、国家計画委員会は国務院に「プラント輸入を増加させ、経済交流を拡大することに関する請示報告」を提出し、今後三―五年以内に四三億ドルのプラントを輸入することを建議した。それには大型化学肥料プラント一三、大型化学繊維四、石油化学工業三、アルキル基ベンゼン工場一〇、総合採炭ユニット四三、大型発電所三、武漢鋼鉄一・七メートル圧延機、およびタービン圧縮機、ガス・タービン、工業用蒸気タービン工場などのプロジェクトが含まれていた。これらは主に西側の六ヵ国、アメリカ・日本・西ドイツ・フランス・イタリア・オランダから導入することになっていた。この方案は一般に「四三方案」と呼ばれ五〇年代の一五六プロジェクトの導入に続く、第二の大規模導入であった。

「四三方案」とほぼ同時期に中国の将来の現代化に関する長期的な計画が展開された。第三次五ヵ年計画期から第四次五ヵ年計画期の初めにかけて、軍事工業が突出して急速に発展し、蓄積と消費の失調が深刻になり、経済は過熱した。一九七二年と七三年、周恩来が主導する国務院は、国民経済の調整を二年間行い、第四次五ヵ年計画の工業に関する指標と基本建設の規模を圧縮させた。経済の各分野で情況が好転したため、長期的計画が議事日程に上ることになった。一九七四年一月、国家計画委員会は国務院に「国家計画委員会内部の分業と長期計画作成に関する報告」を提出した。その目的は二〇世紀以内に毛沢東が提起したいくつかの五ヵ年計画で世界の先進的水準に追いつき、追い越すという戦略思想を実現することであり、その重点は一九七六年から八〇年までの第五次五ヵ年計画に置かれていた。同年八月、国家計画委員会は「一〇ヵ年計画作成に関する通知」を出して、次のように明確に指し示した。一九八〇年までに独立した比較的整った工業体系と国民経済体系を樹立し、経済協作区を段階的に建設し、農業の機械化を基本的に実現する。一九八五年までに六つの大区それぞれで異なる水準、それぞれの特徴をもった農業と工業が協調発展した経済体系を基本的に建設する。二〇世紀内に「四つの現代化」を全面的に実現するために強固な基礎を築く。つまり一九七五年の第四期全人代開催前に、国家計画委員会の一〇ヵ年計画においてすでに「四つの現代化」が再提起されていたのである。

一九七五年第四期全人代の政府工作報告では改めて二段階構想の底本が表明され、次のように強調した。「国内外の情勢から見て、今後一〇年は上述した二段階の構想を実現する鍵となる一〇年である。この期間に我々は独立した比較的整った工業体系と国民経済体系を樹立するのみならず、第二段階で構想している壮大な目標を実現するよう前進していかなければならない」[48]。第四期全人代の後、鄧小平は入院した周恩来から国務院の日常業務を引き継ぎ、この目標を貫徹するために指示を出した。その指示に基づき、国家計画委員会は一九七四年方案を基に、「国民経済発展一〇ヵ年計画要点」を作成した。その後、共産党中央政治局と国務院の各部委員会がこの「要点」について審議を行い、最終的に「一九七六―一九八五年国民経済発展一〇ヵ年計画要綱（草案）」（以下、「要綱」）にまとまり、これが鄧小平主宰の中央政治局会議で審議・採択された。「要綱」の前五年の計画はつまり第五次五ヵ年計画である。二〇世紀末までに「四つの現代化」を実現するために「要綱」と第五次五ヵ年計画は遠大な計画と抱負を示し、高すぎる指標を定めたが、当時の条件では実現不能なものだった[49]。その後、政治情勢が急変したため「要綱」と第五次五ヵ年計画は正式に下達、執行されなかった。

「要綱」が再び議事日程に上るのは文革が終結した後だった。一九七七年一一月、「要綱」を基に国家計画委員会は共産党中央政治局に対し、今後二、三年の構想と第六次五ヵ年計画を報告し、最後に「経済計画に関する報告の要点」を提出した。一九七八年二月、共産党中央政治局会議は「報告要点」を承認し、一九七八年の国民経済計画指標とともに下達し、その実施の貫徹を要求し、さらに第五期全人代の政府工作報告に書き加えた。同年三月に開催された全人代第五期第一回会議で一九七五年制定の「要綱」が採択されたが、その非現実的な高すぎる指標は是正されないままだった。「要綱」作成時の経済発展に関する中央の思考こそが「洋躍進」を招いたと言えるだろう[50]。

「洋躍進」については、指導者個人の意志の産物であるとは一般には見なされなかった。躍進して「四つの現代化」をなるべく速く実現しようとすることは、計画経済体制に固有の欠陥に由来するものを除けば、文革終結後、全国のすべての人々が失ったものを取り戻し、奮起してまっしぐらに進もうとする切実な心理状態を反映していた。高指標の躍進計画を達成するためには、蓄積率の引き上げを続けインフラ整備を拡大するほかに、西側諸国からの資金と設備の導入を拡大することが必要だった。一九七八年、多くの高級幹部が外国に視察に出かけ、先進国の現代化の成果を身をもって体験した。彼らは大いに感慨を覚え、中国が速やかに「四つの現代化」を実現するという目標に対してより一層焦りを感じた。このため、「四三方案」を基に、さらに外国からの導入の規模を拡大させたのである。一九七八年七月、国務院の務虚会〔政治・理論などの分野で研究討論する会議〕では、国民経済の新たな躍進、もとの構想よりもさらにスピードアップして「四つの現代化」を実現すること、二〇世紀末にさらに高度な現代化を実現すること、外国資金を大胆に利用し、国外から先進的技術設備を大量に導入することが提起された。こうした思考に導かれ、一九七八年には宝山鋼鉄など二二件の大型プロジェクトを含む、合計七八億ドルの契約が締結された。一九七八年から八五年に導入する規模は、もとの六五億ドルから一八〇億ドルにまで増額することが決まったが、その後、瞬く間に五五〇億ドルにまで引き上げられ、七月にはさらに八五〇億ドルという構想が提出された[51]。「洋躍進」は国家財政にとって巨大な圧力となり、国民経済のアンバランスがますます深刻化し、一九七八年末、ついに継続が困難となった。こうして、中国経済は三年間の調整時期に入った。しかし「洋躍進」は決して成果なく終わったものではなく、当時立ち上げられたプロジェクト企業の多くは、いまでも中国人の経済生活のなかで、重要な役割を果たしている。これらの巨大なものの是非・得失・利益と弊害をめぐる議論は依然として継続しているのである。

現在、一般的な歴史叙述では、「四つの現代化」の再提起は改革開放の前兆と見なされ、「洋躍進」は文革思考の産物と見られている。「自力更生」には毛沢東時代の烙印が押され、「外国資金と設備の導入」には鄧小平時代のラベルが貼られる。歴史解釈の目的性と先入観は往々にして本来複雑な歴史をさらに錯綜させ、ひどい場合には錯乱させる。「四つの現代化」と「洋躍進」はどちらもすでに歴史用語となり、二段階戦略も三段階へと変化したが、経済発展と現代化を実現することで、政権の合法性を証明し、統治の成果を示すというロジックは一貫している。しかし、現代化というテーマには、物質面のほかにも、本来もっと豊かな内容が含まれるべきである。これもまた中国の政府と民間すべての人々がずっと考え続けている問題である。

おわりに――一九七五年の時点で見えていたものと見えなかったもの

一九七五年、今年からすでにまるまる四〇年も隔たっている。もし一九七五年という時空に立ったならば、四〇年と言わずとも、わずか数年のうちに発生する一連の劇的な変化ですら予見することは難しい。「建国」の指導者たちが相次いで世を去り、四人組が処罰され、大規模な名誉回復が行われ、大学入試が再開し、上山下郷運動が終了し、生産請負制が全面的に推進され、思想解放が盛んに行われる、などなど。本章で言及した一九七五年の三つのキーワードについて見れば、形を変えてその後も残った。第四期全人代で決まった人事が改革開放の政策決定と実行を担う層を固めたし、原職に復帰した老幹部たちは国家の命運を掌握した。[52] 人生の秋に春の物語の曲を作り始め、「老夫は黄昏頌を喜び作り、満目青山、夕照明るし」〔この二句は葉剣英の「八十書懐」の最後にある〕と言うべきである！　新旧の権力交替は必然的に後継者問題を生じる。この道理はまた八〇年代の中国の政局を観察する重要な筋道になる。つまるところ、上層部で行われるエリート政治がいつでも中国の歴史発展を左右する決定的な要因の一つなのである。七五年憲法は三年後に七八年憲法に取って代わられたが、そのわずか四年後にまた八二年憲法が登場した。このように頻繁な憲法改正は世界の歴史上でも稀なことであるが、これもまた変動期の特徴の一面である。七五年憲法の遺伝子は依然、強力な影響力をもち続け、現代中国の憲政の路につき添っているのである。そうであっても、治国の道は必ず憲法と法律といった枠組みの下になければならない。これは執権政党が向き合わざるを得ない政治命題である。「四つの現代化」は八〇年代に鄧小平によって「最大の政治」と称せられた。[53] 鄧小平にとって、「四つの現代化」と経済建設および生産力の発展は同じ範疇に属するものであった。言い換えれば、経済問題は特定の歴史的条件の下では政治的意義を有するということだ。最大の政治が経済問題であるということは、裏を返せば、経済問題を解決すれば政治問題はみな解決できるということになる。こうしたロジックは中国が改革開放の道を選択する際、計り知れない影響を及ぼした。

一九七五年、「国民経済がもう少しで崩壊の淵に至る」兆しはまだ見えなかったにもかかわらず、文革後、この表現が使われたのは、おそらく政治的配慮の結果であろう。この一年の間に、当時中国最大の水力発電所工事だった劉家峡水力発電所が完成し、電化工事を終えた宝成鉄道が無事開通し、ハイブリッドのうるち米が完成してその栽培が推し進められ、最初の回収式人工衛星の発射に成功した。中華人民共和国の経済史を研究している学者たちにとって、文革期に経済発展は大きな阻害を受けたけれども、発展速度は遅いわけではなかった、というのが共通認識である。[54]しかし、これは一般民衆の実際の生活感覚とは大きな隔たりがある。農業から取って工業にまわす、高蓄積の経済発展モデルは民衆の当り前の需要を抑圧し、生活水準を引き下げた。物不足というのがあの時代共通の感覚で、「よい暮らしをする」というのが改革に向かう民意の土台にあった。[55]一九七五年、計画経済の枠組みの隙間で、市場活動の小さな芽が自然発生し成長しつつあった。これら予想外の産物は「社隊工業」の名義で小さな生存空間を獲得した。同年九月、浙江省永康県人民銀行の幹部周長庚らは毛沢東に手紙を書き、社隊は「一般に企業をやらない」という規定を変えて、農村工業を積極的に発展させ、農村の余剰労働力の活路を作るよう建議した。一〇月一一日、『人民日報』は各地に「社隊工業をあふれるばかりの熱意で支持し、うまくやろう」と呼びかけ、その発展方向は主に農業と人民生活へのサービスであると指摘した。[56]しかし、一九七五年に政治の風向きが「資産階級の法権を打ち破る」となり、これらの活力に満ちた経済要素を進めることが難しくなり、当時はなおその未来を見通すことはできなかった。いったん市場経済の水門が開かれたならば、無数の細い流れが勢いよく流れだし、集まって改革の時代の大潮となって沸き返り、最後には計画経済の垣根を押し流してしまう、といった将来の姿を当時はまだ見通すことなどできなかった。だが、このこともまた改革は最初から長期的で壮大な目標があったのではなく、焦眉の現実的問題の解決を迫られたためであったことを説明している。まず改革の実践があり、それから改革の理論ができた。まず改革の行動があって、それから改革の設計ができたのである。改革を行う者もいつも先々まで見通していたわけではないし、ましていつも万能であるわけでもない。多くの場合、常識によって行動しただけであり、やむを得ずの場合もあった。

一九七五年はまだ冷戦が続いていた。七〇年代、中国がアメリカと連携してソ連に対抗しようとしたことは、おそらく冷戦中後期の最も劇的な一幕であった。中国が改革開放を行う前提の一つが中米和解であり、中米和解の前提は中ソ関係の決裂であった。もし中国と西側世界との緊張緩和がなければ、改革開放の「開放」の対象がなかった[57]。民国の政局を観察して当時の人は、内政と外交は実は一つであり、分けることはできないと言ったが、実のところ、一九四九年以降もやはり同じなのである。冷戦の情況が変化したことで、中国は次第に西側に門を開くようになり、中国の改革の進行が冷戦の終結を加速させた。一九七五年一二月、アメリカ大統領ジェラルド・フォードが訪中し、毛沢東と一時間五〇分にもわたる会談を行った。この会談の長さは一九七二年にニクソンと毛沢東が行った会談の約二倍だった。鄧小平とフォードは三度会談を行った。フォードの訪中は両国関係の正常化にはそれほど大きな進展をもたらさなかったが、ソ連の脅威が増大し続けているなかで、中国はソ連の脅威に対抗するのに、最も強力で団結することができる相手はやはりアメリカであると考えていた。この年、中国の指導者たちは中米関係の将来をなお憂慮していた。中国はアメリカにとってソ連との関係改善に利用できる一つのコマに過ぎないのではないか、次第に不安を募らせていたのである。同年四月、クメールルージュがプノンペンを奪取し、ベトナム共産党〔当時はベトナム労働党〕がサイゴンを占領した。その後六ヵ月のうちに一五万のベトナム人がカンボジアを追い出され、同時にだいたい同じくらいの人数の華人がベトナム当局から追放された。この四年後に中米が国交を樹立し、中越が戦争を始めるとは、この年にはほとんど誰も予想しなかったであろう。一九七五年は中国と西ドイツが国交を樹立して三年目であり、一〇月末、ハミット・シュミットが訪中した。鄧小平は彼と会談した際、ドイツの統一を支持すると述べた[58]。同年、鄧小平はフランスを訪問したが、これは人民共和国成立後、指導者が西側の大国を訪問した最初であった。鄧小平はフランス訪問時に「中国はECを断固として支持する」[59]と述べた。一九七五年は抗日戦争勝利三〇周年の年だったが、政府は二〇周年のときのように大規模な祝賀行事を開かなかった。同年の『人民日報』の見出しに「抗日戦争」が使われた記事は二本のみで、どちらも九月三日の勝利記念日のものだった。一〇年前の一九六五年の記事は三六本だった。社説「抗日戦争勝利三〇周年を記念する」では、ソ連の覇権主義に対する非難にかなりの紙幅を使い、終わり近くになって「中国人民と日本人民は必ず世世代代友好を続けていく」[60]と述べている。

一九七五年はまだ上山下郷運動が終結していなかったが、「両招一征〔労働者や学生の募集、徴兵を利用した下放先からの移動〕」、「病気〔を理由とした下放先の職場からの〕退職」、「貧困による退職」「参加する生産隊の変更」「裏口」および都市の職員・労働者との結婚など各種の正規のルートあるいは抜け道を使って都会に戻って来る知識青年が激増した年だった。文革終結までに各種のルートで農村を離れた知識青年はすでに七三六万人、下放した人数の半数に近かった。知識青年が都会に戻る度、残される者たちの心理に大きなショックを与えた。知識青年が戻れるかどうかを決定する主要な要因は、まず出身とコネであって、本人の態度や能力などは二の次だった。そのため多くの者の心理状態に深刻な変化が生まれた[61]。まもなく民意が大規模に深刻に転換していくことがこの年にはまだ予見できなかったが、はっきりしているのは、人心はすでに昔とは違っていたということだ。一年後、北京で集団的抗議行動が発生したが、このことを一九七五年に誰が想像できただろうか？　改革開放の歴史の筋道を理解するには七〇年代初めまでを見なければならない。とりわけ人心の考察ではそうである。林彪事件が社会心理に与えた最大の影響は、人々が文革理論と実践に対して疑いを抱くようになったことだ。新しい世界を創造する政治的実践だと言うけれど、その実、人間の醜さを曝け出しているし、また多くの人に深刻な精神的圧迫を与えてもいた。文革中に迫害を受けた個人やグループについては言うまでもない。

一九七五年、多くの人々の命が失われた。同年二月四日、遼寧省海城市でマグニチュード七・三の地震が発生し、二〇〇〇人余りが死亡した。八月八日、台風による大雨で河南駐馬店板橋ダムと石漫灘ダムが決壊し、少なくとも数万人が死亡した。一九七五年に逝去した重要な政治家には李富春・董必武・康生などがいる。同年四月五日、蔣介石が台北で病死し、その二日後、『人民日報』は第四面で「蔣介石が死んだ」と簡潔に伝えた[62]。その一年五ヵ月後に毛沢東が逝去した。

一九七五年は文革から改革への転換と連続が併存していた。理論と実践について言えば、文革は当然否定されるべきであるが、一つの歴史的時代として文革は多くの時代と同様に複雑で深奥である。文革なくして改革なしとも言えよう。文革には二つの副産物がある。内政面では文革はほぼすべての利益階層に打撃を与えたので、改革が始まると、ほぼ全面的にプラスの効果を生じ、社会全体の改革へのコンセンサスを形成できた。外交面では、文革中に国際的な修正主義批判から国内における修正主義防止へと転じ、中ソ関係の悪化、中米関係の改善へとつながり、その後の開放の基礎を固めることになった。政治哲学から見れば、改革の道の鍵を握っているのは、人類共通の価値を実現する目標をいかに最上層部が設計するかである。しかし歴史学的観察では、中国の改革の道を最上層で設計する際も、経験主義的な連続が多く作用しているのである。ただ、一九七五年もまた大多数の体験者にとってそれほど意味のある年ではないかもしれない。それは単なる一年に過ぎないのだから。

(1)　最も代表的なものが北島・李陀主編の『七十年代』(生活・読書・新知三聯書店、二〇〇九年)に収録された三〇名の作者による記憶の文章であり、その内容はすべて七〇年代の追憶と回顧である。これらの記憶の文章は、主に査建英主編の『八十年代訪談録』(生活・読書・新知三聯書店、二〇〇六年)が八〇年代の歴史的淵源を遡っていない欠点に対処したものである。そのため『七十年代』の着想は次の言葉で概括できる。「八〇年代に開花し、九〇年代に結実した、すべては七〇年代に準備されていた」。批評家のなかには『七十年代』の作者グループは代表性が乏しく、エリートの記憶のなかの歴史であるとして、「レミーマルタンの七〇年代」と呼ぶ者もいる。毛尖「人頭馬的七十年代」（『東方早報』二〇〇九年七月五日、B04面）参照。

（2）　学界ではすでにこの点に注意を払っている。二〇一二年一一月、開放時代雑誌社は七〇年代の中国をテーマにした「第一〇回開放時代論壇」を挙行した。その趣旨は中国の七〇年代における転換を検討し、改革開放前後の政治・経済および社会関係の多様性、複雑さを明らかにすることだった。この論壇における王海光・単世聯・金大陸・賀照田らの発言が『開放時代』二〇一三年第一期に摘録されている。

（3）　一九八一年六月、共産党一一期六中全会で採択された「建国以来の党の若干の歴史問題についての決議」は、転換叙述を組み立てる時に最も典型的な文献で、「思想解放」と「混乱を鎮め正常化する」と見なされるものへ向かう標識のひとつである。しかし、「決議」のいくつかの具体的かつ重要な表現は、この歴史的転換過程で生じる衝撃を緩和し、転換の幅を厳格に限定しようとしている。たとえば「決議」は毛沢東思想の定義や毛沢東の歴史的地位の評価などについて、四つの基本原則を実質的に形成する歴史表現を行っており、一貫して革命的イデオロギーの絶対的立場を体現している。ただし、「決議」はテキストとして、解釈の余地を相当広く残しているため、関連する問題についての各方面の最大公約数的認識となった。これを基礎として、転換叙述はある意味、政府と知識人との共通認識、一種の「共謀」にさえなった。八〇年代にでき上がった改革の起源に関する叙述の枠組みは、政府と知識人たちとの蜜月期の産物であり、後者は前者が認可する歴史叙述の構築に実質的に関与し、いくつかの出来事を叙述する際には「恩」や「恵」といった感情すら表している。たとえば大学受験の復活や、「科学の春」「七七年・七八年組」の立志伝などである。知識人たちについて言えば、改革の初期、個人的に運命が転換したことと時代のリズムとがおおむねマッチしていた。しかるにこうした歴史叙述は、現在すでに崩壊に直面している。「改革開放前後の歴史は相互に否定しあってはならない」と述べることは、すでに転換叙述の既定の枠組みを実質的に突破している。あらゆる集団的歴史の記憶は、権力の角逐の結果構築されるものである。支配的地位を占めた勢力は、現存の制度と辻褄を合わせて、その説を構築することができる。このことはまた別の議論に属する問題であるが、一方向に収斂させる歴史叙述がはらむ脆弱性は、確かに避けられない問題である。

（4）　「七五整頓」に関して、大多数の研究者は主に次の二点に関心をもっている。一つめは「混乱を鎮め正常化する」ことが整頓から始まった。二つめには整頓のいくつかの措置は改革の実験であった。こうした研究方向の代表的な著作が、程中原・夏杏珍『鄧小平在　1975 ――歴史転折的前奏』（中国青年出版社、二〇〇四年）。傅高義『鄧小平時代』（生活・読書・新知三聯書店、二〇一三年）の第四章「向前看、1975」もあるが新鮮味がなく、基本的観点は程の著作と一致している。

（5）中共中央文献研究室編『毛沢東年譜（1949-1976）』第六巻（中央文献出版社、二〇一三年）五六六―五六七頁。

（6）中共中央文献研究室編『周恩来伝』第四冊（中央文献出版社、一九九八年）二二一六頁。

（7）林美莉編輯・校訂『王世杰日記』下冊（中央研究院近代史研究所、二〇一二年）一六二七頁。

（8）中共中央党史研究室『中国共産党歴史』第二巻（1949-1978）下冊（中共党史出版社、二〇一一年）八五七頁。

（9）前掲中共中央党史研究室『中国共産党歴史』第二巻（1949-1978）下冊、八七五頁。

（10）前掲中共中央党史研究室『中国共産党歴史』第二巻（1949-1978）下冊、八七八頁。

（11）江蘇省を例にとれば、「批林批孔」運動の最大の勝者は彭沖・許家屯らを代表とする旧省委員会の老幹部の勢力であった。許世友が広州軍区の司令員に転任した後、呉大勝・蔣科をリーダーとする南京軍区の勢力は江蘇省における政治権力を削減され、かつての省委員会の老幹部たちと「五一六清査」運動において清算された造反派とで「反軍同盟」を形成し、「批林批孔」運動の助けを借りて、矛先を南京軍区に向け、最終的に軍隊系統内部に勢力を押し込めた。実権を奪取すると、旧省委員会老幹部たちは一方で「五一六」で失脚した人員たちの名誉回復を主張し、一方で造反派が政界に戻って来て、権力を分け合うことを拒絶した。関係する研究として、Dong Guoqiang and Andrew G. Walder, "Nanjing's 'Second Cultural Revolution' of 1974", *The China Quarterly*, vol. 212, 2012.

（12）「政治の天秤」という比喩は史雲・李丹慧『中華人民共和国史』第八巻（香港中文大学出版社、二〇〇八年）五〇一頁。また毛沢東が文革後期に行った配置を「三足鼎立」あるいは「三頭立て馬車」と呼ぶ学者もいる。

（13）中共中央文献研究室編『毛沢東伝（1949-1976）』下巻（中央文献出版社、二〇〇三年）一六九五頁。

（14）前掲中共中央文献研究室編『毛沢東伝（1949-1976）』下巻、一七〇四頁。

（15）中共中央文献研究室編『周恩来年譜（1949-1976）』下巻（中央文献出版社、一九九七年）六八一頁。

（16）前掲中共中央文献研究室編『毛沢東伝（1949-1976）』下巻、一七〇八頁。

（17）前掲中共中央文献研究室編『周恩来伝』第四冊、二二一一頁。

（18）毛華鶴「四届人大一次会議秘密召開記」（『炎黄春秋』二〇一三年第二期）三七頁。

（19）呉康民「走秘密通道的第四届全国人民代表大会（上）」（『中国人大』二〇〇五年第一〇期）四五―四六頁。

(20) 前掲林美莉編輯・校訂『王世杰日記』下冊、一六二四頁。
(21) 前掲中共中央文献研究室編『毛沢東伝（1949–1976）』下巻、一七八〇頁。
(22) 周頌・周威訪問整理「関於制定1954年憲法若干歴史情況的回憶――董成美教授訪談録」（韓大元編『1954年憲法与新中国憲法』湖南人民出版社、二〇〇四年）七八一頁。
(23) 注意すべきは、法学界では七五年憲法の研究が歴史学界よりも活発であるということだ。代表的な論著に胡啓明・陳霞「以実駁虚的正義実践――試析一九七五年憲法之正義観」（『哈爾浜工業大学学報（社会科学版）』第四巻第三期）、王人博「被創造的公共儀式――対七五憲法的閲読与解釈」（『比較法研究』二〇〇五年第三期）、管華「被遺忘的〝開国大典〟――評七五憲法的遺産」（『人大法律評論』二〇一〇年巻）など。歴史学界では文革史研究者の余汝信が、七五年憲法の原本である一九七〇年憲法修正草案について研究を進めている。余汝信「1970年憲法修改草案解読（上、下）」（『記憶』二〇〇九年第七、八期）参照。
(24) 毛沢東「在憲法起草委員会第一次会議上的挿話（節録）」（一九五四年三月二三日）（『党的文献』一九九七年第一期）九頁。
(25) 毛沢東「関於加強学校思想政治工作問題給周恩来等的信」（一九五七年三月一七日）（中共中央文献研究室編『建国以来毛沢東文稿』第六冊、中央文献出版社、一九九二年）三九八頁。
(26) 周葉中・江国華主編『在曲折中前進――中国社会主義立憲評論』（武漢大学出版社、二〇一〇年）三八五頁。
(27) 張春橋「関於修改憲法的報告」（『人民日報』一九七五年一月二〇日、第一面）。
(28) 前掲王人博「被創造的公共儀式」。
(29) 八二年憲法を五四年憲法と七五年憲法という二つの峰の「間の道」だと言う学者もいる。詳細は前掲管華「被遺忘的〝開国大典〟――評七五憲法的遺産」。
(30) 前掲菅華「被遺忘的〝開国大典〟」。
(31) 前掲王人博「被創造的公共儀式」。
(32) 前掲周葉中・江国華主編『在曲折中前進』四五六頁。
(33) 前掲菅華「被遺忘的〝開国大典〟」。
(34) 前掲菅華「被遺忘的〝開国大典〟」。
(35) 八二年憲法は五四年憲法が規定していた全国の武装力を統帥し、最高国務会議を招集するなどの国家主席の実権を廃止した。しかし、また一部の学者は五四年憲法が規定していた国家主席の実権は表面的なものであり、国家主席の職務はやはり儀礼的、手続き的な性格のものであったと見なしている。

(36)「四つの現代化」とは農業・工業・国防と科学技術の現代化のことである。一九六四年一二月二一日、全人代第三期第一回会議の政府報告でこの概念が正式に提起された。もし起源を追究するならば次のようである。一九五四年九月二三日、周恩来が全人代第一期第一回会議の政府工作報告で「強大で現代的な工業、現代的な農業、現代化された交通運輸業と現代化された国防を建設しよう」と提起し、この文言が一九五六年の共産党八全大会で採択された党章に書き加えられた。一九五七年三月一二日、毛沢東は党の全国宣伝工作会議で「現代的工業、現代的農業と現代的科学文化を備えた社会主義国家を建設しよう」と提起し、その後、政府文書の表現は基本的に「三化」が採用されていたが、一九六四年の末になって「四つの現代化」概念が正式に提起された。

(37) 周恩来「政府工作報告」(一九七五年一月一三日)(『人民日報』一九七五年一月二一日、第一面)。

(38) 顧明「歴尽艱辛創四化」(『周恩来和他的秘書們』中国広播電視出版社、一九九三年)一四頁。

(39) 前掲中共中央文献研究室編『周恩来伝』第四冊、二一一七頁。

(40) 前掲史雲・李丹慧『中華人民共和国史』第八巻、四一五―四一六頁。

(41) 武力主編『中華人民共和工経済史(増訂版)』上巻(中国時代経済出版社、二〇一〇年)五八八頁。

(42) 前掲中共中央文献研究室編『周恩来年譜(1949-1976)』下巻、四七八頁。

(43) 周恩来はかつてニクソンに対し、中国の工業はアメリカより随分後れており、まだ数十年は奮闘しなければならないだろう、と述べ、フランス大統領のポンピドーには、フランスは一人当たり国民生産総額が中国の十数倍あり、中国は少なくとも二一世紀になるまでにフランスの現在の水準に追いつくことはできないと述べた。また李政道にはコンピューターの生産で中国は日本に三〇年後れていると語った。前掲中共中央文献研究室編『周恩来伝』第四冊、二一一八頁参照。

(44) 崔丕『美国的冷戦戦略与巴黎統籌委員会、中国委員会(1945-1990)』(中華書局、二〇〇五年)「序言」三頁。

(45) 林彪事件において、林彪が搭乗した二五六号専用機はそのうちの一機である。この専用機の飛行員、空軍第三四師団副政治委員の潘景寅は一九七〇年五月、中国民航幹部の身分でパキスタンに赴き購入契約に署名した後、飛行機を操縦して戻った。"China to Buy PIA Tridents: Contrast Signed", *Morning News*, 28th May 1970, Karachi. FCO 37/727.

(46) 文革期にイギリスが中国に対し先進的な飛行機・発動機を販売し、航空技術のパテントを譲渡したことに関するイギリス公文書がすでに機密解除されている。イギリス外務省文書FCO37/727-728（中国がパキスタンからトライデント機を購入）、FCO21/852-853（中国がイギリスからトライデント機を購入）、FCO21/1393-1402（中国とイギリスロールス・ロイスグループが「スペイ」エンジンのパテント譲渡について交渉）など。

(47)「毛沢東聴取工交会議情況滙報時的講話」（一九六四年一月七日）。前掲武力主編『中華人民共和工経済史（増訂版）』上巻五七八頁より引用。

(48) 前掲周恩来「政府工作報告」。

(49)「要綱」が提起した目標は一九八五年までに農工業総生産額を八八〇〇―八九〇〇億元（一九七五年の二倍）にすることだった。第五次五ヵ年計画では鉄鋼生産量を五八％増、発電量を六〇％増、石油産出量を九五％増とすることを求めた。

(50)「洋躍進」という言葉にはマイナスの意味が含まれており、一般に七〇年代末の経済分野において成果を焦り暴走したことを指して使われる。一九七八年の経済情勢について、当時の政府文書と報道は「国民経済の新たな躍進局面」と称していた。『人民日報』で最初に「洋躍進」という名詞が出現したのは、一九八二年である。当時甘粛省第一書記だった馮紀新が省直属機関単位の一二回大会文献学習報告会において「洋躍進」を提起した。「馮紀新談加速甘粛工農業建設」（『人民日報』一九八二年一一月一五日、第四面）。

(51) 前掲武力主編『中華人民共和工経済史（増訂版）』上巻、六二四頁。

(52) 第四期全人代で確立した政府機構の指導者のうち、一九七六年に毛沢東が逝去してから一九七八年までに、深刻な問題が原因で摘発運動のなかで免職されたものは、副委員長二名、副総理二名、部長四名のみで、上述した指導的職位総数の一二％である。

(53) 鄧小平「社会主義也可以搞市場経済」（一九七九年一一月二六日）（『鄧小平文選』第二巻、人民出版社、一九九四年）二三四頁。

(54)「崩壊の淵」という表現が最初に見られるのは、一九七八年二月、華国鋒が第五期全人代で行った政府工作報告のなかで、主に四人組批判の文脈で使われている。経済史研究者の多くは次のように考えている。文革期、その初めと終わりに深刻な動乱が発生し、国民経済のマイナス成長と経済構造の深刻な失調をもたらしたが、そのほかの大部分の間、国民経済は技術進歩、政治動員、高蓄積の三政策の作用によって、さほど低くない成長速度を維持していたと見なしている。もちろん文革がなければ、国民経済の発展はもっとよかったかもしれない。前掲武力主編『中華人民共和工経済史（増訂版）』上巻、五五二頁。これと関連して議論となるテーマは、改革の発生は必然か否かである。ハリー・ハーディンは、中国は一九七六年に毛沢東が逝去し、深刻な問題に直面したが、ポスト毛の改革を不可避の結果であったと見るべきではないとする。李向前は文革期の経済発展は遅いわけではなかったが、人民の実際の生活水準は低く、各種社会経済問題はますます深刻になっており、改革開放は必然的な選択であったとする。李向前「旧話新題：関於中国改革起源的幾点研究――兼答哈里・哈丁和麦克法誇爾両先生対中国改革的質疑」(『中共党史研究』一九九九年第一期)。

(55) 一九七六年の中国の一人当たり穀物消費量は三八一斤(一九〇・五キログラム)で一九五二年の三九五斤(一九七・五キログラム)より少なかった。一九七八年、全国の一八二の都市で一人当たり居住面積はわずか三・六平方メートル。関連データについて、ここで贅言はしない。

(56) 「偉大的光明　燦爛的希望――河南鞏県回郭鎮公社囲繞農業辦工業、辦好工業促農業的調査」(『人民日報』一九七五年一〇月一一日、第一面)。

(57) ヘンリー・キッシンジャーは次のように見ていた。「周恩来がアメリカとの関係を、永続的なものと見なし始め、毛沢東はこの関係を、戦術的な一側面として扱っていた、という可能性はある。周は文化大革命を経て傷だらけの中国は、孤立をやめ国際秩序の真の一員とならなければ、世界で繁栄できないと判断していたのかもしれない。しかし、これは私が周の言葉からではなく、彼の振る舞いから推し量ったものだ」。基辛格『論中国』(中信出版社、二〇一二年)二九八頁(日本語版、ヘンリー・A・キッシンジャー(塚越敏彦ほか訳)『キッシンジャー回想録　中国(下)』(岩波書店、二〇一二年)三二九―三三〇頁)。

(58) 中共中央文献研究室編『鄧小平年譜(1975-1997)』上(中央文献出版社、二〇〇七年)一二三頁。

(59) 前掲中共中央文献研究室編『鄧小平年譜(1975-1997)』上、四四頁。

(60) 「紀念抗日戦争勝利三十周年」(『人民日報』一九七五年九月三日、第一面)。

(61) 劉小萌『中国知青史・大潮：1966-1980』(当代中国出版社、二〇〇九年)三〇一―三一二頁。

(62) 「蔣介石死了」(『人民日報』一九七五年四月七日、第四面)。

第III部　中華圏に播かれた憲政の種

第8章　憲政史の連続と断絶
——王造時における民国時代の「遺産」

章　清
（村田雄二郎訳）

はじめに

一九四九年の境界を打ち破り、連続と変化（断絶）の視点から一九五〇年代の中国を観察することは、すでに多くの研究者が目指す学問的方向となり、関心の集まるところとなっている(1)。そのなかでも、憲政史が歩んだ道のりがいかなるものだったのかは、とくに再考に値する問題である。ここでは、民国時代の「遺産」に焦点を絞ることで、これに対する初歩的な検討を試み、歴史の連続と断絶をさらに浮き彫りにしてみたい。実際、どのような視野を持つにせよ、民国時代の「遺産」を振り返らなければならないことは多い。そして、一九四九年九月二九日、中国人民政治協商会議第一回全体会議で可決された共同綱領は、ある意味で民国時代の「遺産」が効果を発揮したことの表れである。そこでは、まもなく成立する中華人民共和国を「新民主主義すなわち人民民主主義の国家である」と宣言しただけでなく、同時に「人民は思想、言論、集会、結社、通信、人身、居住、移動、宗教信仰およびデモ行進の自由権を有する」[2]と明確に規定している。もちろん、「表明」と「実践」の間に存在するであろう巨大な隔たりを見逃してはいけない。それと同時に、いわゆる「遺産」は「資源」であるかもしれないし、「負担」となるかもしれない。王造時という個人の運命は、まさしくこのような曖昧性を示しているのである。

改めて指摘するまでもなく、憲政が中国で育ってきた歴史と自由主義の中国における発展とはぴったり符合する。「中国の自由主義」は「西洋から中国への移入〔援西入中〕」の産物として思想の舞台に現れたものであり、単に時間だけを見れば短くはない。しかし、「自由主義」に対する認識は、中国語圏の思想界では、いつも人によって言うことがまちまちで、見解はそれぞれ異なり、統一性に乏しい。はっきりとした「知的色帯」(intellectual spectrum)が欠けているだけでなく、自由主義の伝統が存在するのか否かさえ、しばしば問われるところである。とはいえ、自由主義が近代中国の知識人の一部が心酔する理想となったことは、疑うべくもない。王造時は中国の自由主義思想の系譜に位置づけられる一人であり、「憲政」もその著述の生涯において関心を向けた核心的課題であった。さらに一九四九年以後の彼個人の境遇にも、このような読書人の運命が凝縮されている。とくに民国時代の「遺産」がどのように影響して、憲政史の連続と断絶をもたらしたのか、王造時の生涯にはこのことがきわめて鮮明に語られている。ここに重点を置いてこの時期の歴史を省察することが、あるいは妥当な選択であるのかもしれない。これについては、先行研究でも触れられているが、ここで押さえておきたいのは言論の部分だけでなく、その身分の変更と個人の著した出版物とを結びつけて分析を加えることである。私が強調したいのは、一九四九年以降の中国における憲政思想の変化をたどるには、多元的座標を組み合わせて整理する必要があるということだ。

一　政治学教授から歴史学教授へ

王造時の一九四九年以降の境遇をたどるのにまず注目すべきは、その身分の変更、つまり復旦大学の政治学教授から歴史学教授へと変わったことである。これは、決して王造時個人の境遇などではなく、政治学という学問分野が一九四九年以降にたどった紆余曲折を映し出すもので、当然些細なこととは考えられない。

王造時と復旦大学の縁は、一九五一年八月、彼が、当時学長であった陳望道と法学部長胡曲園に見出され、政治学科教授就任を求められた時に始まる。王造時はこの招聘を受けて、「一八年離れていた教職を新たに手に入れた」[3]と言う。その年の一〇月二八日、王造時は「復旦大学招聘予定教員履歴簿」に記入を済ませた。この時点から、王の「個人檔案」が蓄積されることになり、復旦大学に保管されている各種の個人履歴・登録簿もまた、その生涯の事績を知るための基本的資料となった[4]。そのうち一九五二年八月一五日付で記入された「大学教員登録簿」には「政治学科教授」の身分が明記された。この時受けもっていた科目は「近代世界革命史」（「世界外交史」も担当可）であるとの記述があり、さらに一九三〇年から三三年までは「政治学原理」「比較政府」「国際関係」「欧州政治思想史」「外交史」などの科目を担当していたとも記されている[5]。両者を対照してみると、政治学科の転換について言えば、それがもう始まっており、王造時が一九四九年前後に行っていた講義はすでに全く別の政治学であったことがわかる。

一九五一年に始まる思想改造運動と、続いて展開された大学再編〔院系調整〕は個人に影響を与えたのみならず、政治学科の運命を大きく変える転換点となった。復旦大学政治学科は、一九二三年には創設されていたが、後に法学部に帰属した。この学科は、復旦大学社会科学学科の創設にも大きな影響力を発揮した。政治学科創設者の一人である劉蘆隠はこのように書いている。「本校の社会科学学科は、三年前に本校文科の政治学科として発足した。当時は規模がまだ小さく、政治学科は文科に付属するだけで十分間に合っていた。民国一三〔一九二四〕年の秋季、私は何葆仁先生と一緒にこの学校に赴任して、授業科目の増強に力を入れ、政治学科は専門学科としての規模を備えるに至った。民国一四〔一九二五〕年の春季になると、政治学科を専攻する学生が急増したため、行政院の議決を経て、文・理・商・心理の四科のほか、社会科学学科を創設し、中を政治学と社会学の二つに分けることとし、何葆仁先生を主任に推薦した。この議が定まり、この年の春に政治学科が設立され、同年秋には社会学科が増設され、さらに両学科にはそれぞれ大学院と学部の二部が設けられた。こうして本学科の規模はあらまし完成したのである」[6]。政治学科の復旦大学での展開は頗る順調で、目覚ましい成績を上げたと言える。『国立復旦大学一覧（一九四七年春）』によれば、政治学科専任教授には耿淡如・胡継純・林同済・張明養・梅汝璈・儲安平・王紹唐がおり、兼任教授には呂思勉・葛受元・董霖がいた[7]。大学再編は、政治学科に大きな影響を与えた。まず、一九五一年光華大学と大夏大学の政治学科が復旦大学に吸収され、一九五二年になるとさらに復旦大学、南京大学、セント・ジョーンズ（聖約翰）大学、瀘江大学などの政治学科が華東政法学院に吸収された。王造時は復旦大学に留任したが、身分は歴史学科の教授に変わり、世界近代史を講義した[8]。そして、離れた政治学科はというと、さらに曲折した道をたどり、学科そのものの廃止に至ったのである。

専門知の一つとしての政治学は、一九世紀末に中国で制度化建設の道のりが始まった。いわゆる制度化建設とは、現代的な知に対して学問分野を標識とした制度を整えることである。イマニュエル・ウォーラーステイン（Immanuel Wallerstein）が指摘するように、今日われわれは、社会プロセスと社会構造に関する知に対して異なる学問分野名をつけることに慣れてしまっているが、一九世紀後半（およそ一八五〇―一九一四年）には、主に三つの方法でこれらの学問分野を制度化していった。すなわち、大学にこれらの学問分野名で学部・学科を創設する（あるいは少なくとも教授のポストをつくる）、国家レベルの学者組織を設立する（後にはさらに国際的学者組織を設立する）、図書館でもこれらの学問分野を書籍の分類系統として立てる、の三つである[9]。政治学科が中国でどのように発展してきたかを跡づけるのにも、だいたいこれを基に検討できる。

一八九八年に創設された京師大学堂は、中国が新式教育を推進する重要な一歩となった。その発展の過程では少なからぬ曲折があり、同時に章程も何度か見直しがなされたものの、「政治」（または政法）科が最初からとくに重視されてきたことは間違いない。一九〇四年一月に公布された奏定学堂章程（「癸卯学制」）では、中央政府が公布しかつ政府の監督指導下に施行された、近代中国で初めての全国的な法定の学制システムとして、大学堂の学科創設に関しての見直しが行われ、「政法科」が同じく八科の一つを占めた。政治学科が重視されたことは、ここからもその一端がうかがえる。しかも、京師大学堂の「政法科」のすぐ下に政治学、法律学の二科目が置かれたように、政治と法律がともにこの科の基礎を構成していた。それだけでなく、続いて次々に設立された大学の多くは政治学科を置いた。一九四八年までの不完全な統計であるが、当時全国に百余りあった大学のうち、四〇を超える大学が政治学科を創設した。一九三二年には南京で中国政治学会が創設され、一九三五年、一九三六年、一九四二年に三回の年次総会を開き、一九四六年には会員一四〇人を擁していた[10]。

王造時の成長の心理的歴程を振り返ってみると、政治学という学問分野の中国での成長を裏書きしているとも言える。その生涯の意義から見ると、王造時は典型的な五四世代で、一九一七年に清華学校に入学したことが、その後の人生の重要な起点となった。当時の清華学校はアメリカ留学の予備学校として、学科別の授業は行われていなかったが、王造時は一九二五年八月に清華学校の学業を終えるや、アメリカのウィスコンシン大学に入って政治学を学んだ。一九二九年六月に政治学博士の学位を取得した後、同年八月にはイギリスに渡ってロンドン大学経済学部〔ロンドン・スクール・オブ・エコノミクス、LSE〕の研究員になり、イギリスのフェビアン社会主義の代表的人物であるハロルド・ジョセフ・ラスキ（Harold Joseph Laski）に師事して国際政治を研究した。王造時のこうした選択は、まさに在学中から政治問題に強い関心を持っていたことを物語る。一九三〇年に中国に帰国した後、彼が最初にした仕事は、潘光旦の紹介による光華大学政治学科の主任兼教授であった。後に潘光旦は清華大学に移るが、学長の張寿鏞はすぐに彼を文学院長の後任として招聘し、他大学でも授業を兼任した。当然ながら、その時代の帰国留学生であれば誰もが遭遇したように、授業や執筆以外に、王造時も様々な政治活動に巻き込まれざるを得なかった。その身分も一つではなく、新聞の創刊、種々の政治活動への参加などは、王造時が果たした重要な役割であり、一つの政治勢力の代表ともなった（後に詳述する）。

一九五二年に中国で起こった大学再編は、事実上、政治学科を廃止するものだった。これは王造時のように政治学を専門とする読書人にとって、疑いなく重大な変化であった。

政治学科を廃止した理由は明らかで、当時の高等教育体制がソ連の高等教育体制を手本にした結果である。政治学科がなくなったからといって、決して政治問題に関心を払わなかったわけではなく、政治学に関わる知識とカリキュラムを法学に組み込んだのである。国家の問題、中国の憲法、比較憲法、西洋議会政府、中国政治思想史、西洋政治思想史、国際法などの授業は、みな大学の法律学科において講義され、これらの科目が廃止されることはなかった。とはいえ、政治学は一つの独立した科学としては存在しなくなった⑪。王造時は一九四九年以降、上海法学会の理事や副会長の仕事を担当したが、それはこのことを具体的に示している。

まず学科制度の変更という点から、関連する問題の分析に取り組んでみよう。これは明らかに個人の運命にもまして注目すべき問題である。どちらかと言えば、王造時の運命は〔この時〕まだたいしたことはなかった。最も慨嘆すべきは陳序経の不幸である。彼は一九四八年に嶺南大学学長に就任し、わずか数年の間に陳寅恪、容庚等著名な学者を集めた。一九五二年の大学再編で大学は消えてなくなり、陳序経も失職した。中山大学の準備委員会副主任の肩書はもっていたものの、できることは何もなかった。最も深刻だったのは大学再編で、彼の最も得意とする専攻まで見直されてしまった。彼が復旦大学で学んだのは社会学であり、アメリカでは政治学博士の学位を取得、その後さらにヨーロッパに赴き政治学と社会学を研究した。この二つの専攻の廃止は、陳序経にとって当然大きな打撃となったが、そのため、匈奴史と東南アジア古代史の研究を行うことを選択するよりなかった。一九五二年から六四年まで、陳は相次いでほぼ一〇〇万字の匈奴史と一〇〇万余字の東南アジア古代史研究を完成させ、さらに『中西交通史』の執筆にも取りかかった[12]。

学科再編の影響は当局の政治学科に対する態度に具体的に表れたのみならず、歴史の連続においても重大な影響を及ぼした。一九五二―六五年の専攻の設置・再編の状況を分析してみると、問題の深刻さに気づかされる。それは主に文科、政法、財政の各専攻が占める割合が急激に下降していることに表れている。「一九四七年には文・法・商科所属の在校生が、大学生総数の四七・六％を占めていたが、一九五二年には二二・五％に下がり、一九五七年にはさらに九・六％にまで落ちこんだ」[13]。一九六三年、国務院の批准を経て、国家計画委員会・教育部が共同で作成した「大学共通専門リスト〔高等学校通用専業目録〕」には、合計三七三の専攻〔試験的な専攻は含まない〕が載っており、内訳は工科一六四、農科二六、林科一二、衛生の部一〇、師範の部一七、文科五三、理科三六、財経の部一〇、政法の部二、芸術の部三六であった。そのなかの「六、文科の部」は政治学を残し、「九、政法の部」は、法律と国際関係の二つの専攻があるのみだった[14]。

専門知識を標識とする現代的学問分野の確立は、すなわち全方位的な文化変容に関係する現象であり、「西洋から中国への移入」の潮流の下、現実世界および社会理念に関する中国社会の正当化根拠となる思想資源は、しだいに伝統中国の知の形態から離脱し、転じて西洋の現代型の知の形態を取り入れ、近代中国における学術の変遷の重要な一環となった。だから、前述において発生した学科再編は、自ずと一つの象徴となったのだ。それは政治と関連する問題であり、もはや知の枠組みによって捉えられるものではなく、ひいては「政治」さえ知の意義を問い直されることとなる。これを、その期間の政治の展開と対照すると、やはりぴったり符合する。一九八〇年代になってようやく、中国は政治学科を再建する仕事に取りかかる。

二　書籍史から得られるわずかな手がかり

いわゆる民国時代の「遺産」について、跡づけるべき対象はかなり広いが、ここでは書籍史が映し出す一面に注目したい。「新文化史」で推進された「読書史」と「書籍史」の研究は、すでに学術界の関心を集める問題となっている。大きく言えば、書籍史は書籍の出版と社会変革を結びつけて研究されることが多い。民国時代の「遺産」を検討するのに、民国時期の書籍の一九四九年以降の状況に関心が注がれるのは当然である。鍵となるのは、書籍は特殊な商品として、再版されるのが常態であるということだ。それは精神遺産として、その価値の絶えざる更新を直接的に体現するのである。関連する書籍の出版状況を通して、憲政史の進展の道筋をおおむねたどることができる。

この面では、王造時も分析に値するケーススタディを提供してくれる。彼個人の訳著は、一九四九年前後に主に商務印書館から出版されている。これを基に簡単に説明してみよう。

政治学が成長したこと、それに憲政が近代中国の関心を注ぐ問題となったことは、関連する学部・学科の設立状況を細かく見てもいいし、同様に書籍の出版状況に注目するというのでもいい。この方面で残された資料は、整理してみる価値がある。商務印書館について言えば、出版された各種の翻訳や著作には、政治問題への関心が多少なりとも見て取れる資料が多く残されている。商務印書館は一九二九年に「漢訳世界学術名著叢書」を刊行してから、計画的にこうした著作の翻訳出版に着手した。一九三六年以前に刊行された二回シリーズの「万有文庫」には、「漢訳世界名著」二〇〇種以上が収められている。『商務印書館図書目録（1897-1949）』によれば、そのなかで「政治学」は五四種ある。このほか、「中国政治思想」一六種、「政治学概論」二五種、「政治論文」一七種、「政治学史」一五種、「政治制度〔政制〕」一七種、「憲政制度」一〇種、「平民政治」一九種、「民権主義」二種、「自由」三種、「選挙」三種、

「立法」六種、「政党」一二種、「中国政党」五種、「中国憲法」九種、「憲法」二九種も含まれている。[15] 明らかに、このような分類の仕方は理想的とは言えないし、政治に関連した訳著をすべて包括しているとも言えないが、これによって、当時は政治問題にかなり関心が高く、大量の訳著が出版されたことが大まかにわかるだろう。王造時の著作『中国問題の分析』、彼が翻訳した『危機に立つ民主主義』〔原書は Harold Laski, *Democracy in Crisis*, 1933〕もそのなかに数えられる。

一九四九年以降、出版事業においてもさまざまな再編が行われた。出版事業の計画については、まず共同綱領にある「人民の出版事業を発展させ、人民に有益で大衆的な新聞や書籍の出版を重視する」という言葉が具体的に示している。初代出版総署署長の胡愈之はこれを次のように説明している。「人民出版事業とは、国営の出版事業を指し、人民民主主義独裁の国家において、出版事業は人民民主主義独裁の手段であり、出版事業の指導権は必ず人民政権の管理下にある国営出版業の手中になければならない」[16]と。総署は一九四九年一一月一日に設立され、最初は三つの組織、すなわち教科書編纂検定委員会、出版委員会、新華書店編集部に分かれ、図書関連の部門を統轄した。一九五〇年から一九五一年の間に、出版総署は全ソ貿易連合「国際書籍」総裁デオミドフ〔Деомидов〕と副総裁セミキン〔Семикин〕の二度の訪中の機会を利用して、彼らに総署の科長以上の幹部に向けてソ連の出版状況の紹介をしてもらったのだが、中国の出版発行体制は主にソ連モデルを模倣した結果、出版と発行の分業を招き、新華書店は国家の発行専門機関に転じることになった。[17] このほかにも多くの施策、たとえば出版機関に対する国家と民間の共同経営〔公私合営〕などが行われ、少なからぬ影響をもたらした。一九四六年に王造時が上海で設立の準備をした「自由出版社」は、ほかならぬこの過程で閉鎖したのである。最も影響力の大きい出版社である商務印書館の命運についてここでは述べないが、重点的に取り上げるべきことは、政治に関連する書籍の出版状況である。

一九五八年の全国出版工作会議の決定により、商務〔印書館〕は学術名著を編集・翻訳する専門出版社となった。

言い換えれば、中央〔政府〕は、商務印書館の出版任務につき「外国の哲学、社会科学分野の学術著作を翻訳することを主とし、併せて中国語、外国語の辞書を出版する」ことに決定したのである。これを受けて、商務〔印書館〕は「その年に「哲学・社会科学重要著作翻訳リスト」を作成し、合計一六一四種の著作を選んだ。そしてただちに学術界の翻訳人員を大々的に結集して陸続と着手し、年内に出版を開始した」のである。一九六一年になると、「新たに一二年翻訳出版計画を制定し、マルクス主義の三つの源泉〔ドイツ哲学、イギリス経済学、フランス社会主義〕に関する論著に重点を置くことを決定し、まず西洋ブルジョア階級の上昇期、特に一八、一九世紀のヨーロッパ近代学術文化がピークであった時期の世界の名著の翻訳紹介を行った」。そして、「たとえ「大型、西洋、古典〔大、洋、古〕」の評判がすでに失われ、圧力も小さくない状況の下であっても、この事業が停止することはなかった。一九六六年までに三〇〇〇種近くが出版され、まがりなりにも中外古今の学術文化をつなぐ懸け橋を築き、国内の学術界がこの方面で求めていたものをある程度まで満足させた」(18)。ある論者は、一九八二年にこの経緯を回想した文章で、このような言い方をしている。「「大型、西洋、古典」の書籍は、まとめられて『漢訳世界学術名著叢書』という形で出版された。正常な状態であれば、大型の叢書、特に学術名著の叢書を出版するということは、国家の文化出版事業における一大事件となるはずだが、われわれのこの叢書について言えば、その前にまず政治生活における一大事件であった」。その原因は、「五年ほど前までの一〇年間ずっと「大型、西洋、古典」はタブーだったからである。さらにその一〇年前の数年間は、「大型、西洋、古典」はまだ明文による禁止はされていないものの、すでに「反革命修正主義近傍」の危険区域であった。この十余年の歳月のなかで、「大型、西洋、古典」の書籍は、出版社にとって出版できないか出版を控えざるを得ないものだった」。文中にはこうも書かれている。「一九六六年の二、三年前、「大型、西洋、古典」の評判がすでに落ちた頃、われわれはそれでも何冊か「大型、西洋、古典」の書籍を敢えて出版した」。「外国の学術著作の翻訳や出版の仕事が最も成果を上げ精彩を放ったのは一九五六年から一九六五年の一〇年弱の間、そして、一九七六年から現在に至る五年間においてである」。さらに「商務〔印書館〕は解放前に出版していた『漢訳世界名著』のなかから、若干の著作を選んで再版するとともに、企画部の規定にそって簡単な序跋をつけ加えた[19]」。

出版業務は継続したとはいえ、出版された書籍を具体的に見ると、問題もはっきりと表れている。『商務印書館図書目録（1949-1980）』には新版と再版を併せて五〇〇〇種が収められていたが、「政治」分野で出版された訳著は、主に、一、社会主義各流派では、①空想的社会主義が三二種、②無政府主義が三種、③フェビアン主義と英国労働党理論が一四種（王造時訳のラスキの著作を含む）。二、国際共産主義運動では、社会主義史が一五種。三、西洋歴代政治法律理論の著作が三九種。四、各国政治が三六種。五、国際政治では、国際関係が二九種。六、国際連合では、国際法が九種。七、法律が四種。八、その他が七種である。面白いのは、「その他」に入っている何種かは憲政関連で、李清悚『いかにして民主主義の秩序を打ち立てるか』（一九五一年）、張宏生『ブルジョア階級議会』（知識叢書、一九六二年）が含まれるが、これは実際には他の分類にこのような著作がないことを意味している[20]。商務〔印書館〕の状況は、全国の状況が反映されたものでもある。『全国総書目（1965年）』が示すように、出版された「政治思想史」分野の著作は、『政治学』（アリストテレス著、呉寿彭訳）、『ウィンスタンリー文選』（任国棟訳）、『オーウェン選集』（柯象峰ら訳）、『革命法制と裁判』（ロベスピエール著、趙涵輿訳）、『階級闘争学説の最初の段階』（プレハーノフ著、柳明・石柱訳）の五種のみだった。前の四冊はともに商務〔印書館〕出版で、最後の一冊は三聯書店から出版されたものである[21]。

政治関連の書籍は、出版の数量が大きく減少した上に、完全に傾向が変わり、多くの書籍は「内部発行」扱いとなった。一九四九年から「内部発行」された書籍は、現在も完全な総計を取るのが難しい。中国の版本図書館が編纂した『1949-1986全国内部発行図書総目』には、一万八三〇一種の書物が収録されている[22]。このほか、李永璞編『中国史志類内部書刊名録（1949-1988）』では総計五九〇〇余種を数える[23]。かくも多くの書籍が「内部発行」に収められていることに、興味をそそられるのは当然である。商務〔印書館〕を具体例に取ると、そこから出版された「灰表紙本」

や「黄表紙本」などは大いに眼を引く。前者は政治と哲学が中心で、およそ十余種が出版され、後者は主に文芸作品が中心である。このなかにも関心を引く書籍が多く含まれ、たとえばフリードリヒ・アウグスト・フォン・ハイエク（Friedrich August von Hayek）の著した『隷属への道』は、一九六二年に商務印書館から出版された。もちろん、「訳者序」がはっきり述べるように、「ハイエクはすべてのブルジョア階級の弁護人とともに、悪辣な中傷を我々の民主制度に浴びせているが、まさしくこの制度がすでに広範な労働階層の心からの支持を得ていることをかえって証明するもの」であり、「このような有害極まりない本を翻訳した目的は、やはり学術界が現代ブルジョア階級の反動的経済理論を理解し批判する際の参考になればと考えてのこと」だった[24]。

書籍の特殊な属性からして、一九四九年以前の書籍の「再版」状況もまた重視すべきである。関連する歴史の継続と断絶を考察する上で、これは疑いなく検討する価値のあることだ。しかも王造時が翻訳した著作は、この問題を考える上で基本資料を提供しているのだ。王造時は翻訳に大いに心血を注ぎ、分量だけから見ても、その翻訳した文字数は、執筆した論著を上回っている。そのうち最も影響力があったのは、師のラスキの著作で、『国家——理論と現実』〔*The State in Theory and Practice*, 1935〕と『危機に立つ民主主義』〔*Democracy in Crisis*, 1933〕である。『国家——理論と現実』の英語版は一九三五年に初版が出されており、一九三六年末、王造時は七君子事件で投獄された際、獄中で当時のロンドン版から中国語に翻訳した。最初は一九三七年三月初版で王雲五主編「万有文庫」第二集七〇〇種のなかに収められ、しばらくしてから一九三七年七月初版の「漢訳世界名著」に収録された[25]。

一九四九年以降、商務印書館は多くの翻訳著作を再版した。『国家——理論と現実』もまた王造時の校訂を経て一九五九年に再版された[26]。しかし時が経って事情は変わり、この時期に再版されたこの本は、すでに「反面教材」と見なされていた。この本の再版序文は、ラスキをこう紹介している。「イギリス労働党の著名な「理論家」である。彼は「社会主義者」の旗印の下、勝手にブルジョア階級改良主義思想をまき散らし、国際労働運動、とくにイギリスの労働運動において、有害極まりない影響を及ぼした」と。重点を説明すると、その「著作は王造時（本書の訳者）らブルジョア階級知識分子の翻訳と紹介を通して、あっという間に中国に広まった」。ラスキの「思想の毒素」は「ブルジョア階級の知識層に一定の市場がある。これらの知識分子はラスキの「理論」を利用してマルクス主義に対抗し、中国を資本主義の道へ引き入れようと企んでいる。……そこでわれわれはラスキの著作を新たに整理して出版し、批判を行う際の反面教材とすることとした」[27]。この文章は商務〔印書館〕の編集者の手によるものである。このような方法で一冊の書籍を紹介するのは、確かにこの時代の奇異な現象と言えるだろう。王造時について言えば、彼もラスキの「思想の毒素」の散布者ということになり、その個人的運命が次々に災難の渦に巻き込まれていくのはごく自然な流れであった。

三　憲　政――「忘却」と「回帰」の歴史

一九五八年七月二二日に王造時が記入した「復旦大学幹部登録簿」には、このような項目がある。「解放前と解放後の言論や行動において何か重大な過失があったか。解放後に法に背き規律を乱す行為があったか。現在の認識はどういうものか」。王造時は以下のように記している。

解放前に犯した重大な過失は三点あります。(1)一九四一年春、日ソ相互不可侵条約（日ソ中立条約、一九四一年四月一三日調印）につきスターリン大元帥宛てに送った書簡の九名の署名人の一人であり、しかも起草人であったこと。一九五七年二月、北京に行った後、ようやく救国会（中国人民救国会）同志の面前で自己批判〔検討〕をし、過ちを認めました。一九五二年の思想改造の際、私は班のなかでも自己批判をしました。(2)一九三七年の抗日戦争勃発後、私は南京で救国会、青年党〔中国青年党〕、国社党〔国家社会党〕、第三党などを糾合して一つの連盟をつくり、第三路線の企てをしました。思想改造の際には自己批判を行いましたが、浅い反省でした。(3) 一九四七年五、六月の間に、私は救国会幹部会議において、またその他の小党派の代表人物との間で、民主同盟を改組して中国民主党とし、第三路線を立てることを主張しました。やはり思想改造の際に自己批判を行いましたが、浅い反省でした。一九五七年の大鳴大放〔百家争鳴、百花斉放〕の時、私は反党反社会主義の罪を犯しました。私は悔い改め、徹底的に思想改造することを決意しました。(28)

この内容だけでも、いわゆる民国時代の「遺産」が王造時の身に体現されていたことが十分にわかる。また、具体的に「憲政」の内容から見ると、彼が大きな挑戦に直面していたことを意味する。これに対応して、彼個人の運命も一九四九年以後の憲政がもたらした「忘却」と「回帰」の歴史を映し出している。

王造時本人が記入した各種の個人履歴・登録簿によれば、『中国問題の分析』と『荒謬集』の二冊は、本人によって前二種〔の「誤り」〕に数えられている。これらが王造時の思想を体現した最も重要な作品であることに疑いはないし、思想家としての一生をよく体現するものでもある。この二冊の書は、主に『新月』月刊、『主張と批評』、『自由言論』などの刊行物に掲載された文章をまとめたもので、それぞれ新月書店、自由言論社から一九三五年に出版された。これは一九四九年以降再版できなかった王造時の代表作であり、再版できなかっただけでなく、そのなかで述べている憲政思想は王が絶えず自己批判をしなければならない問題となったものである。ある意味で、このことも憲政思想が一九四九年以後に陥った状況を検討するのに避けて通れない問題であろう。自己批判の核心は、憲政の内容にあるとは限らず、別にからくりがあった。これも胡適思想批判の時と同じ光景であり、一九五〇年代に沸き起こった胡適思想批判運動においては、「胡適思想」――「胡適派の「新紅学家」」――「胡適派」〔これをもって「旧中国」、「ブルジョア階級の学術」の代表とする）という軌跡をたどったのであるが、ここにも、胡適は現代中国の読書人の代表と言ってよい人物だから「派」を構成するのだという、見逃すことのできない巧妙な手口が透けて見える。王造時の身にも、同じように民国時代の「重荷」が課されたのである。

前述のとおり、王造時が発表した論著は主に「憲政」問題に関心が向けられていたが、ここでは一九四九年以後の状況についてさらに検討してみたい。明らかなのは、「憲政」を主張する基調が、一九五七年を境に異なる二つの段階に分かれることである。最初は以前の考えの継続であり、一九四九年以降の政治の発展を「憲政」を実行するのにより理想的な時機であるとまで見なしていた。

一九五二年に書かれた「政治学習レポート」で、王造時はこう述べた。「ソ連共産党第一九回代表大会でのスターリンの演説を学習し、資本主義に対する私の認識はより明確になった」。「戦後の時期は世界の資本主義システムがさらに弱まり、民主主義と社会主義の力が日増しに強大になっていく時期である。このことが私にはより明確になった。私は両陣営の成り立ちについて比較的深い認識をもっているだけでなく、さらに平和民主主義陣営の最終的勝利を確信して疑わない(29)」。続けて一九五四年に書いた「憲法草案の公布から過去に受けた迫害を想い出す」のなかで、王造時は「かつて反動派から民主憲政を勝ち得た経緯と〔反動派から〕受けた迫害」を回顧し、このように明言した。「この憲法の草案は、政治の真の民主主義、すなわち人民民主主義を保証するのみならず、さらに経済の真の民主主義、すなわち搾取と貧困を撲滅する社会主義も保証している。これは中国の歴史において空前の盛事であり、同時に世界の歴史においても最も重要な意義を有するものである」。彼はまた、「私は思いがけず今まで生き延びて……憲法の草案にある公民の基本的権利の保障を眼にして、格別に感激せずにはいられない(30)」と心からの喜びを表した。

まさにこうした認識があればこそ、王造時がなぜ一九五七年に「われわれの民主生活は必ずや日に日に豊富で満ち足りたものになるだろう」のような文章を書き、「資本主義国家のエセ民主主義と比べると、われわれの民主生活の方が、より真実味があって、より豊富であり、本質的な違いがあるし、旧中国の反動的統治と比べれば、さらに天地の差がある[31]」と一気に説明することができたのか、われわれもまた理解できるのだ。その後すぐに王造時は「百花斉放・百家争鳴の重点を基層におこう[32]」という文章を発表し、以下の「二つの提案」を行った。①統一戦線の役割をさらに発揮する。②専門家の研究成果を真面目に聴取し、採用する。続けて「さらに一歩進んで民主主義法制の秩序を打ちたてよう」を発表し、「さらに進んで民主主義法治の秩序を確立するのに、われわれは、第一に憲法を重視し、憲法を施行しなければならない……第二に憲法以外にも、いくつかの重要な法典、たとえば民法・刑法・民事訴訟法・刑事訴訟法などを制定し、われわれの共同生活の基準としなければならない[33]」と明言した。彼のこの時期の言論は、以前の憲政に対する考え方の延長であり、憲政を実行する好機と見なしていたことがすぐわかる。「周恩来総理へ」の書簡の中で、王は「長期安定の百年の大計のためには、今回の運動では一つの根幹〔総方面〕を掌握しなければならないようです。——つまり社会主義の民主主義法治秩序をさらに一歩進んで建設するのです[34]」と提案している。

まさにこのような雰囲気のなか、王造時は生命の旅の途中で最も波乱に富んだ時期に入った。まず、反右派闘争のなかで打撃を受けた。一九五七年二月、全国政治協商会議が開かれ、上海市政協は統一戦線工作部長の劉述周と王造時を推薦して参加させた。北京へ着くと、救国会の友人である沈鈞儒・史良・沙千里らが、手厚くもてなしてくれた。史良はさらに重要な仕事が彼を待っていると打ち明けた。そのほか何人かは、解放後は意気消沈しすぎだから、今後は多く語るようにと彼に意見した。まさにこうした空気のなか、王は全国政治協商会議の大会で「民主生活の拡大」と題する発言を行い、「党内の唐太宗が少ないことより、党外の魏徴〔唐太宗に仕え、諫言を以て知られた名臣〕が少なすぎることが心配だ」というような話をした。だが、「百花斉放・百家争鳴」期でのこれらの発言や他の数篇の文章こそが、災禍の始まりとなってしまった。一九五七年六月一四日、上海市の反右派の激烈な闘争は王造時から始まった。「再び周恩来総理へ」の書簡のなかで、彼は上海宣伝工作会議と上海市政協での発言が厳しい批判を受け、「批判のなかで、新聞各紙が私についての情報を発表し、ややもすれば反党反社会主義ひいては右派分子のレッテルを貼られてしまうことに、深く考えさせられ、戸惑いと不安を感じます」と説明している。同時に彼はこうも強調した。自己批判をするのはよいが、「しかし、もし無理やり反党反社会主義の右派であると認めさせるなら、それは心に背く言葉ですし、私のなさないところです。おそらく社会主義の建設には何ら裨益しないでしょう[35]」と。

それにもかかわらず、王造時はやはり「右派」とされた。それからすぐに王造時の一連の自己点検〔検査〕が始まった。「私の自己点検」という文章のなかで、「私の不満は、三つの方面に反映されている」と彼は述べる。第一にわれわれの民主生活への不満、第二にわれわれの法制業務に対する不満、第三にわれわれの基層に対する不満、である。これについて王造時はわざわざこう説明を加えた。「私の脳裏に潜むブルジョア民主主義、とくにフェビアン社会主義の思想が徐々に湧き出して私の中心的思想になった。私の体得した民主生活は、当然党の指導部の民主生活と同じにはならない。私の理解している政策の中身もまた、当然党の政策の中身と同じにはならない[36]」。似たような自己批判はまだ多くあるが、趣旨はだいたい同じである。過ちの原因については、「私はあらゆる社会主義国家の民主生活と法制にはいくらか問題があると考えているが、ならば私のブルジョア階級民主法治とフェビアン社会主義に基づいた修正主義思想があるいは役に立つかもしれない[37]」と指摘する。重視すべきは、王造時がこのためにいくつかの文章を執筆して、その思想の基礎を反省するつもりであったことだ。「徹底的に自己を改造し、立場を変えるための努力目標」の文中で、こう表現している。「①私の犯罪の根本原因の一つは、ブルジョア階級民主生活とフェビアン社会主義の反動思想体系である。これらの反動思想を振り落すために以下のいくつかの分野に着手する」。そのうち「ブルジョア階級民主法治の一般反動理論、とくにラスキの反動政治思想とフェビアン社会主義の反動理論を批判する。併せて、半年以内にラスキ『国家――理論と現実』批判とフェビアン社会主義批判の論文を二編書くつもりである[38]」。

長々と続く学習と改造を経て、一九六〇年の国慶節の前日、やっと右派のレッテルが外された。しかし、すぐにまたより大きな災難が降りかかろうとしていた。一九六六年に文化大革命が始まってから、大学ではまず壁新聞で「ブルジョア階級知識分子」、とくに「反動的学術権威」の言動を暴露した。王造時を攻撃したものも四枚あった。一枚目は、世界近代史の講義においてブルジョア民主主義自由の毒素をまき散らしたという攻撃であった。二枚目は、大学院生の指導教官となり、欧米社会の政治思想を講義するなかで、ブルジョア階級の自由、平等、博愛の毒素をまき散らしたという攻撃だった。三枚目は、上海に来た羅隆基が彼に会った際、どのような陰謀を企てたのかを問い質すものだった。四枚目は、彭文応の葬儀を切り盛りした際、右派分子のお先棒を担いだことを攻撃するものだった。壁新聞の暴露記事は比較的少なかったので、王造時は今回は吊し上げはないだろうと考えていた。だが、その後壁新聞で摘発された「反動的学術権威」「反動的学閥」「反共のベテラン」「反党反社会主義分子」はますます増えていき、王造時もまた「牛鬼蛇神労働改造隊」に入れられ、吊し上げを受けて強制的に「問題を自白」させられた。一九六六年には「反革命政党を組織し行動している」との罪名で逮捕され、一九七一年に病気で亡くなるまで、上海市第一監視所に拘禁された。

過去に残された歴史系教職員名簿を見るだけで、王造時が批判を受けたことはすぐにわかる。一九五七年以前、彼は教授として名を連ねていたが、一九五八年からは「教育指導」人員になり、一九六二年にようやく「教員」に改められた。しかし一九六六年になると、王造時の名はこの名簿から消えてしまった(39)。

おわりに

余英時が口述した「私の受け継いだ「五四」の遺産」は、濃厚な「自伝」的趣きをもつ「五四〔運動〕」論として貴重である。この特殊な視角から見れば、「五四」はもはや一つの漠然とした「思想運動」ではなく、それぞれ人によって異なる「万の川に映る月」となるのである。[40] 民国時代の「遺産」に立脚点を置き、憲政の歴史の継続と断絶を考察するならば、この間の歴史が映し出す「万の川に映る月」の情景が自ずと広がってくるのではないかと期待できる。これこそ、一九四九年以後の王造時の運命を中心にした理由であり、同じく個人の物語としては貴重なもので、この間の歴史を省察するのに注目すべき要素をいくつか提供してくれる。

当然、王造時にとって、彼が受け継いだ「遺産」は自ずと肯定的なものとして表現された。一九四九年一〇月二八日、北京で開かれた会議で救国会の使命の終わりが宣言され、同日上海で開かれた座談会において、王造時は救国会を代表し、「救国会はすでに自己の歴史的任務を達成し、勝利のうちに終了した」と宣言した。この時期に王造時が担った政治的役割は、彼が演じたいくつもの役割、たとえば華東軍政委員会文教委員会、上海市政協委員（後に市政協常務委員会委員を担当）、上海法学会理事、上海市人民代表などに体現された。明らかにこれは、王造時が一九四九年以前に担っていた役割が十分認められていたことを物語るものであり、このように認められていなければ、こうした役割を担うことは難しかっただろう。

ただし、輝かしく見えても、その背後にはやはり暗い影がある。これもまた民国時代が残したものである。一九四一年四月下旬、重慶で王造時が起草し、沈鈞儒・章乃器・沙千里・史良・李公僕・張申府・劉清揚・胡子嬰ら八人が議論に参加した「スターリン大元帥への公開書簡」が発表された。[41] 日ソ中立条約が中国の主権を損なったことをめぐって遺憾の意を表したものだが、まさにこの行為が王造時の「重荷」となったのである。前述したとおり、王造時が一九五八年に記入した「復旦大学幹部登録簿」は自身の過ちの総括であり、事実上、彼が絶えず自己批判を迫られる鍵となったものである。「私の懺悔」という文章で、彼は同じくこの問題に触れている。[42] そのため、王はわざわざ「「日ソ中立条約」問題についての弁明」を書いた。[43] 別に直面しなければならなかったのは、志を同じくする人たちがさまざまな政治の荒波に巻き込まれ、王造時も「はっきりさせる」しかなくなったことである。彼が遺した自筆原稿には、「羅隆基・章伯鈞・章乃器らとの関係[44]」、「救国会復活問題[45]」、「関係する問題に対する回答[46]」などがある。これらの人間関係のおけるしがらみは、あるいはより多くの資料を解読しなければ、深く把握できないのかもしれない。

(1)　張済順『遠去的都市――1950年代的上海』(社会科学文献出版社、一九五二年) 六頁。

(2)　『中国人民政治協商会議共同綱領』(人民出版社、一九五二年)。研究者は共同綱領の形成過程を再現しようと努め、当時、人民共和国を建設するこれら最初の設計図において重大な政策決定と関連する体制がどのように確立されたかを示そうとしている。陳揚勇『建設新中国的藍図』(社会科学文献出版社、二〇一三年) 参照。

(3)　「王造時自述」(『上海文史資料選輯』第四五輯、一九八四年一月) 一三五頁。

(4)　「復旦大学擬聘教員履歴表」、原本は復旦大学檔案館所蔵。

(5)　「高等学校教師登記表」、原本は復旦大学檔案館所蔵。

(6)　劉蘆隠「社会科学科之過去現在及将来」(『復旦年鑑』一九二六年)。ここでは『復旦大学志　第一巻 (1905–1949)』(復旦大学出版社、一九八五年) 三四五頁による。

(7)　『国立復旦大学一覧 (一九四七年春)』(復旦大学、一九四七年)「教員録」三四―三五頁。

(8)　かつて政治学科教授兼系主任を務めた耿淡如もまた、復旦大学歴史系に留まり、まず世界中世期史の教育と研究に携わり、その後西洋史学史の教育と研究の仕事に力を注いだ。

(9)　華勒斯坦 (張馨文訳)「超越年鑑学派?」(華勒斯坦ほか (劉健芝ほか編訳)『学科・知識・権力』生活・読書・新知三聯書店、一九九九年)。

(10)　中国の政治学の発展について、ここでは論じられない。孫宏雲『中国現代政治学的展開――清華政治学系的早期発展 (1926–1937)』(生活・読書・新知三聯書店、二〇〇五年)、孫青『晩清之「西政」東漸及本土回応』(上海書店出版社、二〇〇九年) を参照されたい。

(11)　このようななかでもなお曲折があった。一九六〇年になると、中ソ両党の論争が公になり、マルクス・レーニン主義理論家を養成するという考えから、中国はいくつかの大学に新たに政治学科を設立した。ただこの時設立された政治学科は、主にマルクス・レーニン主義の基本理念を教授するに過ぎず、政治学の広い分野における他方面の問題に触れることはなかった。さらに一九六四年になると、外国問題の研究を強化するために、北京大学、復旦大学、中国人民大学の政治学科を国際政治学科に変更し、外国の政治問題に関する教育と研究の人材を養成することとした。
(12) 李新宇『旧夢重温――民国先知的道路探尋』（広西人民出版社、二〇一三年）二一七―二一八頁。
(13) 『中国教育年鑑（1949-1981）』（中国大百科全書出版社、一九八四年）二三九頁。
(14) 前掲『中国教育年鑑（1949-1981）』二四〇―二四六頁。
(15) 『商務印書館図書目録（1897-1949）』（商務印書館、一九八一年）二八―三七頁、五六―五七頁。
(16) 「全国出版事業概況」（中国出版研究所・中央檔案館編『中華人民共和国出版史料（1949）』中国書籍出版社、一九九五年）二五七頁。
(17) 于友『胡愈之伝』（新華出版社、一九九三年）三二八頁。
(18) 胡企林「学術文化事業的一項基本建設――商務的漢訳世界学術名著出版工作」（『商務印書館一百年』商務印書館、一九九八年）。
(19) 高崧「〈漢訳世界学術名著叢書〉書外綴語」（『商務印書館九十五年』商務印書館、一九九二年）。
(20) 『商務印書館図書目録（1949-1980）』（商務印書館、一九八一年）九―一七頁。
(21) 『全国総書目（1965年）』（中華書局、一九六六年）七二頁。
(22) 中国版本図書館編『1949-1986全国内部発行図書総目』（中華書局、一九八八年）。
(23) 李永璞主編『中国史志類内部書刊名録（1949-1988）』（山東人民出版社、一九八九年）。
(24) 滕維藻「訳序」（哈耶克（滕維藻・朱宗風訳）『通向奴役的道路』商務印書館、一九六二年）一―六頁参照。この書は中国語の世界に多くの訳本を生み出したことで、書籍史として研究する価値がある。
(25) ほかにこの書は一九三九年に長沙でも再版された。台湾商務印書館はさらに一九六五年と六九年の二回再版した。
(26) このほか、王造時の訳した『美国外交政策史』は一九六〇年にも商務印書館から再版された。
(27) 商務印書館編輯部「重印『国家的理論与実際』序言」（『国家的理論与実際』商務印書館、一九五九年）一―七頁。
(28) 「復旦大学幹部登記表」、原本は復旦大学檔案館所蔵。
(29) 王造時「政治学習心得報告」、執筆時期の記載なし。一九五二年頃と思われる。自筆原稿による。
(30) 王造時「由憲法草案的公布想起過去所受的迫害」、一九五四年六月執筆。自筆原稿による。

(31) 王造時「我們的民主生活一定日趨豊富美満」(『人民日報』一九五七年三月二一日)。
(32) 王造時「把放鳴的重点放到基層去」(『文匯報』一九五七年五月二一日)。同日の『解放日報』にも「王造時対反官僚主義的看法」と題する文章があり、この文と内容は同じで、各段落の小見出しがない。
(33) 王造時「進一歩建立民主法制秩序」(『新聞日報』一九五七年六月一日)。
(34) この書簡は一九五七年六月一二日に書かれた。「七君子之一　王造時」(『江西文史資料選輯』第一九輯、一九八六年三月)一二八—一二九頁。
(35) この書簡は一九五七年六月二二日書かれた。「七君子之一　王造時」(『江西文史資料選輯』第一九輯、一九八六年三月)一三〇—一三一頁。
(36)「王造時代表」と署名があり、上海の『文匯報』(一九五七年九月一一日)に発表され、翌日、上海の『解放日報』にも全文が掲載された。彼の遺稿のなかには、この文章がタイプ印刷された原稿も保存されており、修正された痕跡もある。
(37) 王造時「我的懺悔」一九五七年一二月三一日執筆。自筆原稿による。
(38) 王造時「徹底改造自己、改変立場的努力方向」一九五八年二月二五日執筆。自筆原稿による。
(39)『復旦大学歴史系系志』一九九三年、ガリ版刷、二九—三四頁。
(40) 余英時「我所承受的『五四』遺産」(『現代危機与思想人物』生活・読書・新知三聯書店、二〇〇五年)。
(41)「致斯大林大元帥的公開信」(原載『民意』週刊第一七九期、一九四一年五月)。上述の九人は、全員書簡の最後に署名。周天度主編『七君子伝』(中国社会科学出版社、一九八九年、六五八—六五九頁)にも掲載。
(42) 王造時「我的懺悔」一九五七年一二月三一日執筆。自筆原稿による。
(43) 執筆年月なし。一九五七年頃書かれたと思われる。自筆原稿による。
(44) 執筆日付なし。一九五七年に書かれたと思われる。自筆原稿による。文中、羅隆基・章伯鈞・章乃器・顧執中・陸詒・孫大雨・彭文応・潘大逵・陳仁炳・楊兆龍らとの関係を説明し、救国会問題の回復にも触れる。原文に見出しはなく、標題は作者が加えたものである。
(45) 執筆年月なし。内容は一九五七年に起きたことを反映している。自筆原稿による。
(46) 執筆日付なし。一九五七年に書かれたと思われる。自筆原稿による。原稿断片のみ。標題は作者が加えたもの。

第9章　経済学者の社会主義憲政論
――一九五七年の意見書草稿をめぐって

久保　亨

はじめに

一九五〇年代の中国では、経済運営の在り方をめぐっても社会主義憲政の道が模索されていた。社会主義憲政という言葉が日常的に使われていたわけではない。しかし、本章で取りあげる経済学者六人が一九五七年にまとめようとしていた意見書草稿「当面の経済科学の工作に関する我々のいくつかの意見（我們対於当前経済科学工作的一些意見）」（以下、経済学者意見書草稿）は、社会主義体制の下、経済学者が専門家としての立場から主体的に経済運営に参画できるようにすることを明確に要求しており、経済政策を論じるために必要な経済関係の情報を政府が経済学者に提供することやマルクス主義経済学を相対化することまでが盛り込まれていた。こうした要望は、情報公開や学問の自由という民主主義の根幹を支える権利を主張することに直結し、まさに社会主義体制の下でも憲政の実現をめざそうとするものにほかならなかった。

経済学者意見書草稿は、実際に提出された文書ではなく、まさにまとめられつつあった段階で反右派闘争の厳しい批判にさらされ、作成途中で未完に終わった文書である。しかし批判するためであったとはいえ、原文に忠実な形で草稿が公開されたため、今となっては草稿作成に関わった経済学者たちの当時の思想を正確に知ることができる貴重な文献になっている。さらに、草稿をまとめた経済学者の学問的経歴を整理し、それを草稿批判勢力側の同種の資料と比較することにより、人民共和国成立期の経済運営を支えた人的資源についても、なにがしかの示唆を得ることもできるように思われる。

なおこうした経済学分野における状況は、その動きが遅く目立たないものだったためか、従来、儲安平をはじめとする民主党派系知識人の政治的発言や丁玲批判など文芸界における展開に比べ、あまり注目されなかった。同時代の日本の研究者の反応も、総じて鈍かったように思われる(1)。

一　人民共和国成立期の経済と経済学者

中華人民共和国の成立後、中央政府の下に財政経済委員会という巨大な機構が組織され、戦争と戦後の混乱による荒廃から国民経済を回復させることがめざされた。この委員会には、人民共和国成立前夜の東北で経済運営の経験を積んだ共産党幹部と、国民政府時代に資源委員会などで要職にあった専門家や経済学者が多数登用され、両者が協力して経済運営に当たることが期待されていた(2)。国外の華僑や留学生に対しても、帰国し経済復興に協力することが呼びかけられた。実際、農村出身者が大部分を占めた当時の共産党幹部にとって、彼らの力だけで近代企業の活動を継続し、近代都市の機能を維持していくのは至難の業であった。当時、人民共和国政府は、経済復興を最優先の課題に掲げ、国民政府時代の国営企業を継承する一方、民間企業と市場経済の活性化を図る政策を推進していた。民間企業および共産党員以外の専門家の協力を必須とする一連の政策を円滑に進めるためにも、社会主義化を急ぐような展望を語るのは避けられていた。他方、国民政府時代の専門家や経済学者の多くも、さまざまな形で人民共和国政府の経済行政に協力した[3]。

周知のように、こうした状況は、朝鮮戦争の経験や農村における土地改革後の事態を踏まえ、大きく変化する。一九五四年になると、過渡期という表現を用いて社会主義化を強行することが宣言され、一九五六年末までに商工業の集団化、国有化が実施された。これにともない、政府の経済行政部門の力が増大する一方、政府機関と直接の関わりを持たない経済学者の役割は縮小した。しかし、人民共和国の経済運営は必ずしも順風満帆というわけではなかったし、一九五六年にはスターリン批判やハンガリー事件などソ連型の社会主義に疑問を投げかけるような事態が重なった。こうしたなかにあって、百花斉放・百家争鳴の呼びかけを受けた経済学者の間では、自分たちがどのような姿勢で人民共和国の経済運営に臨むべきかという問題を模索する動きが生じた。

一九五七年といえば、国民政府末期の経済混乱に接した清華大学など北京の社会学者、経済学者らが社会経済研究会を組織し、目標とすべき社会経済に関する議論を『新路』誌上で活発に展開した一九四八年から、まだ一〇年も経っていない頃のことである[4]。一九四八年の議論は、共産党による拘束などは受けず全く自由に展開されたものであったし、社会主義の在り方についても多様な見解が表明されていた。国民政府の大陸統治の終焉と人民共和国の成立という大きな変動を挟むとはいえ、経済学者の間に、以下に述べるような経済学者意見書草稿をまとめようとする動きが生じたのは、自然の成り行きであったように思われる。

二　百家争鳴と経済学者意見書草稿

いわゆる反右派闘争が拡大していた一九五七年八月末、社会科学の分野でも反右派闘争を展開することが宣言された。その中心に位置した問題が経済学者意見書草稿である。『人民日報』の報じるところによれば、八月二七日に開催された中国科学院哲学社会科学部常務委員会は、二つの動きを取りあげ、ただちに社会科学界でも反右派闘争を展開することを決定した。⑤ 槍玉に挙がった動きの一つは、社会学者の費孝通・呉景超・李景漢らが大学に社会学系を開設したり、社会学会を設立したり画策していた、というものである。そしてもう一つが、経済学者の陳振漢らが意見書をまとめようとしていた活動だった。八月二八日には、北京大学で陳振漢らを追求する行動が開始されたことが報じられている。⑥

そして一九五七年一〇月、経済学分野で最も権威ある学術雑誌『経済研究』の一九五七年第五期に「経済学界反右派闘争専載」という特集が組まれ、陳振漢・徐毓枏・羅志如・巫宝三・甯嘉風・谷春帆の経済学者六人が連名で準備していた意見書草稿「当面の経済科学の工作に関する我々のいくつかの意見」に対する全面的な批判が展開された。⑦ 同誌の末尾には意見書草稿の全文も掲載されている。批判者側が意見書を批判するために掲載したものであったとはいえ、批判された側の陳振漢も、後に自著に同じものをそのまま採録しているので、『経済研究』に掲載された意見書草稿自体の史料的信憑性は高いものと判断される。⑧

意見書草稿を準備していた六人の経済学者は、多くが欧米に留学して学位を取得し、経済学について高い水準の素養を身につけ、大学や研究機関で責任ある地位に就いている。そして陳振漢の伝記によれば、もう一つの特徴は、全員が共産党員ではなく民主党派に属していたことにあった。⑨ 六人の経歴などについては、次節で、やや詳しい伝記的情報をまとめておくことにしたい。

経済学者意見書草稿がまとめられた経緯は、『経済研究』編輯部によれば下記のとおりである。草稿をまとめる中心になったのは北京大学教授の陳振漢であった。意見書草稿の内容は、「章羅連盟」(章羅連盟とは章伯鈞と羅隆基の二人を中心に作られた政治陰謀集団とされる)が「民盟中央科学規画臨時小組」の名義で出し、すでに反右派闘争のなかで批判を受けていた「対於有関我国科学体制問題的幾点意見」を反映させたものだとされる。

陳振漢は他の五人を集め、二回、「経済学界的現状及今後発展方向」という名称の座談会を開催するとともに、会議後、「我們対於当前経済科学工作的一些意見」という文書をまとめ、『光明日報』で発表する準備を進めていた。これが経済学者意見書草稿である。

陳振漢自身も目を通し確認したという王曙光による伝記も、百家争鳴の呼びかけに応じて陳振漢が六人の集まりを持ち、二回の座談会を経て意見書をまとめつつあったが、反右派闘争が始まったため、第二次稿の段階で中断し、最終稿は作成されなかったと記している。ほぼ上記の内容と一致するといってよい。

『経済研究』には、a「第一次稿(原稿)」、b「第一次稿(修正稿)」、c「第二次稿」の三種類の意見書が掲載されている。三者間の関係は明記されていない。特集の編輯部の前言が記すように、六人の会議は二回開かれたことが事実だとすれば、またcに記された詳細な注記が信頼できるものであるとすれば、最初の会で陳振漢が書いたaが検討され、それに基づいて陳振漢が修正したbが二回目の会で検討され、そこでの討議を踏まえ、他の五人の修正意見を反映させたcが作成された、という経緯だったようである。c「第二次稿」の注記によれば、cの第三部分のみが徐毓枬の執筆で、他は全て陳振漢が執筆したものであった。それにしても、本来、公表されるはずのなかった準備稿a、bをあえて公表したのはどんな意図からであったのか。批判可能な部分を少しでも探し出そうとするある種の悪意を、そこに感じざるを得ない。

以下、ここではcの「第二次稿」と呼ばれるものを中心に、経済学者意見書草稿の内容を見ていくことにしよう。

後で見るように批判者の多くは、経済学者意見書草稿のなかの片言隻句をあげつらい、反社会主義、反マルクス主義のレッテルを貼っている。しかし実際に意見書草稿の文章を虚心坦懐に読んでみれば、六人が意見書をまとめようとした目的が、社会主義自体に反対することに置かれていたわけではないことはすぐに判明する。彼らは社会主義という大枠を受け入れつつ、経済政策の立案施行という領域で、どのように憲政を実行していくのかを真剣に考えていた。

まず前文に当たる部分では、社会主義建設と社会主義の新たな勝利に向け、経済学が大きな役割を果たすべきことが提唱されている。なぜなら六人は、本来の任務を経済学が果たせていないという現状認識に立っていたからであり、その点では当時の政治社会状況、とりわけ経済学が置かれている状況に対し、強い危機感を持っていた。「わが国は、国民経済の回復、民主革命の完成、社会主義への改造と社会主義経済建設の戦線で、かつてない一連の輝かしい勝利を勝ち取った。しかしわが国の経済科学は、そうした状況にふさわしい発展を遂げていない。……かなり重大な問題は、経済科学分野の活動がそうした展開を見せていないだけではなく、そうした展開に必要な条件も、十分に備えていないというところにある。そのため、革命を指導し、実際に経済建設を推進する役割を果たすのが非常に難しくなり、宣伝や教育という分野ですら、しばしば現実から乖離する結果を招いている。党が科学の発展を呼びかけてからほぼ二年、百花斉放・百家争鳴の方針の下、各方面で経済建設、文化建設への期待が高まっているなか、経済学界は依然として意気消沈したままである。その原因は、どこにあるのか？　経済科学分野の活動は、どうすれば活発にすることができるのか？」。

以上の問題提起に続き、①経済学界と経済行政の間の関係改善、②経済学界内部の団結強化、③教条主義の打破、という三つの方針が提示された。一つひとつ見ていこう。

①　経済学界と経済行政の間の関係改善

学界と行政の間の関係改善が謳われているとはいえ、「政府の経済行政関係部門は、これまで経済科学の役割を十分に重視してこなかった」と批判の矛先は専ら行政機関の側に向けられている。物価上昇の抑制と物資の安定供給のため国家財政の均衡を重視すべきこと、通貨の発行量を管理すべきこと、などは、経済科学がすでに十分明らかにしてきた課題であって、政策担当者が自らの経験に基づいて新たに総括し提起するような話ではない、と意見書は指摘する。実は第一次稿の段階では、政策担当者に対し、さらに厳しい批判の言葉が並んでいた。「財政経済に関する政策・法令は、政治協商会議や人民代表大会などの民意代表機関で全て審議討論され立法手続に合致しているので、それ以上、他人の意見を聞く必要はない、というのかもしれない。あるいは専門家や教授の先生たちは何も現場の役に立たず、有益な意見を出してもらえない、と業務部門は考えているのかもしれない。……しかし、このような態度は、経験主義であり、科学的な思想を否定するものである」。

そのうえで、学界と行政の関係改善のための具体的方策として、(1) 経済学者が現実の経済に触れる機会を増やすこと、(2) 行政機関が経済科学にとって必要な資料とそれを参照する便宜を提供すること、の二点が示された。前者は、経済学者自身の研究姿勢を正すことを呼びかけながら、行政機関の側も積極的に経済学者の参与を求めていくべきだとしている。そして、とくに重要な意味を持つと思われるのが、後者の資料提供問題である。これは換言すれば、国民経済に関する情報の公開という問題であった。意見書は、「機密」や「絶密」などの印を押すことによって、官僚たちが責任を免れようとする傾向を糾弾した。「秘密保持は必要だとはいえ、その範囲はできる限り縮小すべきであって、公表した場合の利害得失を測り、本当に秘密保持が必要かどうか慎重に考慮し、明確な規定を設けて取り扱う」という方向性が示され、銀行を例に、行内連絡用の暗号まで公開する必要がないのは明らかだとはいえ、預金残高や通貨発行高を秘密にする必要があるのか、と意見書は記している。さらに、生産統計、物価指数、生活費指数、対外貿易統計などを定期的に公表することが、経済学の発展と経済問題の探求にとって非常に重要な意味を持つことも強調された。

②　経済学界内部の団結強化

ここで実際に問題にされているのは、経済学界における党員研究者と非党員研究者の間の差別を解消する問題である。当時、多くの大学や研究機関で政治経済学の教育と研究は主に党員研究者が担当していたのに対し、経済思想史、経済史、資本主義諸国の経済事情などは非党員研究者が担当する傾向があった。後者のような「博古通今」の分野〔「博古通今」とは古今のさまざまな事柄に精通するという意味。ここでは、経済の現状分析や政策立案からは距離を置く、純然たる学術研究という意味で使われている。引用者注〕が「安身立命」の地〔「安身立命」とは、生活が安定し心のよりどころのある状況を指す四字熟語。政治的非難を浴びたりせずに済む安全な場所。引用者注〕と見られていたからだという。意見書によれば、経済関係資料の閲覧利用の面でも、研究業績の評価の面でも、党員研究者と非党員研究者の間には差別が存在し、非党員研究者の積極性を妨げていた。

③　教条主義の打破

冒頭、「経済学の論文を読むと、本文中の五〇％は引用符を付した他の文献の引用、四〇％は引用符を付さない形での他の文献の引用、筆者自身の書いた文章はわずか一〇％だけ」、との一九五四年に鳴らされた警鐘が紹介されている。そのうえで、「情況は好転したとはいえ、依然として以下の二つの問題が存在している」として、「ブルジョア経済学」〔マルクス主義経済学以外のさまざまな経済学の諸潮流。引用者注〕の研究成果を十分吸収しようとしない傾向と、マルクスやレーニンの著作を金科玉条のように取り扱う傾向が批判された。

ここでａ「第一次稿〔原稿〕」、ｂ「第一次稿〔修正稿〕」とｃ「第二次稿」との相違点について触れておく。ａは、㈠経済科学の活動と国家の社会主義経済建設、㈡当面、わが国の経済科学の活動に存在している問題、㈢資料提供の問題も経済科学の進展に影響する重要な要因、という三つの部分に分かれていた。このうち㈡は、前半部分で経済行政が経済学界を軽視している問題に触れ、後半部分でブルジョア経済学の研究成果を批判的に摂取する問題やマルクス主義の古典的著作への接し方を論じている。bも、全体的な構成はほぼaを踏襲しており、文章表現に手が加えられている。

それに対しa、bを踏まえたcでは、次のように大幅な改編が施された。まずa・bの㈠は、簡略化し補訂され、cの前文に位置づけられている。そしてa・bの㈡は、cの①と③に、a・bの㈢は、cの①に移動された。cの②は、a・bになかった新たな提起であり、共産党の影響力の縮小、排除にもつながる内容を含んでいる。

全体を改めて整理すると、経済学者意見書草稿は、経済行政と経済学界に対する大胆な改革提言であり、経済情報の公開、経済行政への研究者の参加拡大、研究者軽視の従来の経済行政への批判、非マルクス主義経済学の積極活用、マルクス主義経済学の相対化、党員研究者優遇の解消などが盛り込まれていた。意見書が起草される三年前に制定された中華人民共和国憲法（一九五四年憲法）は、共産党の指導権を前文に書き込む特異な内容を含んでいたとはいえ、その条文の中には「中華人民共和国は、公民が科学研究、文学芸術の創作とその他の文化活動を進める自由を保障する」（第九五条）、「中華人民共和国の公民は、言論、出版、集会、結社、デモ行進、示威活動の自由を有する」（第八七条）という規定が書き込まれており、経済学者が自由に研究を進め、その成果に基づき自らの見解を発表することは保障されているはずであった。またマルクスの思想を相対化して扱う立場は、当時、歴史学者の雷海宗らによっても提起されており、百家争鳴の徹底が呼びかけられた一九五七年春頃の人文・社会科学界にあっては、それほど際立って特殊な主張だったわけではない。大胆な提言であったとはいえ、経済学者意見書草稿は、科学研究の自由と言論の自由を保障する中華人民共和国憲法の規定を根拠にまとめられつつあったものであり、憲政の論理を貫徹する意味を持っていた。

ただし第二次稿の冒頭には、経済学分野では百家争鳴に呼応した動きが遅れた、と記されている。人民共和国成立期の政治状況に鑑み、経済学者たちが慎重に対応していたことを示すものであろう。一方、後で紹介する批判論文の一つ駱耕漠論文には、この経済学者意見書草稿は「天津や上海の右派経済学者の一大部分の意見を反映」している、とある。おそらく経済学者の間では、意見書草稿に対し相当の支持が存在した。実際、『経済研究』特集号に掲載された批判論文を子細に読んでみると、意見書の内容の全てが批判の対象にされていたわけではないことが判明する。たとえば、意見書に書かれた、国民経済に関する情報の公開を求める要求などは、あまり批判されていない。換言すれば、そうした個所は、妥当な要求事項として、相当多くの経済学者の支持を集めていた可能性がある。

三　意見書草稿をまとめた六人の経済学者

意見書草稿を準備していた六人の経済学者の経歴を整理しておこう。

陳振漢（一九一二年七月三日―二〇〇八年一月一九日、浙江諸曁）一九五七年当時は北京大学教授[10]。経済学を学ぶ中国屈指の教育研究機関であった南開大学経済学院（天津）を一九三五年に卒業し、一九三六年からハーバード大学の大学院に留学して経済史を学んだ。同大在学中に、シュンペーターの講義を受け、歴史・統計・理論の三者を重視するその学風に強い感銘を受けたことを、後に自ら記している。一九三九年一一月、「アメリカ綿紡織工業の地帯分布、一八八〇―一九一〇」という四〇〇頁を超える論文を完成させ学位を取得した。その一部は「アメリカ綿紡織業の生産コストと生産性、並びにその地域的差異、一八八〇―一九一〇」と題し、同地の経済学会誌に掲載されている。一九四〇年、日中戦争の最中に香港経由で帰国し、重慶に疎開していた南開大学経済研究所に勤めるようになった。一九四二年から中央大学の教授を兼任。戦争終結後、一九四六年に中央大学が本来の所在地である南京へ戻ることになったため、陳振漢は北京大学の教授に転じた。戦後中国の行方が問われるなか、知識人に大きな影響力を持った週刊誌『新路』（一九四八年五月創刊）に何編もの文章を執筆したのも、この頃のことである。一九四八年末、共産党軍が迫る北京にとどまる道を選択し、人民共和国成立後は北京大学法学院中国経済史研究室の主任に就いた。北京大学では、学生の教育指導に当たるかたわら、『清実録』『東華録』などの経済史関係記事を採録整理する作業を始めるとともに、『毛沢東選集』の英訳作業にも従事している。一九五三年、中国民主同盟に加盟した。中国科学院が一九五五年に『経済研究』を創刊すると、その編集委員の一人に招聘されている。

徐毓枬（一九一三―五八年、江蘇無錫）当時北京大学教授[11]。清華大学大学院を卒業した後、ケンブリッジ大学に留学し、ケインズの下で博士号を取得した。戦時期に帰国し西南連合大学の教員になり、戦後は清華大学、北京大学などの教員を歴任。一九四九年五月に商務印書館から刊行した『当代経済理論』は、小冊子ながら初めて近代経済学を系統的に中国に紹介したものといわれる。ケインズの『雇用・利子および貨幣の一般理論』（一九三六年）を初めて中国語に翻訳した。中国語訳書は一九五七年に刊行されている。一九五〇年代前半に北京大学の経済系で経済学説史を担当し、古代ギリシア・ローマの経済思想、ヨーロッパ中世の経済思想、重商主義、ケインズ学説などを教えていたという。

羅志如（一九〇一―九一年、四川江津）当時北京大学教授[12]。一九二七年、北京大学英語系を卒業。二年間、杭州第一中学で英語の教師を勤めた後、一九二九年から中央研究院社会科学研究所で助理研究員として勤務するようになった。一九三七年、ハーバード大学で博士号を取得、一九四〇年に重慶大学教授となり、戦後、北京大学に転じた。経済統計学が専門。

巫宝三（一九〇五年七月二八日―一九九九年二月一日、江蘇句容）当時中国科学院経済研究所副所長[13]。南京の中央大学などで学んだ後、一九三二年に清華大学を卒業、同年、南開大学経済学院に入学し、一九三三年から北平の社会調査所で働くようになった。一九三四年、中央研究院社会科学研究所にも所属するようになり、一九三六年から三八年まで中央研究院からアメリカへ派遣され、ハーバード大学で農業経済学を学び修士学位を取得した。一九三八年から三九年までベルリン大学で研修。香港、ベトナムを経由し帰国。一九四七年から四八年まで再び渡米し、博士学位を取得した。人民共和国成立後は、中国科学院経済研究所に勤めるようになった。『中国国民所得（一九三三）』（中華書局、一九四七年）の編著者として知られる。

甯嘉風（一九一二―八〇年、奉天海城）当時中国人民銀行総行幹部学校副校長[14]。一九三六年、清華大学経済系を卒業。一九三九年にロンドン大学経済学部（LSE）で修士学位を取得した。帰国後、昆明に疎開していた国民経済研究所の研究員になり、中央大学教授、中央銀行東北地区副主任などを歴任。人民共和国成立後は、中国人民銀行総計画司副司長を経て幹部学校副校長の地位に就いていた。

谷春帆（一九〇九―七九年、江蘇呉県）当時郵電部副部長[15]。上海の聖芳済書院（セント・フランシス学院）を卒業し、上海の郵政局に勤務。転任を繰り返しながら昇進し、一九四六年には上海市郵政局局長に、四七年には国民政府郵政総局副局長兼儲金匯業局局長に就いた。また業務のかたわら『大公報』などに財政経済関係の記事を執筆し、わかりやすい語り口のエコノミストとしても知られていた。人民共和国成立後、華東郵政総局儲匯処署長などを経て、郵電部副部長に就いていた。

意見書草稿を準備していた経済学者六人のうち五人は、イギリスもしくはアメリカに留学して学位を取得しており、残りの一人も上海のミッショナリースクールに学び英語に通暁していた。そして六人全員が経済学について高い水準の素養を身につけ、一九五七年当時、北京大学や中央政府の研究機関で責任ある地位に就いている。さらに重要だった点は、六人がいずれも国民党政権時代から大学、もしくは経済関係の行政機関に身を置いて活躍していた著名な人物だったことである。彼らが名を連ねて意見書を発表すれば、それなりの重みを持つ見解になることが予想された。

四　意見書草稿に対する批判と批判者たち

すでに述べたとおり、『経済研究』五七年第五期には、経済学者意見書草稿を批判する論文がまとめて掲載された。そのリストは下記のとおりである。

張友仁「右派分子陳振漢的政治陰謀」
薛暮橋「斥陳振漢対我国財経工作〝不知道有規律可循〟的謬論」
曽凌「我国目前是不是存在着通貨膨張？」
楊培新「関於財政収支、現金収支、物資供給平衡問題的研究」
駱耕漠「徹底粉砕右派経済学者〝両破両立〟的陰謀」
王志華（慎銘）「我国経済建設和経済規律」
范若一（銘盤）「駁斥陳振漢関於我国経済建設〝不知道有規律可循〟的謬論」
宋濤「駁斥陳振漢汚蔑馬克思列寧主義政治経済学的謬論」
賀笠「駁斥陳振漢否定馬克思列寧主義政治経済学的陰謀」
呉清友「四十年来蘇聯在政治経済学方面的巨大成就」
黄仲熊・譚寿済・曽啓賢「堅決反撃陳振漢等向党向馬克思主義的猖狂進攻」
丁鵠「〝乗数論〟只是一個数学概念嗎？」
鄭新如「右派美化資産階級社会調査是為了什麽？」

子細に全ての論文を読んでみると、文革時に再現されるような激しい個人攻撃を展開しているものがある一方、直接的な批判をほとんど行っていないものもある。論者によって立場は微妙に異なっていた。以下、内容を簡潔に要約しておく。

張友仁「右派分子陳振漢的政治陰謀」　陳振漢に対し反党、反社会主義、反マルクス・レーニン主義の政治的陰謀を企んでいるというレッテルを貼る総論的な批判である。まず最初に党の知識人政策に反対している、として、陳振漢が北京大学経済系の労働組合（工会）で提起した主張を、「社会科学無用論」（マルクス・レーニン主義は役立たずで、ブルジョア経済学のほうが役に立つとするもの）、「潜在的力量枯渇論」（会議や学習会が多すぎ研究者は疲れ切っているとするもの。もっとも張は陳のことを、実際にはほとんど教育を担当していない、と批判している）、「国際的低水準論」（ソ連の理論水準は国際的に見て低レベルとするもの）の三点にまとめ、批判する。ついで、章羅連盟に呼応し秘密裏に座談会を開き、反マルクス主義経済学の意見書草稿をまとめようとした、と陳振漢の行動に対する批判が展開される。また「反党反社会主義の言論」の事例として、党員が学長・副学長等に就任することに陳が反対したことを挙げ、陳がハーバード大学や南開大学で学び、太平洋問題調査会に参加したことに対しても、「帝国主義と国民党の奴隷化教育を受けてきた過去」だとして糾弾する。さらに「解放前の反動著作」として、共産党の土地法大綱を批判した論文や『新路』掲載論文も批判の対象になっている。

薛暮橋「斥陳振漢対我国財経工作〝不知道有規律可循〟的謬論」　意見書草稿を意識し、政府の経済政策担当者とマルクス主義経済学を擁護している。政策担当者擁護の根拠にされているのは、すでにソビエト時代、抗日根拠地時代から通貨発行を管理しており、その能力は試され済みであること、経済法則の重要性は十分理解していること、の二点である。またマルクス主義経済学擁護の根拠にされているのは、それが社会主義建設にも有効だからというものである。ついでケインズ学説に対する批判が記され、抗戦期のアメリカ留学を「帝国主義の洋博士」追求行為だと非難する陳振漢への個人攻撃で結ばれている。

曽凌「我国目前是不是存在着通貨膨張?」　政策担当者の立場から意見書草稿に反論している。通貨管理は適正に行われており、物価は安定していること、通貨発行額の非公開など経済統計の機密保持は、資本主義と対決しているため、と説明されている。

楊培新「関於財政収支、現金収支、物資供給平衡問題的研究」　政策担当者の立場から財政収支・現金収支・物資供給の三者のバランスを配慮してきた政策を論じた文章であり、意見書草稿が書かれる以前の一九五七年四月に執筆された。当然、意見書草稿に対する批判めいたことは何も書かれておらず、そのあたりの事情が前文で触れられるのみである。

駱耕漠「徹底粉砕右派経済学者〝両破両立〟的陰謀」　経済学者であり、政策担当者でもあるという立場から、意見書草稿にかなり丁寧に反論しており、興味深い。冒頭、「経済科学的十二年遠景計画草案」（一九五六年）に言及し、それを擁護するとともに、自分たちの理論水準が低いことも率直に認め、教条主義を克服する努力が払われていることを強調する。そして経済計画については「大計画・小自由」の方針を擁護し、財政については「総合財政工作」の八年間を擁護する。それに対し、意見書草稿の執筆者たちは、章伯鈞・羅隆基らの「政治設計院」設置構想に呼応し、その経済分院の設立を企図していたと非難する。最後に意見書草稿について、「天津や上海の右派経済学者の一大部分の意見を反映」したものと、強い警戒心をにじませている。

王志華（慎銘）「我国経済建設和経済規律」　やはり政策担当者の立場からの反論である。マルクス、エンゲルスの「ゴータ綱領批判」や「反デューリング論」を引き、重工業に対する重点投資政策を擁護するとともに、蓄積率、労働生産性など経済計画に関わる具体的な数値も紹介されている。

范若一（銘盤）「駁斥陳振漢関於我国経済建設〝不知道有規律可循〟的謬論」　抗戦期の辺区における通貨政策、交易政策の経験を挙げ、政策当局を擁護した論文である。機械的政策ではなく柔軟に対応していたことを強調している。

宋濤「駁斥陳振漢汚蔑馬克思列寧主義政治経済学的謬論」　マルクス・レーニン主義政治経済学を擁護する一文であり、学説史的な議論も提示されている。

賀笠「駁斥陳振漢否定馬克思列寧主義政治経済学的陰謀」　やはりマルクス・レーニン主義政治経済学を擁護するための論文で、それは時代遅れでも、教条主義でも、セクト主義でもないことを強調する。その一方、我々は左派であり、労働者階級と全国人民の利益を代表すると宣言する政治的色彩が濃厚な一文である。

呉清友「四十年来蘇聯在政治経済学方面的巨大成就」　ソ連研究の専門家という立場からソ連の学術水準を擁護している。

黄仲熊・譚寿済・曽啓賢「堅決反撃陳振漢等向党向馬克思主義的猖狂進攻」　武漢大学経済系の、おそらくは若手の研究者グループが執筆した文章であり、武漢においては、政策当局と学者は協力していると主張している。

丁鵠「〝乗数論〟只是一個数学概念嗎?」　ケインズの乗数理論は独占資本主義時代の反動的経済理論だという批判が展開されている。

鄭新如「右派美化資産階級社会調査是為了什麼?」　社会学で「右派」とされた研究者に対する批判が展開されており、呉景超「社会学在親中国還有地位嗎?」(『新建設』五七—一)、費孝通「関於社会学、説幾句話」(『文匯報』一九五七年二月二〇日)などが具体的に挙げられ、ブルジョア社会学だとする批判が繰り返されている。

批判を通じて目につく点の一つは、名指し批判の矛先が、全て陳振漢に集中していることである。他の五人に対する名指しの批判は、この時点では表面に出てこない。なぜか。実際、中心になったのが陳振漢だったことが大きな理由であろう。加えて陳振漢一人に罪を負わせ、他の五人を救うという配慮があった可能性も否定できない。なお第二次稿では陳振漢以外の名も挙げられ、各人の改訂意見が具体的に明記されている。なぜこのようになったかという意図も問題にすべきであろうが、今はこれ以上詮索する手がかりがない。

表1　批判論文執筆者の略歴

姓名	生没年	出身	学歴	当時の役職	備考
張友仁[1]	1923-2015	浙江・上虞	西南連合大学，北京大学	北京大学講師	西南連大では航空工学を専攻．戦後，北京大経済系を47年に卒業し助教．50-52年，人民大の大学院で学び，52年から北京大講師．
薛暮橋[2]	1904-2005	江蘇・無錫	江蘇省立第三師範学校中退	政務院財経委員会委員	鉄道員出身，1927年，中共入党．1938-42年，新四軍で財政経済担当．大躍進を批判．文革期に批判された．
曽凌				中国人民銀行金融研究所所長	
楊培新	1922-	広東・大埔	武昌・中華大学	中国人民銀行頭取南漢宸の秘書	重慶『商務日報』，上海『文匯報』などの経済面記者．
駱耕漠[3]	1908-2008	浙江・臨安	浙江省立甲種商業学校	国家計画委員会成本物価局局長	1938年，中共入党，新四軍などで抗日根拠地の財政経済担当．2004年に『往事回憶』を執筆．
王思華（慎銘）	1904-78	河北・楽亭	北京大学	国家統計局局長	1926-30年，英，仏に留学．資本論翻訳．1938年入党．延安の中央党校政治経済学教員．文革期に批判された．
范若一（銘盤）	1911-79	河北・威県		国家計画委員会	1930年入党，1935-37年に日本留学．晋冀魯豫辺区建設庁庁長．
宋濤[4]	1914-2011	安徽・利辛	華北連合大学	中国人民大学教員	1942年入党，大躍進を批判，文革期に批判された．
賀笠					『経済研究』に寄稿．
呉清友					ソ連経済研究．
黄仲熊	-1968			武漢大学経済系	文革期に自殺．
譚寿済				武漢大学経済系	
曽啓賢[5]	1921-89	湖南・長沙	武漢大学経済系	武漢大学経済系	
丁鵠	1916-2000		大学（学校名不明）	中国人民銀行	国民政府期に中央銀行勤務．
鄭新如	1922-	四川・自貢		統戦部工商統戦処副処長，中央財政委員会第六辦公庁副主任．	1938年入党．重慶『新華日報』記者．

出所：1）陸栄冨他編『当代中国社会科学学者大辞典』（浙江大学出版社，1990年）308頁．2）同上422頁．3）同上365頁．4）同上306頁．5）同上407頁．

以上の批判論文を書いた人々は、必ずしも当時の中国経済学界を代表する存在だったわけではない。むしろある種の偏りを持っていたというべきである。表1の情報に基づき、整理してみよう。まず第一のグループは、大学の若手教員、それも日中戦争期に、中国共産党の影響が強かった華北連合大学や西南連合大学で学び始めたという張友仁、宋濤らであった。第二のグループは、戦前来の共産党員であって、抗日戦争中に辺区政権で実際に経済政策を担当した経験もある薛暮橋、駱耕漠らであった。そして多数を占める第三のグループが、当時、政府で実際に財政経済政策を担当していた人々である。全体として平時に大学で専門的に経済学を学んだという学歴を有する者は少なく、自学自習という薛暮橋のようなタイプが多く見られ、意見書草稿をまとめた専門的な経済学者たちとは異質の集団を形成していた。こうしたある種の偏りを念頭に置くと、同じ北京大学の若手教員張友仁がアメリカで博士学位を取得していた教授陳振漢を批判する急先鋒に立ったという事情も、ある程度推察されよう。経済学者意見書草稿批判の背景には、異質の知性の衝突という要素も存在していた。

おわりに

批判が掲載された『経済研究』一九五七年第五期の巻末には、陳振漢・巫宝三らの名が、依然、編集委員として掲載されている。隠然たる支持が存在したことを示すのか、それとも、かなり倉卒な批判であったため、巻末の編集委員の名簿まで注意が及ばなかったのか、その間の事情はわからない。いずれにせよ、同誌の一九五七年第六期からは編集委員のリストそのものが掲載されなくなった。

一九五八年になると、陳振漢らへの批判はさらに拡大された。たとえば巫宝三の中国国民所得に関する研究への批判、陳振漢らの『資本論』理解に対する批判などが挙げられる⑯。

注目されるのは、意見書草稿に関わった六人以外の経済学者に対しても、批判が波及していったことである。馬寅初のような民国期から活躍してきた著名な経済学者に対するものもあれば[17]、『経済研究』編輯部の中にいた研究者に対するものもあった[18]。

さらにいえば、当時、ほとんど公開の場で議論されなかった領域でも、学問的な業績に対する政治的批判が広がっていた。一九世紀中国の造船業史に関する孫毓棠の業績が批判され、職場の変更を強いられたことなど、そのほんの一例に過ぎない[19]。

それぞれの批判が展開された文脈は異なるものであったとはいえ、このような風潮が経済学分野における学問の自由を一段と制限する契機になったことは疑いない。

批判の矛先に立たされた陳振漢は、北京大学経済系の資料室に配置転換され、資料の翻訳と整理を担当することになり、学生に講義したり、論著を発表したりする権利を剝奪された。その後、文革期には肉体労働に従事させられた期間もあった[20]。文革終結後の比較的早い時期に陳振漢の名誉は回復された。一九七九年一〇月末、『人民日報』は陳振漢の論文を掲載した専門誌の創刊を麗々しく報じている[21]。

陳振漢以外の五人に対する処遇は、必ずしも明らかではない。一九五八年に病死したという徐毓枬の死が、一九五七年の事態と何らかの関係があったのか否かは不明である。マクロ経済の分析を専門としていたはずの巫宝三は、一九五七年以降、現状分析から離れ古代中国の経済思想史研究に沈潜した。郵電部に在職していた谷春帆は、文革時に批判され失脚した。

なお付け加えておけば、反右派闘争時の批判者のなかの少なからぬ人々が、文革期になると、今度は自分たちが批判を受ける側に立たされるようになり、そのなかには武漢大学教員の黄仲熊のように自殺に追い込まれた人物もいた。

経済学者が一九五七年に意見書をまとめようとした意味を、改めて整理しておきたい。百花斉放・百家争鳴期の政府側の呼びかけを契機に、経済学者の間でも、十分な経済情報を得て経済運営に参画しようとの期待が高まり、折から強まっていた学問の自由を求める声と重なる形で経済学者意見書草稿がまとめられた。これらの要求は、社会主義体制の下でも憲政の実現をめざそうとする動きにほかならない。この時は、踵を接して勃発した反右派闘争の結果、草稿を基礎に意見書が発表される機会は永遠に失われてしまった。とはいえ、この時に提起された情報公開や学問の自由の実現は、依然として中国が直面している大きな問題であり、人民共和国は、その誕生時から、大きな課題を抱え続けてきている。

（1）岩村三千夫「中共と民主政党の関係」（『中国資料月報』第一一三号、一九五七年八月）、岩村三千夫「整風運動と中国の民主党派」（『中国資料月報』第一二八号、一九五八年一二月）、池上貞一「中国共産党と民主諸党派」（『現代中国（現代中国学会第七回学術大会特集）』第三三号、一九五八年六月）。『現代中国』第三三号の編集委員が書いた巻頭言は「自主的な研究態度」の重要性を提起しており、興味深い。

（2）程麟蓀（関智英訳）「国民政府資源委員会とその人民共和国への遺産」（久保亨編『一九四九年前後の中国』汲古書院、二〇〇六年）、国分良成『現代中国の政治と官僚制』（慶應義塾大学出版会、二〇〇四年）。

（3）国民政府時代に銀行の調査部にいた呉承明は、人民共和国成立後、工商行政管理局に勤務するようになった。国民政府時代に中央研究院にいた王子建は、人民共和国成立後、上海の工商行政管理局に勤務するようになった。一方、陳振漢らに近い立場で文章を書いていた『新路』同人のうち、蔣碩傑は台湾に居を移し、劉大中は外国への移住という道を選択している。久保亨「戦後中国の経済自由主義」（村田雄二郎編『リベラリズムの中国』有志舎、二〇一一年）。

（4）人民共和国成立前夜の経済学者のなかの有力な部分が『新路』に結集していた。前掲久保論文参照。

（5）「社会科学界決定展開反右派闘争　捍衛馬列主義思想陣地」（『人民日報』一九五七年八月二八日）。

（6）「陳振漢是章羅連盟在経済学界的反響急先鋒　北京大学師生批駁斥他的反動謬論」（『人民日報』一九五七年八月二九日）。

（7）『経済研究』編輯部編輯、科学出版社、一九五七年一〇月一七日出版。

（8）陳振漢『歩履集』（北京大学出版社、二〇〇五年）。

(9)王曙光「回想蒼氓歳月――陳振漢先生的人生与学術」（前掲陳振漢『歩履集』）。陳振漢の同意を得て発表されたこの伝記によれば、六人の所属組織は以下の（　）内のとおりであった。北京大学教授　陳振漢（中国民主同盟）・北京大学教授　徐毓枬（中国民主同盟）・北京大学教授　羅志如（中国民主同盟）・中国科学院経済研究所副所長　巫宝三（民主促進会）・中国人民銀行総行幹部学校副校長　寗嘉風（九三学社）・郵電部副部長　谷春帆（国民党革命委員会）。

(10)以下、陳振漢の伝記的事項は主に前掲王曙光「回想蒼氓歳月――陳振漢先生的人生与学術」による。

(11)徐友春編『民国人物大辞典』増訂本第二版（河北人民出版社、二〇〇七年）一二三七頁。百度などにより補足。

(12)前掲徐友春編『民国人物大辞典』増訂本第二版、二七七四頁。百度などにより補足。

(13)孫家琇「懐念比我早走了的老伴巫宝三」（『群言』一九九九年第九期）。前掲徐友春編『民国人物大辞典』増訂本第二版、五七四頁。百度などにより補足。

(14)前掲徐友春編『民国人物大辞典』増訂本第二版、二〇九五―二〇九六頁。

(15)前掲徐友春編『民国人物大辞典』増訂本第二版、七〇七頁。なお聖芳済書院（セント・フランシス学院）は、一八七四年にイエズス会がフランシスコ・シャビエルの名を冠して開設したミッションスクールで、一八七五年からカトリックの教育者の国際団体マリスト・ブラザーズが運営を引き継いでいた。現在、後身を名のる時代中学や北虹中学が上海に存在するが、キリスト教との関係はない。また香港には一九五五年に上海から移設された聖芳済書院があり、教育事業を続けている。

(16)汪敬虞・馬黎元・黄范章・張卓元「批判資産階級経済学者対中国国民収入的〝研究〟」（『経済研究』一九五八年第一期）、王学文「関於〝資本論〟的体系的幾点意見：駁右派陳振漢等有関這方面的誤謬」（『経済研究』一九五八年第三期）、李云「陳振漢的〝科学知識〟究竟是替誰服務的？」（『経済研究』一九五八年第三期）。

(17)王琢・戴園晨「〝新人口論〟批判」（『経済研究』一九五八年第二期）、戴園晨「評馬寅初先生的〝我的経済理論哲学思想和政治立場〟」（『経済研究』一九五八年第五期）、駱耕漠「評馬寅初底資産階級立場和庸俗経済学視点」（『経済研究』一九五八年第一〇期）、陳如龍・王琢「評馬寅初的経済理論和政治立場」（『経済研究』一九五八年第一一期）、方行「駁馬寅初対我国工人階級与資産階級関係問題的歪曲」（『経済研究』一九五八年第一一期）、李文治・汪敬虞・張国輝・魏金玉「従歴史上看馬寅初〝経済理論〟的反動実質」（『経済研究』一九五八年第一一期）。

(18)本刊編輯部「掲露右派分子林里夫」（『経済研究』一九五八年第四期）、呉樺「駁斥林里夫歪曲我国国家資本主義性質的反党理論」（『経済研究』一九五八年第四期）、左力「駁斥林里夫在農業社会主義改造問題上的反動観点」（『経済研究』一九五八年第四期)、張国輝「掲露林里夫歪曲引証教典著作的粗暴行為」(『経済研究』一九五八年第四期)。

(19) 孫毓棠は一九世紀後半、上海などのイギリス資本造船所で機械工業が発展したことを評価する研究を進めていた。これに対し、帝国主義を肯定するもの、といった批判が出てきたため、結局、経済研究所から歴史研究所への異動を余儀なくされた。久保亨「近代中国における機械工業の発展――一八六〇―九〇年代の上海造船業を中心に」(秋田茂編著『「大分岐」を超えて――アジアからみた一九世紀論再考』ミネルヴァ書房、二〇一八年)八三頁など参照。

(20) 前掲王曙光「回想蒼氓歳月――陳振漢先生的人生与学術」四一六頁。

(21) 「『経済科学』即将創刊」(『人民日報』一九七九年一〇月二九日)。陳振漢の論文は「技術引進和晩清新式軍用工業」(『経済科学』第一巻第一期、一九七九年)。

第10章　台湾憲政文化のための歴史記憶
——『自由中国』を中心として

潘　光　哲
（森川裕貫訳）

はじめに

『自由中国』（半月刊）は一九四九年一一月二〇日に創刊され、一九六〇年九月一日に最終号（第二三巻第五期）の発行を迎えている。同誌は台湾において一一年近く存在し、全二六〇号を発刊、[1]発行部数は一万五〇〇〇部に達し、[2]広範な歓迎を受けた。そして、広く認められているように、一九五〇年代台湾の歴史舞台において重要な地位を占めたのである。[3]

『自由中国』は創刊にあたり、中国で興起している共産主義に対抗することを根本の主旨とし、自由民主の理念を宣伝したので、思想闘争の理論的武器と見なされた。「自由中国」という旗印の下に集った知識人は、胡適を精神的領袖とし、雷震を行動的首班とし、基本的には自由主義の立場を取り、国際共産主義という「赤潮」の氾濫を全力で阻もうとしていた。『自由中国』の登場は、台湾に逃れ再起を期していた中国国民党（以下、国民党と略称する）政権およびその最高指導者である蔣介石と密接な関係があり、実質的な支援すら受けていたことは否定できない[4]。とはいえ、自由民主などの理念により、「反共」闘争事業を展開する以上、『自由中国』の同人は反自由と反民主の党国権威体制に従属してただ小躍りしているわけにはいかなかった。彼らは自身の掲げた理想を実現し堅持するために、党国権威体制に挑戦し、それを批判したが、最終的に赤裸々な国家暴力の弾圧を受け、雷震らは一九六〇年九月四日に逮捕されて入獄し、『自由中国』も終焉を迫られた[5]。

今日、台湾はすでに党国権威体制から民主体制の国家へと変容した。ただ、党国権威体制の多くの「遺産」をいかに処理し、いかに「移行期の正義」を実現するのかという問題は、なお十分には解決されていない[6]。ここで『自由中国』の論述を再度読み直すことは、民主自由の理念を基礎とする「記憶文化[7]」を構築するのに有益であるに違いない。本章は『自由中国』が中華民国憲政体制の規範に基づき、党国権威体制をいかに批判したのか[8]、そしていかにして「反対党」の組織準備を党国権威体制の圧迫支配に反抗する活路としたのかにつき簡単な叙述を行う。そして『自由中国』の論述が、今後の台湾が「デモクラシーの想像〔歴史を手がかりに、より確固としたデモクラシーを構想すること〕[9]」という方向に向かって実践するのを盛んに鼓舞するのだと指摘したい。なお、『自由中国』に見られる台湾のエスニシティ政治に対する思考は[10]、ユルゲン・ハーバーマスの提言により広く知られるようになった「憲法パトリオティズム[11]」の論説ともよく響き合うものであって、台湾の憲政文化[12]の歴史記憶の構築にとり、実に意義深いことである。

一　『自由中国』の台湾党国権威体制に対する批判――「地方自治」を中心に

一九四〇年代末期、中国の非常時期に身を置いた『自由中国』の同人たちが選択したのは、「擁蔣反共」の立場であった。彼らと国民党（および蔣介石）の関係も、当初は「意気投合している[13]」と称してよいものだった。ただ、国際情勢の変化と国民党の「改造」の完成により、『自由中国』の同人はすぐさま、国民党の「改造」の結果、党国権威体制の陰影が台湾の大地を覆うようになったと認識した。『自由中国』は次のように概括している。台湾は「計画的に単一の意思と単一の勢力の厳格な支配の下に置かれた」、だから「台湾社会はほとんどあらゆる方面で、厳格な管制のなかにすでに置かれている」のであり、「現代の統治技術が作り出す厳重な警戒と、有形無形の力量が直接間接にもたらすかもしれない脅威がそこに存在するのは明々白々であり、愚か者でなければ、誰もがそれを感じ取れる」のだ、と。[14]

党国体制の抑圧の下、人民の日常生活も「白色テロ」の陰影と交錯していた。[15] 人民の労働生活の単位には「安全室」が設けられ、「勤務する人員は戦々恐々とさせられ、慎みを欠いた一言を発するのを恐れて、「こそこそとひそひそ話をする」嫌いがあった」。[16] 高位高官も「白色テロ」の災厄を免れがたく、考試院副院長の羅家倫は家書のなかで、「中国共産党の工作員に備えて、この間の書信の検査ははなはだ厳しい」と述べている。[17] 一九五〇年代、「自由中国」を自称した台湾は、実際のところその敵である中国共産党の全体主義政権とあらゆる所為において区別がなかった。

しかし、党国権威体制は「自由中国」を公然と掲げ示していた以上、形式上は民主憲政の枠組みに屈従し、海峡対岸の「赤色」政権と対立する姿勢を明示せざるを得ない。[18] 赤裸々な暴力による鎮圧のほかに、群衆という基礎によって、この体制は台湾を統治する正当性を拡大する必要があったのだから、それはなおさらである。一九五〇年代の初めから、「地方自治」の名による選挙活動によって、これは世に問われた。一九五〇年四月、各県市議会議員の選挙が開始され、同年一〇月には各県市議会議員が間接に臨時省議会議員を選出した。一九五四年には直接選挙を開始し、一九五九年の第三回選挙からは「臨時」の二文字が取り消され、正式に台湾省議会と命名された。[19] それ以降、省以下各級の民意機構はすべて定期的に改選されるようになった。台湾の各県市長の選挙も一九五〇年四月から開始され、[20] それは定期的に実施された。短期的に言えば、これは党国権威の強固な正当性の基礎となった。長期的に言えば、これはその後の台湾のデモクラシーへの構造転換に、民主化のためのインフラストラクチャーを提供した[21]。しかし、党国権威体制の下では、「地方自治」は結局のところ「地方党治」の道を歩んだ[22]。国民党はさらに傲慢かつ勝手なことに、「一種の不公平で非合法な基礎の上に」選挙の「勝利」を獲得した[23]。こうした状況に直面して、『自由中国』はこれを打ち倒すのに、理論面で「地方自治」の民主憲政体制下における意義を説明し、また党国権威体制がいかに台湾の「地方自治」をねじ曲げ侮辱したのかを、痛快なまでに暴き出した。

理論面から言えば、党国権威体制の圧迫を受けた「地方自治」に対して、『自由中国』が批判を発動するのに用いた最重要の武器は、中華民国憲政体制の規範であった。つまり、「台湾省政体制の根本問題は、憲法の規定に照らして、地方自治の体制を樹立していないことだ[24]」と言うのである。中華民国憲法に依拠すると、省県自治通則が「地方自治」の法律の根本基礎であるが、立法院による立法手続き完成を経ておらず、そのため「省自治法は制定のしようがなく、省政府は今に至るまで自治組織ではなく、省議会もこのために「臨時」という文字をその冒頭に置かなければならない[25]」。実質面から言えば、台湾が「地方自治」の法律を推進するのに依拠するのは、すべて行政命令に過ぎず、かつ「はるか二十数年前の一党訓政が厳重に実施された時期に、行政院が頒布したものであった[26]」。民意を代表し、民意を反映していると号する臨時省議会が存在していても、議会と省政府の立場が不一致の際には、最終的な決定権力はすべて行政院に属しており、必要な時は行政院が議会解散を命令できるので、正真正銘の「指導的自治」となったのである[27]。「地方自治」が推進されて一定の時間が経過した後、党国権威体制はそれまでの経験を積み重ね、従来の一三種類の地方自治法規を簡略化して七種にまとめることを決意している。『自由中国』の重要な書き手の一人である傅正は[28]、その間の「深淵で微妙な道理」が、つまり「形式上は「民治」であっても、実質上は「官治」であり、さらに進んで台湾地方の「党治」を完成させる」との任務にあったのだと暴いている[29]。『自由中国』が描写しているのは、「地方自治」が「地方党治」に変容したことで顕現する悲しむべき一場面である。

すなわち、一般の人々は、「経済的には、すでに各種の課税を負うことのできない苦境に達している」し、「政治的には、管制制度の煩雑と混乱が、地方の民衆の発展ないしは生存にすでに厳重に危害を加えている」[30]。『自由中国』は憲政体制を貫徹する立場から、この悲痛な惨状に一つの「処方箋」を示した。「立法院は迅速に省県自治通則を制定し、省民代表大会を招集し、省自治法を作り出し、省長民選を実行する」などの主張である[31]。当時の環境の下では、これらの主張が履行される可能性はなかった。とはいえ、この後、憲政体制を実践する立場から発言し立論することは、依然として党国権威体制を批判する武器の一つとなった[32]。

より意義深いのは、『自由中国』が一九五六年から地方選挙の問題に深い関心を抱き始め、政府の制限選挙実施を批判するだけではなく、党国権威体制が選挙を弄ぶという違法事件を暴露し批判したこと、さらに在野の人士のために代わって発言したことであり、一九六〇年の選挙活動で、『自由中国』はあたかも非国民党籍候補者の機関刊行物となったかのようであった[33]。残念なことは、事実と希望が異なっていたことで、その年の選挙の勝者はやはり国民党であった。一九六〇年五月一八日、敗北の痛みから立ち直り落ち着きを取り戻した上で、在野党および無党派の人士が台北市和平東路の中国民主社会党（以下、民社党と略称する）中央総部で会合して、「第四回地方選挙検討会」を開催し、その年の地方選挙の経過および得失を検討した。「反対党」を成立させるという主張は、参会者の共通認識となり、最終的に「地方選挙改進座談会を即日組織する」ことを決議した。「別途新しく強大な反対党を組織するという問題」については、座談会および民社党と中国青年党（以下、青年党）の二つの党が「協商して進行する」こととした[34]。『自由中国』も社論を発表し、「これらの民主政治を篤く信じる人士に依拠して、みなで一つの強大な反対党を連合して組織し、国民党と抗争しよう[35]」と主張した。「新党」結成の計画、つまり中国民主党の序幕は、ここに始まるのである。

二　『自由中国』の「反対党」論述

中国民主党の創設と夭逝は、戦後台湾政治発展史上、最も心を揺さぶられる悲劇であった[36]。「反対党」を結党するという理想は、その後の台湾の「デモクラシーの想像」の実践にとって、影響が深刻で長期にわたるものだった。

『自由中国』の「反対党」に対する「デモクラシーの想像」は、歴史的環境の変化にしたがって、次第に発展した。大まかに述べると、『自由中国』創刊の頃の「反対党」に関する論述は、「理念的説明に偏するばかりで、その理念を主動的に実践していくことには積極的ではなかった」[37]。党国権威体制が無限に拡張すればするほど、『自由中国』は「反対党」こそが党国権威体制を解体し、民主憲政を実現する見込みのある役割を果たすと認識し、その成立を促すべく方法を講じるようにもなった。理論面では、彼らは強大な「反対党」が民主政治の必要条件であることを何度も繰り返し論証・宣伝し、さらには「反対党」を当時の「あらゆる問題を解決する鍵の所在である」とすら見なすようになった[38]。

『自由中国』が、「反対党」こそが党国権威体制を解体するのに意義をもつと認める時、構想を実践する空間は、既存の二大在野政党である民社党と青年党に託された。しかし、党国権威体制の脅迫と利益誘導の下、民社党と青年党の内部はばらばらな状態に追い込まれ、自主の維持は困難となった[39]。雷震本人は一九五五年、民社党と青年党の「団結」工作に積極的に参与した際、「強大な反対党」をそれによって組織したいと希望した[40]。同一時期の『自由中国』の社論も、民主・青年両党が団結して強化を図り、「執政の国民党と公開合法の政治闘争を行い」、「反対党」の機能を発揮できるよう期待していた[41]。しかし、度重なる奔走を経て、雷震の努力は結局失敗に終わった。その苦心と希望は、あまりに楽観的な期待に過ぎなかったのだ。

国民党内部からも、「反対党」をいかに組織するのかにつき、ありうる方策が練られた。『自由中国』の精神的領袖である胡適は、つとに「国民党の自由な分化」を唱えていた(42)。この主張は、「国民党の指導者層には受け入れられないけれども、国民党内の民主自由思想を受け入れている知識分子は、確実に動かされるところがある」(43)ものであった。『自由中国』の一層「急進」的な呼応も得て、国民党内部の「開明的進歩分子」が、「別途新たな組織を成立させ、さらには民社党と青年党および無党派の人士と連合して、一つの新たな強大な反対党を作り上げる」よう期待していたのである(44)。当然、『自由中国』が述べるように、「国民党の指導者層」はこの提議を受け入れられなかった。「彼らは国を挙げての思想の一致を求めてすらいるのだから、自党内部の分化をどうして容認できるだろうか(45)」。

台湾で「反対党」を組織する声が日増しに高まった際、胡適は転じて「一つの知識分子を基礎とする新たな政党」の可能性に期待をし、また「このような在野党が、五年、一〇年、あるいは二〇年在野にあってもかまわない(46)」と強調した。胡適は知識分子を「反対党」の基礎とし、かつ政権奪取を目標としないことが、元来の自身の思考と行動の脈絡にかなったことなのだとしている(47)。このような立論は、同様の反応を得て、ある者は「知識分子を指導の核心とする」反対党の運動を展開し(48)、ある者は「各方面の理想を共有する知識分子を包含した連合組織を成立させる」と主張し、「内外の民主自由理想を抱く知識分子」に向かって呼びかけて、積極的に「新党運動」を展開した(49)。知識分子がこのような責任を負担するよう期待されるのは、もちろん中国の伝統的士大夫の「天下の盛衰を己の責任とする」といったエリート意識の延長である。だがこれは、党国権威体制の圧迫の下で、民主理想の実践を求めようとする場合に用いざるを得ない穏当な言辞とも見て取れる。

結局のところ、党国権威体制の権勢に挑戦するに足るいかなる潜在的力量も、従来存在を認められなかったし、あるいは蓄積されて何らかの形を取ることもなかった。このような状態は、当時少なからぬ論者をして、「反対党」の未来図を党国権威体制の「善意」にいったんは期待させることとなった。たとえば、世間を一時騒がせた『自由中国』「［蔣介石］誕生祝賀特集号」（第一五巻第九期、一九五六年一〇月三一日）の「反対党」に言及する多くの文章を見ると、その主要な論旨は、国民党が「有力な反対党をもりたてる」よう希望するというものだった[50]。牟力非が批判したように、この種の論述は「反対党の成立を呼号するのに、「助けを乞うている」成分を多く含んでいるように人々に感じさせる。つまり、執政党の「施し」に助けを求めているのである」。しかし彼は依然として「執政党」は必ず「国家を民主憲政に向かわせることを信念とし」、「反対党の存在および活動を許」さなければならないと考えていた[51]。とはいえ、党国権威体制は当然このような「雅量」をもっていなかった[52]。政治闘争の経験に富む雷震はかつて「救国会議」の開幕を利用して、「大会において政府に新党の成立を許すよう迫る」ことを考えたし[53]、傅正も後に「反共救国会議」のような場を利用して、「反対党組織を成功させる」ことを構想していた[54]。いずれも党国権威体制の下、政治行動を展開していく戦術思惟を具体的に突出させたものである。

同時に、『自由中国』も国民党に期待するという過去の思考をはっきりと否定し、「執政党が反対党を「もりたてる」ことを決して希望してはならず、強大な反対党の存在は、必ずそれ自体の苦闘を経なければならず、いかなる方面の恩賜も求めてはならない[55]」と強調している。このような認識は、『自由中国』が中華民国憲政体制の規範を援用して、「反対党」の実践のために正当性を探し始めるという状況を導いた。そして『自由中国』は、「人民が集会および結社の自由を有する」という憲法の規定に依拠して、「この新たな反対党は、すぐに組織されるべきであるだけではなく、法律上の保障も受けるべきである」と声明し、「我々は今日当然反対党を組織する権利がある[56]」と強調していた。しばらく後、『自由中国』で健筆をふるった一人である殷海光は、「反対党」を成立させる理論的根拠が、「民主自由を実現する」といった類の空想的スローガンではなく、「「民主自由」を具体的な場所に安定させ」なければならない、つまり「基本的人権の上に定位させ」なければならないという点、そして「いかにして基本的人権を擁護するのか」を、「新党が努力を振り向ける基本目標」としなければならないといった点にあると論じ立てた[57]。『自由中国』は「反対党」によって党国権威体制が圧迫し支配している想像的空間を解体しようとしたのであり、このような認識はその理論の極致であると言えよう。

三　『自由中国』と台湾エスニシティ政治の思考

『自由中国』が「反対党」の「デモクラシーの想像」の実践を意図したことは、民主憲政体制と基本的人権の理念の実現に帰着し、さらには台湾に潜在するエスニシティの衝突・エスニシティ政治――これは、当時はなお「本省人」と「外省人」、あるいは「台湾人」と「内地人」という粗雑な分類範疇にとどまっていたのだが――の解体にとり、意義に富んだ活路を提供した。

全体の脈絡から見れば、『自由中国』が一九五七年以前に「反対党」組織を思索した際、組織成員に対する考慮は、依然として民社・青年両党および国民党内部の開明的人士（簡単に言えば、「外省人」）であって、台湾本土の政治人物を基本的には「協力」の対象とはしていなかった。しかし、傅正がこの年の地方選挙を検討する文章を執筆した際、指摘していたのは、「国民党と選挙で対抗するならば」、「在野党および無党派の人士」は「強大な反対党組織を結成しなければならないということであり、[58]「無党派の人士」とは、台湾の政治的人物を指していた。[59]「反対党」の組織計画は、台湾本土の政治エリートと結合しなければならないというのは、胡適の観点でもあって、「優れた人物の見解は概ね一致する」かのようである。雷震は、蔣介石が総統三期目に入ろうとする状況に直面して胡適を訪問し、「今後いかにすべきか」と尋ねている。胡適は、「民社・青年の両党、国民党民主派、台湾人が合同して反対党を組織するほかない」と明言している。雷震は胡適の話を傅正に告げ、胡適が彼に「反対党の組織には、台湾の地方人士と連絡しなければならない」と注意を促したと話している。傅正はこのやりとりを聞いて、胡適に対し「台湾に住んでいる時間が長いので、台湾の現実政治に対する認識が明確で安心を感じている」とし、また「今日台湾で政治運動に従事するならば、必ず二つの対象をつかまなければならない。一つは台湾の地方人士であり、もう一つは各大学専科学校の学生である」とも考えていた。傅正は、彼が一九六〇年四月一六日に出版する『自由中国』「選挙特集号」で心を砕いているのは、「台湾地方人士」との結合を欲することだと自ら述べている[60]。雷震本人もこの方面に思考を展開し、選挙の後、強く有力な「反対党」を組織し、その構成分子は、「無党派人士を包含するほかに、国民党籍および民社・青年両党の自由民主を篤く信じる人士も包含しうる」ものでなければならないと文章を書き表明している[61]。『自由中国』同人が台湾本土の地方政治エリートと結合したことは、「反対党」の結成のために、尽き果てることのない動力を提供したのである。

しかし、たとえ自由主義の立場を抱く「外省人」であっても、当時は台湾本土の政治人物の政治活動に対して、名状しがたい「憂慮」を抱いてもいた。一九五七年の選挙の後、李万居らは台湾自治法規研究委員会[62]の組織を決議し、後に中国地方自治研究会と名前を定めたが、雷震は発起人の名簿を見て、これが「反対党のさきがけ」と認めはしたが、この組織が「地方色が強すぎ、将来おそらく血を流すのではないか」と心配してもいた。だから彼は、胡適が「反対党」の組織を指導し、「台湾人と内地人の疎隔を消し去るばかりではなく、流血を防ぐ」よう希望したのである[63]。一九六〇年に「新党」を組織するに及んで、本来は結党に賛同していた少なくない「外省人」が、本土の政治エリートを主動的力量とすることに対して、大変な心配をしていた。たとえば、青年党の領袖の一人である陳啓天は、「新党は台湾人の党だが、台湾人が立ち上がるのであれば好ましくない」としていた。青年党の別の領袖の一人である王師曽は「新党が地方性を帯びることを心配し、台湾人を立ち上がらせてしまうと大変なことになるのではないかと心配していた」。国民党立法委員の劉博崑は「台湾人が立ち上がっても、うまくやり通せないので、将来忍びがたいことになるだろう」と考えており、だから結党への参加を希望しなかった。あるいは『自由中国』の同人戴杜衡も「台湾人を立ち上がらせてしまうと、大陸人は将来そのあざけりを受けるだろう。大陸から来た人々は、九割がこうしたやり方に賛成しない[64]」と考えていた。共通の理想を抱いて実践するという政治行動は、エスニシティの阻隔という陰影を色濃く帯びていたのである。

『自由中国』の論者は、台湾のエスニシティ政治の問題が実際に内に秘められた憂いとなっていると、もとより指摘していた。一九五八年、陳誠が再度の組閣を命じられた際、「秋水」という署名の著者は、「台湾省の真の地方自治の迅速な実施」により、「自由中国の主要な構成分子である台湾人の民意を尊重している」と示すように主張し、また「台湾人と外省同胞の間のみぞを埋める」よう尽力しなければならず、さもなければ、「後日、不幸な結果へと変化していく[65]」と強調していた。「本省人と外省人の間に確実に一定の問題が存在しているのだが、しかしそれを公開してはっきり指摘することをみなが願ってはおらず、むしろこの陰影を心のなかに立てかけておくよう希望する[66]」という微妙な時代背景の下、『自由中国』はこのエスニシティの衝突・エスニシティ政治の潜流を直視し、真の民主憲政実現を呼びかけ、生じうる危機を解決しようとし始めた。

まず、『自由中国』は、「本省人」と「外省人」の間に「みぞ」あるいは「阻隔」といった不幸な局面をもたらしかねない歴史的淵源に対し、「本省の人士で反省する必要がある者は少ないが、外省の人士で反省をする必要がある者は実に多い[67]」と率直に承認している。殷海光もまた述べている。

本省「光復」の初め、「本省人」は「外省人」の光臨に対して、どれだけ熱心な歓迎をしたことか。後になっていささか不愉快なことが起きたこと、この責任は「本省人」が負うべきものか、それとも「外省人」が負うべきものか。私が思うに、我々「外省人」がもう少し反省をすべきである[68]。

次に、一九四九年以後、「外来政権」（あるいは「移入政府」）としての国民党は、[69] 本土社会の支持を求めて政権を強固にしようとした反面、台湾社会の「反撃」が政権に脅威を及ぼすのを恐れて、各種各様の策略を用いてその統治を遂行したため、さらに種々の悪しき現象を生み出した。青年党の朱文伯は、選挙活動進行の際、もし各政党が公平に競争できれば、エスニシティの衝突を瓦解させるのに役立つ、なぜなら、「各党員のなかには、本省人もいるし、外省人もいる、民主政党は相互に和平的な手段を用いて理知的に闘争し、感情においては激高して爆発するようなことはせず、本省人と外省人の間の地域性に由来する疑念と隔絶を緩和できる」と指摘している。しかし、国民党政権は「壟断と排他の心理に基づいて政治権力を独占するために」、「党族主義」を貫徹しようと尽力して躊躇がなく、結果は自ずと聞くに堪えないものとなっていた。[70]

『自由中国』も、台湾において、人口少数である党国権威体制権力当局が抱いている「疑いと恐れ」を、率直に暴いている。彼らはこの土地を統治するのに、「この土地の人士の勢力が台頭するのを恐れる心理」をいつも抱いている。彼らがこのような心理をもってしまうのは、「少数で統治しているという潜在意識に基づいている」からである。彼らは「本省人士が政治における比重をいったん上昇させると、少数という立場にある外省人は差別を受けうるし、あるいは差別よりもさらにひどい不幸に遭遇するかもしれないと深く恐れている」。[71]「台湾人と大陸人」が共同で「反対党」を組織するという風潮がすでに生じた時期、党国権威体制において「政治権力に迷っている人々」は、ほかの人々を煽動して騒ぎを起こすように仕向け、「自身がこの変態的恐懼心理を抱いただけではなく、故意に危ういことを言い立て、大陸人内部にこの種の心理を散布した」[72]。殷海光は、この党国権威体制の統治の技量が、「外省人」の「本省人」に対する恐怖心を利用し拡大し、双方の間の「矛盾した対立」のなかから統治の利便を獲得していると急所を突く批判をしている。彼は「この種の工作に従事する人士は、眼前の利益にのみ注意し、後の結果がどうなるかに全く注意していない」[73]と痛罵している。胸一杯の義憤の情が、誌面に躍り出ているかのようである。

事実上、人の心を痛ましめる「後の結果」は、当時すでに出現していた。『自由中国』の論説は、「政治の不良は、もとより政治を担う者の罪過である。しかし、台湾を統治するのが大陸人であることから、一部の台湾人が心のなかで、政治上の恨みを大陸人に対する恨みに拡大しているのは明らかに誤りである」と指摘する。なぜなら、党国権威体制の下における被害者は、「台湾人に限られず、大陸人でその被害を受ける者も多い」、まして、少なからざる「台湾人」も党国権威体制のお先棒を担いでいるのである。たとえば「現在の内政部長の連震東氏も、長年にわたり選挙を監督するという立場にあり、選挙で違法と不正を行う台湾籍の人士を助けている」。だから、既存の政治領域においては、「統治者と被統治者は、大陸人と台湾人という点から区分するものではない」。政治的アイデンティティ・政治生活の判断基準は、エスニシティの差異によってではなく、民主、憲政、自由、人権などの普遍的価値を認めるかどうかを判断基準とすべきであるし、「極端な権力に反対し奴隷労働に反対する争いのみがあるのであって、地域観念の争いは存在しない」のである[74]。

『自由中国』から見ると、民主憲政体制を実現し、「選挙を改善し、地方自治を真剣に実行すること」によってのみ、危機を解決できる[75]。具体的政治活動の実現については、『自由中国』は「台湾人と大陸人を分けず、一致して協力し、平和的手順によって民主自由法治のために奮闘し[76]」、共同して党国権威体制の圧迫を解除すべきと主張した。殷海光はさらに力を込めて、新しい「反対党」は「地域的偏見がない」ようにしなければならないと述べていた。「外省人」と「本省人」というこの人為的境界をぬぐい去ることによってのみ、台湾の民主自由人権運動は成功する。新党が彼らの目標実現を要求するならば、「外省人」と「本省人」の間に区分を設けてはならず、「民主」と「反民主」の間にのみ区分を設ける必要がある[77]。

雷震もまた呼びかけている、「大陸から来た人にせよ、台湾で生まれ育った人にせよ、あるいは海外に住まう華僑にせよ、真に民主政治が今日の反共の唯一の有利な武器であると心から信じ、民主政治が今後の建国の唯一の頼れる工具であると信じ、言論の自由と報道の自由を篤く信じることが必要であり」、互いに心を同じくし、「一つの強く有力な反対党を組織し、次回の選挙に備える」ことによってはじめて、「国民党の単独覇権という局面を打破」できるのである、と。[78]

『自由中国』が実践を企図する「反対党」という「デモクラシーの想像」の視野のなかで期待されているのは、人々はエスニシティ、地域、党派などの垣根を超越でき、普遍的価値に対する自己の同一化を、相互の凝集や選挙のための動員を実施する動力・要素としていくことだと言える。党国権威体制の覇権から台湾を解き放ち、民主憲政体制と基本的人権などの普遍的価値をこの土地に実現させる、これが彼らが心から求めた光景であったのである。

おわりに

『自由中国』を対象として、一九五〇年代の台湾政治に関する言説の歴史を展開していくという認識活動は、本来、自身が現実に置かれている境遇を反省するという終わりのない思索である。台湾は三度の総統選挙を経て、「政党間による政権交代」を完成させたのであり、かつての『自由中国』の「反対党」に関する「デモクラシーの想像」は、最終的にもはや単なる「想像」ではなくなった。数度の「政党間による政権交代」を経て、台湾の民主体制は益々強固になったようである。ただ、公共の生活空間で、『自由中国』の渇望した「自由、民主、人権保障といった要求」を実現しようとすることは、東シナ海に向かって滔々と流れこむ長江の水のように永続的であり、昼夜を問わぬ事柄である。[79]「政党間による政権交代」が、どうして「デモクラシーの想像」の終点となりうるだろうか。

これと比較すると、『自由中国』がかつて民主、憲政、自由、人権などの普遍的価値によって、「反対党」の「デモクラシーの想像」を実践する視野を切り開き、台湾のエスニシティ衝突・エスニシティ政治を突破する可能性としたことは、台湾憲政文化の歴史記憶の創造と構築にとり、継続的かつ精緻に構築していくに値する歴史・思想遺産であるに違いない。ハーバーマスの言う「憲法パトリオティズム」の論述のように、抽象的な憲法原則に対する忠誠を承認するならば、文化的伝統の仲介を経る必要がある。共有されている憲政の歴史記憶と憲政成就の光栄の感覚にいま一歩強力に訴えかけ、「憲政家庭〔憲政を基礎とした家庭にも似た紐帯〕」という仮構を通じ憲政の運命共同体の意識を作り上げれば、「憲法パトリオティズム」は特殊性と感情の領域にあっても、民族主義と競うことができる。それによってはじめて、政治コミュニティにおける憲政の運用実態が危機に陥った際、市民は憲政体制の永続の回復と防衛のために立ち上がって奮闘することができるだろう。[80]『自由中国』の同人は、中華民国憲政体制の規範に訴え、党国権威体制がいかに台湾の「地方自治」を破壊しているのかを批判し、「反対党」を党国権威体制の圧迫支配をやめさせる理論的根拠にし、民主憲政体制と基本的人権理念の実践を強調することを、台湾に潜在するエスニシティ衝突・エスニシティ政治を解体する活路としている。ここには実に深い啓発的意義があり、官民挙げて探求していくことが求められる。

畢竟、現代台湾史のマスター・ナラティブをなぞらえるのに、過去の党国権威体制が作り上げた様式を抜け出るのは依然として難しい。ある者は「復興基地」の巨大な「成就」を叙述し、ある者はいかにして「アジア四小龍」の「誇りある」地位に向かったのかを強調する。しかし、党国権威体制の作り上げたマスター・ナラティブを引き継ぐのは、党国権威体制が鎮圧し辱めた人々の「歴史」を、圧迫を受けても声を上げられない境地に追いやり、容易に忘却することにつながる。とりわけ、台湾がすでに民主国家の仲間入りをしたと自ら誇っている時、非常な恐怖の雰囲気に包まれていた台湾に対しては、我々台湾の人々はどれだけの記憶をもっているのか。その堪えがたい歴史は、封印できないそしてすべきでもない過去の出来事である。『自由中国』の文章は、豊富な素材を提供し、歴史や記憶の別の選択肢を提示し、既存のマスター・ナラティブをばらばらに解体して、台湾にとっての憲政文化の歴史記憶を構築する。当然、既存のマスター・ナラティブの「束縛を突き破る」ことに対しては、必然的に熾烈な争議や対抗が生じる[81]。それの作り上げる「記憶文化」も「政治化」され、別の政治目標のために服務することになりかねない。たとえば、一九四五年の戦敗により分裂したドイツでは、ナチスに対する「記憶文化」は、東西ドイツ双方の政権により「政治化」されてしまった[82]。『自由中国』の示す歴史記憶・経験と思想遺産の再構築は、浅薄な政治闘争の領域に限るべきでは当然ない。『自由中国』を基礎として既存のマスター・ナラティブを解体するのは、「多数の人々による騒々しいまでの活発な言論」を呼び起こし、台湾の民主文化のために、より広い前途を必然的に切り開く。『自由中国』を再び子細に読み解き、憲政文化の歴史記憶を構築することで、台湾を主体とするアイデンティティを作り上げ、広範な反省的思考の空間を創造することもできよう。

（1）『自由中国』第一巻は、三期を出版したのみである。一九五〇年の一月一日から刊行された第二巻以降、毎巻一二期が出版され、第二三巻第五期に至るまで、全二六〇期に達した。

（2）傅正の統計によれば、一九五九年一二月一六日まで『自由中国』各期の印刷・販売部数は一定ではない。一九五九年一一月一六日に出版された「創刊十周年紀念特刊」の印刷部数は一万三〇〇〇部の多きに達し、実際には一万二五〇〇部あまりを売り上げ、一九六〇年二月一六日に出版された『自由中国』は、前後して三版を発行し、総数は一万五〇〇〇部に達した。潘光哲編『傅正『自由中国』時期日記選編』（中央研究院近代史研究所、二〇一一年）二七五—二七六、二四三頁。

（3）『自由中国』を研究する著作は大変に多いが、主要な業績は次の通りである。銭永祥「自由主義与政治秩序——対『自由中国』経験的反省」（『台湾社会研究季刊』第一巻第四期、一九八八年冬期、後に同『縦欲与虚無之上——現代情境里的政治倫理』聯経出版事業公司、二〇〇一年、一七九—二三六頁所収）、薛化元『『自由中国』与民主憲政——一九五〇年代台湾思想史的一個考察』（稲郷出版社、一九九六年）、何卓恩『『自由中国』与台湾自由主義思潮——威権体制下的民主考験』（水牛

図書公司、二〇〇八年）。『自由中国』と関係する人物の著作については、詳しくは列挙しない。

（4）前掲薛化元『『自由中国』与民主憲政——一九五〇年代台湾思想史的一個考察』六三頁、任育徳『雷震与台湾民主憲政的発展』（国立政治大学歴史学系、一九九九年）七九—八二頁。

（5）簡単に述べると、「抓人査禁（人を捕らえ取り締まる）」という四字が、党国権威体制の『自由中国』に対する応答の道であり、早くも一九五八年にはこの方向からの着手がなされていた。「台湾警備総司令部呈報行政院雷震蓄意叛乱顛覆政府擬依法究弁（民国四十七年十月三十一日）」（陳世宏ほか編『雷震案史料彙編・国防部檔案選輯』国史館、二〇〇二年）一三—一九頁。

（6）呉乃徳「転型正義和歴史記憶——台湾民主化的未竟之業」（『思想』二、聯経出版事業出版公司、二〇〇六年）、柯朝欽「転型正義与歴史記憶的分岐」（台湾民間真相与和解促進会編『記憶与遺忘的闘争——台湾転型正義階段報告』第三巻、衛城出版、二〇一五年）。

（7）「記憶文化」については、次の業績を参照。Konard H. Jarausch and Michael Geyer, *Shattered Past: Reconstructing German Histories*, Princeton University Press, 2003, p. 333.

（8）銭永祥は、一九五四年三月一六日の『自由中国』第一〇巻第六期で「社論　行憲与民主」が発表されて以降、中華民国憲法が一貫して『自由中国』が政治を問う際の鋭い武器となったと指摘している。前掲銭永祥『縦欲与虚無之上——現代情境里的政治倫理』二〇二頁。

（9）「デモクラシーの想像」については、次の業績を参照。Russell L. Hanson, *The Democratic Imagination in America: Conversation with Our Past*, Princeton University Press, 1985.

（10）簡潔に述べると、台湾のエスニシティの（想像上の）分類は、一九四五年以降、まず「外省人」と「本省人」（台湾人）を基本的には主とし、その後は大体一九九〇年代初期に出現した「四大エスニシティ」の分類、つまり原住民（原住民族）、客家人、閩南人（福佬人）、外省人（新住民）となっている。王甫昌『当代台湾社会的族群想像』（群学出版有限公司、二〇〇三年）。台湾のエスニシティ政治と民主化に関連する論題の研究については、つとに検討が盛んになされており成果も多い。たとえば、呉乃徳「認同衝突和政治信任——現階段台湾族群政治的核心難題」（『台湾社会学』第四期、二〇〇二年）、張茂桂「台湾族群和解的坎坷路」（施正鋒編『国家認同之文化論述』台湾国際研究学会、二〇〇六年）、王甫昌「族群政治議題在台湾民主化転型中的角色」（『台湾民主季刊』第五巻第二期、二〇〇八年）。

(11) 簡潔に述べると、ハーバーマスの唱える「憲法パトリオティズム」は、ポスト・ネイションの時代において、伝統的ネイション・ナショナリズムといったアイデンティティの枠組みを超越しようと試み、国家の憲法およびそれが含みこむ普遍的価値、そしてそれに依拠して構築される憲政文化こそが、人民の情感の忠誠対象でなければならないとしている。石忠山「憲政愛国主義——探尋一個国族認同的理性概念」(『政治与社会哲学評論』第五二期、二〇一五年)。「憲法パトリオティズム」の概念形成史と関連する論争については、Jan-Werner Müller, *Constitutional Patriotism*, Princeton University Press, 2007.

(12) 王泰升「台湾近代憲政文化的形成——以文本分析為中心」(『台大法学論叢』第三六巻第三期、二〇〇七年)。しかし、王氏は『自由中国』のテキストを挙げていない。

(13) 薛化元は、一九四九年一一月の創刊から一九五一年五月まで、『自由中国』と国民党の関係が蜜月期にあったと観察している。前掲薛化元『『自由中国』与民主憲政——一九五〇年代台湾思想史的一個考察』七六—八九頁。

(14) 「社論　今日的問題(一)——是什麼、就説什麼(代緒論)」(『自由中国』第一七巻第三期、一九五七年八月一日)。この社論は、殷海光により執筆されたものである。

(15) 侯坤宏「戦後台湾白色恐怖論析」(『国史館学術集刊』第一二期、二〇〇七年)、蘇瑞鏘『白色恐怖在台湾——戦後台湾政治案件之処置』(稲郷出版社、二〇一四年)。

(16) 楊金虎「一個台湾人対建設台湾成模範省的看法」(『自由中国』第一八巻第一一期、一九五八年六月一日)。また、次も参照。謝琇如「異哉所謂安全室主任」(『自由中国』第一八巻第一期、一九五八年一月一日)。

(17) 羅久芳「従先父羅家倫日記及家書看王世杰免職案」(『伝記文学』第五七巻第三期、一九九〇年)。

(18) 第二次世界大戦以降のアメリカの台頭により、デモクラシーの世界事情における意義は、アメリカ外交政策を論述する重要な主題の一つとなり、外部に向かって「アメリカ式のデモクラシー」を売りさばくことは外交実践の一環となった。John Fousek, *To Lead the Free World: American Nationalism and the Cultural Roots of the Cold War*, University of North Carolina Press, 2000.

(19) 鄭牧心『台湾議会政治四十年』(自立晩報社文化出版部、一九九一年)一五九—一六〇頁。

(20) 『中華民国史内政志(初稿)』(国史館、一九九二年)一二九頁。

(21) 倪炎元『東亜威権政体之転型——比較台湾与南韓的民主化歴程』(月旦出版社、一九九五年)一六一頁。

(22)「社論『地方党治』必須立即停止」(『自由中国』第二〇巻第九期、一九五九年五月一日)。
(23)「社論　這様的地方選挙能算『公平合法』嗎?」(『自由中国』第二二巻第九期、一九六〇年五月一日)。
(24)「社論　解決台湾省政体制的根本弁法——省長必須実行民選!」(『自由中国』第二一巻第三期、一九五九年八月一日)。この社論は傅正により執筆されたものである。
(25)「社論　我們的地方政制——今日的問題(九)」(『自由中国』第一七巻第一〇期、一九五七年一一月一六日)。
(26)前掲「社論　解決台湾省政体制的根本弁法——省長必須実行民選!」。
(27)前掲「社論　我們的地方政制——今日的問題(九)」。
(28)傅正の『自由中国』とその後の台湾の民主発展に対する貢献については、次の業績を参照。蘇瑞鏘『超越党籍、省籍与国籍——傅正与戦後台湾民主運動』(前衛出版社、二〇〇八年)。
(29)傅正「地方自治乎?省府官治乎?——対省府所擬地方自治法規七種修正草案的総評」(『自由中国』第二〇巻第五期、一九五九年三月一日)。傅正がこの文章を執筆するのに考えを尽くしたことについては、前掲潘光哲編『傅正『自由中国』時期日記選編』一七五頁。
(30)「社論　急救台湾地方政治」(『自由中国』第一九巻第五期、一九五八年九月一日)。
(31)前掲「社論　我們的地方政制——今日的問題(九)」。
(32)たとえば、一九八〇年代中期になるまで、「党外」の立法委員は依然として省県自治通則の立法手続きを完成させるよう主張していた。「両項臨時動議未能成立・七名立法委員昨天退席」(『聯合報』一九八五年五月一八日、第三版)。関連する事件の背景は、ここでは詳らかに述べない。
(33)前掲薛化元『『自由中国』与民主憲政——一九五〇年代台湾思想史的一個考察』三一九—三四五頁。『自由中国』が一九六〇年の選挙活動でこれらの役割を演じたことは、傅正による推進と当然密接に関連していた。一九六〇年三月から傅正は大量の心血を注いで文章の執筆に尽力し、『自由中国』に「在野党と無党無派候補者のために最後の輿論の支援をさせよう」と希望していた。前掲潘光哲編『傅正『自由中国』時期日記選編』二七九、二九二頁。
(34)「在野党及無党無派人士挙行本届地方選挙検討会紀録摘要」(『自由中国』第二二巻第一一期、一九六〇年六月一日)二〇—二四頁。
(35)前掲「社論　這様的地方選挙能算『公平合法』嗎?」。

(36) 関連する研究は大変に多いが、優れたものとしてまず挙げるべきは、蘇瑞鏘『戦後台湾組党運動的濫觴――「中国民主党」組党運動』（稲郷出版社、二〇〇五年）。

(37) 前掲薛化元『《自由中国》与民主憲政――一九五〇年代台湾思想史的一個考察』三四八、三五一―三五四頁。

(38) 「社論　反対党問題――今日的問題（十五）」（『自由中国』第一八巻第四期、一九五八年二月一六日）。この社論は雷震が執筆したものである。

(39) 民社党秘書長を担当した顧紹昌は、台湾に来て以降、「我々の党務は一貫して国民党系統の人々に操られていた」と回顧している。潘光哲・劉季倫・孫善豪訪問、潘光哲・梁雅恵記録整理『顧紹昌先生訪談録』（国史館、二〇〇二年）四〇頁。青年党員の李万居は、民社党と青年党の「内部は、どこからやってきているのかわからない特務人員に浸透され、内側からひっかきまわされて、体をなさないという状況だった」と一九六〇年の時点で指摘している。前掲蘇瑞鏘『戦後台湾組党運動的濫觴――「中国民主党」組党運動』八一頁。

(40) 前掲薛化元『《自由中国》与民主憲政――一九五〇年代台湾思想史的一個考察』三五五頁。

(41) 「社論　対民青両党的期望」（『自由中国』第一三巻第一一期、一九五五年一二月一日）。この社論は夏道平が執筆したものである。

(42) 胡適は一九五一年五月三一日に蒋介石に書簡を送り、「多党的民主憲政を実行する」方策を提出している。「その実行の方法は、国民党が自由に分化し、三から四つの源を同じくする独立した政党になることである」。彼はこれが「国民党を改革する最も有効な方法」であると考えていた。「首次公諸於世・民主発展的艱難見証・胡適与蔣総統論政書札」（『聯合報』一九九七年二月二七日、第三七版）。

(43) 「社論　積極展開新党運動！」（『自由中国』第一八巻第一二期、一九五八年六月一六日）。

(44) 傅正「従責任政治説到反対党」（『自由中国』第一七巻第七期、一九五七年一〇月一日）。

(45) 前掲「社論　積極展開新党運動！」。

(46) 胡適「従争取言論自由談到反対党」（『自由中国』第一八巻第一一期、一九五八年六月一日）。

(47) 張忠棟が指摘するように、「胡適は生涯を通じて反対党を論じたが、ついぞ群衆的性質を論じようとはせず、党が知識分子と社会エリートの結合であることだけを希望した」。張忠棟「胡適心目中的民主和反対党」（同『胡適五論』稲郷出版社、二〇〇九年（再版））。

(48) 前掲「社論　反対党問題——今日的問題（十五）」。
(49) 前掲「社論　積極展開新党運動！」。
(50) 前掲薛化元『『自由中国』与民主憲政——一九五〇年代台湾思想史的一個考察』三五七—三五八頁。当然、これより以前の『自由中国』も蒋介石が「冷静に考慮し」「有力な反対党を育成」しなければならないという主張を建議していた。「社論　敬以諍言慶祝蒋総統当選連任」（『自由中国』第一〇巻第七期、一九五四年四月一日）。
(51) 牟力非「略論反対党問題的癥結」（『自由中国』第一六巻第三期、一九五七年二月一日）。
(52) つとに一九五五年の初め、国民党秘書長張厲生は雷震に、「友党」のみが許され、「反対党」は許されないと告げていた。前掲薛化元『『自由中国』与民主憲政——一九五〇年代台湾思想史的一個考察』三五六頁。
(53) 「雷震致胡適（一九五六年一〇月二九日）」（万麗鵑編註・潘光哲校閲『万山不許一渓奔——胡適雷震来往書信選集』中央研究院近代史研究所、二〇〇一年）一〇〇頁。
(54) 前掲潘光哲編『傅正『自由中国』時期日記選編』一一三—一一六頁。
(55) 前掲「社論　反対党問題——今日的問題（十五）」。
(56) 雷震「我們為什麼迫切需要一個強有力的反対党」（『自由中国』第二二巻第一〇期、一九六〇年五月一六日）。
(57) 殷海光「我対於在野党的基本建議」（『自由中国』第二三巻第二期、一九六〇年七月一六日）。殷海光は「基本的人権の擁護」を民主自由の「具体」的「落ち着き先」としなければならないと強調していたが、これは張仏泉の著作『自由与人権』の影響をおそらく受けていたのだろう。蕭高彦「五〇年代台湾自由観念的系譜——張仏泉、『自由中国』与新儒家」（『人文及社会科学集刊』第二六巻第三期、二〇一四年）。本章ではこの点は詳述しない。
(58) 傅正「対本届地方選挙的検討」（『自由中国』第一六巻第九期、一九五七年五月一日）。
(59) 薛化元は、傅正のこうした意見は、非国民党籍候補者が地方選挙において敗北したことと反対党を組織することを、『自由中国』が最初に具体的に関連させた事例として指摘している。前掲薛化元『『自由中国』与民主憲政——一九五〇年代台湾思想史的一個考察』三六二頁。
(60) 雷震「一九六〇年三月一六日日記」（傅正主編『雷震全集』第四〇冊、桂冠図書、一九八九年）二七〇—二七一頁、前掲潘光哲編『傅正『自由中国』時期日記選編』二九八頁。
(61) 前掲雷震「我們為什麼迫切需要一個強有力的反対党」。

(62) 雷震「一九五七年五月一八日日記」(前掲傅正主編『雷震全集』第三九冊) 九五頁。
(63) 雷震「一九五八年八月二日日記」(前掲傅正主編『雷震全集』第三九冊) 三四六頁、「雷震致胡適（一九五八年八月一四日)」(前掲万麗鵑編註・潘光哲校閲『万山不許一渓奔——胡適雷震来往書信選集』) 一三六—一三七頁。
(64) 前掲蘇瑞鏘『戦後台湾組党運動的濫觴——「中国民主党」組党運動』九五頁。
(65) 秋水「台湾人対陳内閣的期望」(『自由中国』第一九巻第七期、一九五八年一〇月一日) 二〇一—二〇三頁。
(66) 前掲「社論　我們的地方政制——今日的問題（九)」。
(67) 前掲「社論　我們的地方政制——今日的問題（九)」。
(68) 前掲殷海光「我対於在野党的基本建議」。
(69) 龔宜君『「外来政権」与本土社会——改造後国民党政権社会基礎的形成（一九五〇—一九六九)』(稲郷出版社、一九九八年)。
(70) 朱文伯「地方選挙的「三党主義」」(『自由中国』第二二巻第七期、一九六〇年四月一日) 二一一頁。
(71) 前掲「社論　我們的地方政制——今日的問題（九)」。実際には、「少数の立場にある外省人が差別を受けうる」という情景は、当時まだ出現していなかった。一九七〇年初期、公共の言論に「外省人の勢力が弱い」という言い方が登場したとはいえ、中国から来た人士は中央政府のレベルでは依然として絶対的な優勢を占めていた。王甫昌「由「地域意識」到「族群意識」——論台湾外省人族群意識的内涵与縁起　一九七〇—一九八九」(蕭阿勤・汪宏倫主編『族群、民族与現代国家——経験与理論的反思』中央研究院社会学研究所、二〇一六年)。
(72) 「社論　台湾人与大陸人」(『自由中国』第二三巻第二期、一九六〇年七月一六日)。この社論は夏道平が執筆したものである。
(73) 前掲殷海光「我対於在野党的基本建議」。
(74) 前掲「社論　台湾人与大陸人」。
(75) 前掲「社論　我們的地方政制——今日的問題（九)」。
(76) 前掲「社論　台湾人与大陸人」。
(77) 前掲殷海光「我対於在野党的基本建議」。
(78) 前掲雷震「我們為什麼迫切需要一個強有力的反対党」。

(79)「社論　大江東流擋不住！」(『自由中国』第二三巻第五期、一九六〇年九月一日)。この社論は、殷海光が執筆したものである。

(80) 李俊増「論哈伯馬斯之憲政愛国主義」(『欧美研究』第三六巻第一期、二〇〇六年)。

(81) 一九九七年、『認識台湾』という教科書が引き起こした苛烈な論争は、その一例である。王甫昌「民族想像、族群意識与歴史——『認識台湾』教科書争議風波的内容与脈絡分析」(『台湾史研究』第八巻第二期、二〇〇一年)。

(82) Claudia Koontz, "Between Memory and Oblivion: Concentration Camps in German Memory," John R. Gillis, ed., *Commemorations: The Politics of National Identity*, Princeton University Press, 1994.

第11章 自由なくして生きる道なし
――一九五〇年代の香港と『自由陣線』

區　志　堅
（古谷創訳）

はじめに

雑誌は、インターネットが発達する以前の時代において、新聞と並ぶ、もう一つの重要な知識の伝達手段だった。雑誌が扱う範囲は非常に広く、政論・トレンド情報・ファッション・娯楽・経済およびスポーツなどがあった。そのなかでも、とりわけ政論を扱う雑誌は注目に値する。多くの知識人たちは政論誌に文章を寄稿し、同時代の政治を批判しながら、掲載する文章を取捨選択して雑誌の政治的傾向を示した。それぞれの雑誌の下で、雑誌の方針に賛同する知識人グループが形成され、独自の読者グループが生まれていった。

こうして雑誌の発展は後押しされ、雑誌は著者と出版社と読者の間を繋ぐ橋渡しの役割を果たした。ここで特に注意すべきは、雑誌が特殊な時空間のなかで知識を橋渡しする役割を担ったことである。つまり、知識の伝達が制限され、自由な言論が発表できない地域にあっては、いくつかの海外の出版物が反体制的な人士に対して自由な言論の場を提供したのである。

也斯（梁秉鈞）は、香港の文化と文学作品を研究する学者であり、また作家でもあった。彼は次のように指摘している。「香港の主流の政治・経済モデルは、冷戦という枠組みの下で、アメリカの側に偏っていた。しかし他方で、伝統的な生活様式や中国知識人の五四運動以来の社会に対する関心は、左派的な発想も一定程度保持されていた。その傾向が文学・芸術作品において顕著だったことは、軽視できない」。また、次のようにも述べている。「一九五〇年代の香港における文学や芸術は、国共内戦が終わり、朝鮮戦争が始まった時期に生み出され、米ソの二大陣営がつくり出した冷戦を最大の背景として左右の対立を顕在化させた。しかし、冷戦の枠組みはそれぞれの地域で独自の発展を遂げ、……（中略）……それぞれの歴史的要素や実際の現実的展開から影響を受けたのであるから、冷戦の枠組みはそれぞれに異なっていた」。つまり、ここで主張していることは、香港の一般的なムードは冷戦の枠組みによって「アメリカの側に偏っていた」が、親共ないしは左派的傾向、あるいは五四運動以来の新文化の論理を重視する勢力も無視し得ない存在であり、当時の香港は多元的な言論活動を有していた、ということである(1)。

だからこそ、我々は、一九五〇年代の香港における言論を考察する際には、文学・芸術作品以外に、一九五〇年代から一九六〇年代に香港で出版された政論誌にも多くの注意を向けなければならない。これらの政論誌に掲載された文章を検討すれば、論者たちが反共を基調としながらも、台湾に移った後の中華民国政府（以下、国民党政権）も批判していたことが読み取れる。また、国際共産主義への批判を基調としながらも、いわゆる自由主義陣営側のアメリカ・イギリスおよびフランスなどの政策を批判していたこともわかる。

こうした傾向をもつ政論誌の一つが、香港で出版された『自由陣線』だった。そこで本章は、『自由陣線』の表紙に記載された「自由なくして生きる道なし（没有自由、絶無生路）」をメインテーマとして、同誌の分析を進めていくことにしたい。

この『自由陣線』は、自由出版社によって出版・編集された。この出版社について何振亜――後に香港の政治評論文化に深い影響を与えることになる友聯出版社の社長となった――は、「一九五〇年代初めにまだ友聯出版社がなかった頃、業界の先頭に立っていたのは自由出版社だった。これは非常に重要な出版社であり、背後には中国青年党〔以下、青年党〕がいた」と回想した。つまり、自由出版社は一九五〇年代の香港における重要な出版組織であり、(2)そこから刊行されていた『自由陣線』もまた重要な出版物であった。

そして、『自由陣線』の編集者もまた、香港が一九五〇年代のアジアで果たすべき役割に共鳴していた。彼らは次のように考えた。「香港はイギリス統治下にあって、言論と行動の自由を享受している。これにより、二〇〇万人余りの自由な人民が、中国共産党〔以下、共産党〕の暴虐な専制政治を忌み嫌い、共産党の侵略を打破することを待ち望み、平和で安全な新しい社会を築くという願いを十分に表せている。これは海外に居留する一二〇〇万人余りの自由な人民の意志の象徴である」。もちろん、これを絶対的な基準とすることはできないし、香港在住で共産党に不満を持つ人物の数を実証できるような十分な統計データがあるわけでもない。しかし、一九五〇年代の香港が「言論と行動の自由を享受できる」場所であったことは確かである。これは大陸中国に留まった知識人の状況と比べれば非常に得がたいことだった。(3)だからこそ、一九五〇年代の台湾に滞在していた知識人たちも『自由陣線』に投稿したのであった。彼らは、共産党政権に対抗し批判を加えることもあれば、国民党政権を批判することもあった。要するに一九五〇年代の香港は、海外華人の「第三勢力」が活動を展開する場でもあったのである。(4)

『自由陣線』は、一九四九年一二月に香港で創刊され、一九五九年六月に停刊した。「第三勢力」が香港で出版した多くの出版物のなかで、『自由陣線』は最も立場が堅固で内容が明確であり、最も長期にわたって出版された政論誌であった。彼らは国民党政権から資金援助を受ける一方で、国共両政権に対して批判を展開し、米ソ両国の対外政策も批判した。(5)

以上のように『自由陣線』は、一九五〇年代の香港において最も注目すべき政論誌だった。本章は、同誌に対する分析を通じて、併せて次のことを確認する。(1)『自由陣線』を始めとする一九五〇年代から一九六〇年代に香港で刊行されていた反共的政論誌が、香港や台湾の知識人および民間人に「共産主義恐怖症」とでも言うべきイメージをどのように植えつけることになったのか。[6] (2)『自由陣線』は自由の学理を探究したわけではなく、その「自由」とは国共両党および欧米やソ連を批判するという意味での「自由」だった。(3) 国内外の多くの研究者――ポール・コーエン、王汎森、王徳威、楊儒賓ら――が強調しているように、[7] 一九四九年は中華民族にとって重要な分水嶺だった。(4) 一九四九年以後の香港は数多くの南下した知識人を呼び寄せ、まさに人材と資金の集散地となって、香港政庁下で自由を享受した（余英時も示唆しているように、伝統文化を重視しない香港は、植民地支配を受けていたからこそ、このように機能したのであった）。[8]

一　『自由陣線』の創刊と基本方針

民主主義思想を奉じる知識人たちのなかには、国共両党に批判的であったがために、アメリカや李宗仁――国民党の蔣介石と対立していた――の資金援助を受けて、イギリス植民地の香港に移住した人々がいた。こうして香港に集結した団体や組織のことを、当時の識者は「第三勢力」（以下、「　」略）と呼んだ。この第三勢力は、張発奎・張国燾・許崇智・伍憲子らを中心とし、自由民主同盟や自由民主戦闘同盟といった重要な組織を結成していった。また、青年党の程思遠や羅夢冊などの人物も、民主中国座談会を組織した。

これらの第三勢力は、ある一時期、香港の政治団体の活動を後押しして、香港に活発な政論活動をもたらした。彼らは、香港に居住した親中左派勢力との間で論戦を繰り広げつつ、国共両党の政策を批判していった。こうして、一九五〇年代の香港では、政論誌が非常に繁栄し、香港の政論そのものもまた非常に活気づいた。[9]『自由陣線』は、まさに一九五〇年代香港という時代の産物であった。『自由陣線』をよく知る郭士は、次のように出版の経緯を語っている。

李宗仁は中国を離れる前に、政界関係者や政治団体と頻繁に接触して、必死に味方に引き込もうとしていた。ある者には金を渡し、ある者には肩書を送り、ある者にはパスポートを届けた。自分はと言えば、アメリカに渡って援助を得て再起を図ろうとしていた。青年党もまた、総統府（秘書長）の邱昌渭（邱は古くからの青年党員だった）との関係を通じて、四万元の銀元券を回してもらった。この資金は謝澄平を経て政治団体の名義で受け取られ、一部は台湾の青年党総本部に振り分けられたが、その残りで九龍の牛池湾にある村落の土地を借り、家屋を建てて香港の青年党員の滞在先とした。ここが後に「自由出版社」の本部となった。……（中略）……この資金を使って、週刊誌の『自由陣線』を創刊することにした。[10]

こうして『自由陣線』は創刊され、毎号の表紙に記載された標語を繋ぎ合わせて、「自由なくして生きる道なし、団結してこそ力は生まれる」とのメッセージを送り続けた。『自由陣線』を発行した自由出版社は、香港在住の青年党員を中心にして運営された。

この『自由陣線』の基本方針は、「我々の傾向」で、次のようにまとめられている。

現在、（人民共和国の成立により）ある者は喜び勇み、ある者は意気消沈していることだろう。……（中略）……心あり力ある人々よ、ただちに団結しようではないか。民国の独立と自主を勝ち取り、人民の生存と自由を守ろうではないか。中国を民主的な改革という荘厳なる道へと押し進め、ともに繁栄と幸福の近代国家を実現させ、人類の平和を確かなものにしようではないか[11]。

つまり、批判の矛先は、専制的な大陸中国の政権に向けられていた。「一党独裁に反対する」、「反共によって中国を再建する〔反共復国〕」、つまりは専制支配を打倒して、国家の独立、政治の民主化、経済の平等、生活の自由を実現し得る新しい中国を建設することが提唱された。そして、その提唱者たちはみな「自主的に結びついた、いかなる既存の政党も代弁しない」人々であった。のちの「本誌の動向」も、「〔『自由陣線』は〕第三勢力による革命運動を唱導する。この運動の基本目標は、「政治の民主化」、「経済の民主化」、「文化の自由」にある。この三つの目標に基づいて、「理論体系」を構築し、「政治綱領」や「経済政策」の準則を定め、新しい中国を建設する際の青写真とする」と主張した[12]。当時の識者たちも、自由出版社と『自由陣線』が「自由と反共の先駆けとなるかがり火であり、非常に得がたい貴重な存在だった」と、高い評価を与えていた[13]。

『自由陣線』の最終的な目的は、「我々の基本信念」でも繰り返し述べられているように、「真の民主国家」を建設することであった[14]。これは、国共両党の専横に不満を抱いていた人々の要求に応える、まさに時代の要請に合致するものだった[15]。『自由陣線』はまず謝澄平が編集の責任にあたり（のちに盧衍明に交代する）、張国燾・顧孟餘・張君勱・童冠賢・李微塵・伍憲子・任国栄・周天賢・黄如今・張発奎が編集作業に携わり、このうち伍憲子・顧孟餘・張発奎が常務委員会委員に就いた[16]。このことは、第二一巻第一期（一九五四年）の「本誌五周年記念号」からも見て取れる。

ここで、特に強調しておくべき事実がある。それは、『自由陣線』が共産党政権の専制や独裁に強い嫌悪感を示し続けた一方で、国民党政権に対しても、その専横ぶりを批判し始めたことである。

〔国民党政権は〕大陸を失うという敗北によっても、いまだに目を覚ますことができない。我々は何度も忠告し、彼らがきれいさっぱり心を入れ替え、徹底的に政治を改革し、国民のあらゆる力を結集させることで、大陸反攻という使命を果たすよう望んできた。だが、彼らはそれに耳を貸さないどころか、ますます酷さを増してきている[17]。

と同時に、国民党政権がアメリカ政府と米華相互防衛条約を締結（一九五四年）した際に、次のように痛烈に批判した。

〔これは〕我が沿海部・島嶼部を丸裸にするものである。同じく民国の領土でありながら、大陸中国が条約の適用外として排除されるのに甘んじ、その位置づけは双方の協議の後に定まるという。我々には承服できないことであり、政府当局の誤り、目先の平和への執着、他国への依存といった国を誤らせる心理が、ここに存分に証明された。

『自由陣線』は、こうした理由によって、「台湾の明達の士ならびに立法委員・国民大会代表、および青年党・民社党〔中国民主社会党〕の両党が、国家・民族の将来を真剣に考える」よう呼びかけた。さらに『自由陣線』は、一九四九年の創刊以来、共産党政権の専制と独裁を批判し、〔一九五三年の双十節前後から〕国民党政権にする批判を展開すると同時に、民国の大陸反攻を遠のかせているアメリカ・イギリス・フランスの外交・軍事政策に対しても批判し始めた。同じ号に掲載された謝澄平「中華民国救国運動を展開せよ——中華民国四十三年十二月三日に『自由陣線』五周年を記念して[18]」や張葆恩「本誌五年来の活動総括[19]」も、基本的には同じ論調だった。

ただし、『自由陣線』がもう一つ別の役割を期待され始めていたことも、注意しておく必要がある。それは、李誠「『自由陣線』五周年に寄せて」に端的に表されている。この文章は、人民共和国の成立が中国文化の断絶を意味するとの前提に立って、「誰もが『自由陣線』は反共雑誌であることを知っている。しかし、これが文化的遺産を延命させる雑誌であることには、誰も気づいていない」と主張した。つまり、『自由陣線』は自由な創作や研究成果を掲載することで「過去を引き継ぎ、未来を切り開く」ことができ、中国の優れた伝統文化を継承することができる、と見ていたのであった[20]。さらに、『自由陣線』が自由な言論活動を掲載することで、社会のために自由な空間を確保している、とも積極的に評価した。作家や研究者に自由な空間が与えられてこそ、新しい文化に関する言論やその文化が存続し得る、と考えたのである。だからこそ李氏は、専制と独裁を強めた国民党政権の軟弱・無能ぶりを批判していった。

五年もの間にわたって休養と回復に努め、おまけに国際的な援助まで受けたというのに、その結果は自分の身を守るのも覚束ない有様である。いわんや大陸反攻などということは、全くもってお笑い種だ！　人民の彼ら〔国民党政権〕に対する希望は失望に変わり、ついには絶望に至った。これがこの五年間で国民党政権がもたらした結果なのである。このことを思うと悲嘆に暮れるほかない。

ちなみに、自由出版社は、一九五〇年一〇月に次のような出版物を刊行した。任重『「ニセ」委員の苦難』、于平凡〔許冠三〕『中国民主運動史話』、張仁正『大陸反攻戦略戦術』、何自求『回復不能な共産党政権の財政経済』、胡越〔司馬長風〕『弁証法の新たなる発展』、李微塵『中国情勢の必然的展開』、陳世民『迫害』、王祥雲『血債』、謝方『華北「革命文学」の一角』などである。これらの出版活動を通じて、自由出版社は「文化的自由という信念に基づいて、一切の専制と独裁の政権に対して厳しい批判を行い、それを強力な民主主義の武器と」して、さらに「文化的自由という強力な軍隊」を結成していくことを訴えたのであった[21]。

二　国共両党に対する批判

『自由陣線』は、「政治の民主化」「経済の民主化」「文化の自由」を基本方針とした。同時に、同誌を発行する自由出版社は、いかなる形の独裁政権や専制政体にも反対し、一九五〇年代においては共産党政権のみならず国民党政権にも反対した。とはいえ、主要な編集方針はやはり反共を基調としており、この基調の下で国民党政権の政策にも異論を唱えた。

『自由陣線』の論者たちが特に関心を寄せたのは、国民党政権が大陸中国を喪失した理由であった。

冷生「国民党敗北の根本要因」は、国民党が「知識人を切り捨てたことで瞬く間に民心を失い、進むべき道を失った」と批判した。そして、次のように指摘した。北伐後の国民党は、新世代の知識人たちと緊密に連携した時期もあったが、政権政党となってからは、旧世代の文人を党幹部として多く登用した。各省の主席も軒並み軍人となり、知識人たちは「当局に重視されなかった」。また、大陸時代の国民党政権は、知識人を「ひとしなみに異端と捉え、知識人を目の上のたんこぶと見なし、文化人をみな共産党だと疑って、一部の青年たちを扼殺し、多くの文化人を反体制側に追い込んだ」。さらに、第二次世界大戦後の国民党政権は、ますます全国の知識人と「絶縁」してしまった。こうして、権力者と知識人との連携は完全に断ち切られた。

この冷生論文は、続けて次のように言う。甚だしくは、多くの国民党の官僚たちは、「〔いざとなれば〕女房と娘は子犬を抱き、おまるを抱えて逃げればよい。どさくさに紛れて職権を行使し、外貨をこっそり手に入れ、密輸に手を染めて放蕩三昧に暮らすのもよい。しかし、社会の中堅の地位を占める知識人たちの生死については、少しも気にかけない」。国民党宣伝部も、官僚的なお決まりの作文〔党八股〕を発信するか、「一つの主義」というドグマを宣伝するのみで、そのどちらも「本当に民衆の心を突き動かすもの」ではなかった。その上、戦後の国民党政権の官僚たちは、「まるで主人のような顔をして各地で強引に接収し、旧日本軍占領地域の民衆に極めて不快な印象を与えた。しかもインフレが幾度となく発生し、国家財政が崩壊して、国民経済は破綻した」。

さらに、冷生論文は、戦後の国民党政権が行った憲政についても厳しい視線を向けた。「見識のある人ならば、これが「ニセの民主」であることは明らかだった。国民大会代表・立法委員を選挙する際に行われた、国民党による独断・専横・独占・バラマキは甚だ酷い有様だった。これらの事実は、知識人の離反の動きを加速させるのに十分だった」。そして、国民党政権の失政は蔣介石の責任と結びつけられた。「国民党政権のすべての権力は、蔣介石一人に集中している。……（中略）……蔣氏は百戦錬磨ではあるが、少々我が強すぎる嫌いがあり、他人の意見をなかなか受け入れようとしない」。

以上のように、国民党政権が戦後に実施した憲政について手厳しい批判を浴びせた冷生論文は、その裏返しとして、共産党を次のように評した。すなわち、共産党は、あらゆる計略を巡らして知識人を「味方に引き入れ」、数多くのパンフレットを懸命に編集して文化宣伝活動を強化した。だから、知識人や社会の下層部の群衆から支持を集めたのである[22]。

冷生はまた「民主政治の逆流」で、国共両党を次のようにも論評した。大陸時代の国民党政権は、西洋の民主政治を学びながらも、「陰ではドイツ・イタリアを模倣してファシズムの道を選んだに過ぎなかった。だから民国は党の国となり、人民はみな阿斗〔三国時代の蜀を滅亡させた劉禅〕になってしまったのである。訓政期の一党独裁の下で、国民党は終始一貫自分たちと相反する意見はすべて反動と見なした。抗日戦争の開始から戦勝後の復員期に至るまで、国民党は終始一貫して民主政治を実行に移そうとする誠意を示さなかった。偽装された『民主』の下で、口では美辞麗句を並べ立てながら、実際には悪行の限りを尽くした。自らを進歩させることもないうえに、決して他人の意見を受け入れず、ついには共産党の勢力拡大を許し、巨大な災難を招いてしまった」。台湾に移った後の国民党政権も、依然として「一党独裁の下で、すべてを異端として、あらゆる反対意見を反動だと見なした。酷いことに反対者には存在の余地を認めず、挙げ句の果てには反逆者に仕立て上げてしまった」。他方で、共産党は、「新民主主義」(毛沢東)を唱えてはいるが、その「民主」とは実質的には「新たな全体主義」に過ぎない。いわゆる人民民主独裁とは、プロレタリア独裁のことである。しかもプロレタリアートの組織は共産党の指導を受けなければならないのだから、実際のところは共産党独裁にほかならない。そうして最後に、次のように人民共和国の将来を予測した。

人民が自由を奪われ、生きる道を失い、死のうとしても死にきれない状況下で、政府が人民を反乱に追い込み、反乱が反乱を呼び、平和な日がいつまでも訪れない。(23)

『自由陣線』は類似の議論を繰り返し――たとえば陳振軍「台湾問題の諸相」(24)、社論「辛亥革命の憤怒のうねりを再び巻き起こそう――中華民国四三年目の国慶日を記念して」も、改めて国共両党の政権を痛烈に批判した。この社論は、毛沢東の向ソ一辺倒の外交政策が「我が祖国をロシア帝国の属国」に成り下がらせてしまい、民族解放に向き合えていないと痛烈に批判しながら、台湾の国民党政権についても次のように酷評した。

国民党政権は、共産党のひそみに倣い、看板倒れの浅はかな政策を打ち出した以外にどんな進歩があったというのか。それを国民は見いだせない。大陸にいた時期よりも、より一層エゴや腐敗、専制、暴虐が出現しただけである。……（中略）……〔つまり、国民党政権の政治は、〕人民の自由と民主主義に対する要求に背き、時代に逆行している。〔共産党とは〕別の形式の独裁専制を敷き、新たな統治階級と経済を操る少数の官僚資本家の成長を促しているだけである。そして国家を私物化し、政治権力を利用して、搾取の限りを尽くしている。だから彼らは、直接的には人民たちに恨まれ唾棄され、間接的には共産党の勢力伸長を助長しているのである。(25)

この社論で注目すべきは、国防部が立法院の批准を経ないで勝手に改編を行い、国防部の作業部会〔小組〕の半数近くを占めていた立法委員のほぼすべてが辞職した事件について言及している箇所である。「人民が暴力の下に晒され、権力者が民権を軽視して、やりたい放題となっている。これに対して無言の抗議を行った立法委員たちの反対行動は、大いに意義をもっている」。同社論は、国防部の行為を憲法に違反した不当行為だ、と批判したのであった。

その後も『自由陣線』は、蔣介石および彼が主導する国民党政権の反憲政的政治行動を批判し続けた。荘厳「反共の指導者問題」は、蔣介石が長期にわたり総統の座にあり、しばしば反対意見を封じ込めてきたことは実に憲法に違反している、と主張した。そして、以下のように蔣介石を論難した。

大陸を統治していた時期の蔣介石ほど、「唯一の」だとか「偉大なる」だとか「最高の」と褒め称えられた指導者はいなかったのではないか。しかし、残念ながら、指導者が「唯一」であればあるほど「独裁」は甚だしくなり、「偉大」であればあるほど「やりたい放題」になり、「最高」であればあるほど「民衆からはるかに遠ざかる」ようになった。……（中略）……反共の失敗は、ますます無残なものになった。(26)

胡萍「名ばかりの政党政治に反対する」も、以下のように国民党政権を辛辣に批判している。

台湾に追いやられた国民党政権は、名目上は憲政を実施している。しかし……（中略）……〔国民党政権は〕政党政治を実行に移す誠意を示せていない。実際には、憲法の一部はすでに目も当てられない状態になっている。反共という口実の下で多くの措置が講じられ、法律を壊すことも厭わなかった。つまり、名目上は多党制だが、その実態は独裁制である。……（中略）……反共の宝島と言われているその実態は、天下を身内だけのものにするということに過ぎない。

ただし、この論評は、同時代の共産党政権をも批判していた。

いまや大陸中国は、国際共産主義の徹底的な支配下にある共産党の手に落ちた。中国の政党政治は、大陸中国において未曽有の厄災にさらされている。しかも人民は「革命」の対象となり、生命・自由・財産、さらには先祖の墓に至るまで、一日として危機が去ることはなく、民主主義を論じるどころではない[27]。

もともと『自由陣線』の基本的な政治立場は、反共であった。したがって、上記の反共的論評は何ら不自然なものではなく、他にも数多くの類似の文章を掲載していた。たとえば、慕容慧「共産党の餓死政策に抗議する」がある。これは、共産党が食糧政策や災害救助に万全を尽くしていないことを批判したものであり、共産党の政策によってもたらされたのは人民の窮乏化と「軍隊と共産党員を肥え太らせた」という事実だけであった、と非難した[28]。また、張元秋「共産党が新疆を売り渡した」は、共産党が支配している大陸中国がすでに共産主義による鉄のカーテンの陣営に組み込まれ、ソ連の属国になってしまった、と慨嘆した。そして、新疆に対するソ連の実質的な進出は、「クレムリンがアジア侵略の準備を進め、第三次世界大戦を発動するためにあらかじめ行った積極的な措置である」と見なした㉙。さらに、欧陽愷「武漢における農・工・商・学・兵」は、人民共和国では農民も労働者も商人も学者も軍人もみな困窮した生活を強いられていることを暴露した。たとえば、武漢大学の教授が強制的に減給させられたことを受けて、「なんということだ！　ただでさえ家族を養うのにも事欠く給与が、さらに「自動的に」減らされるとは」と皮肉った㉚。

これまで確認できたように、『自由陣線』は国共両党の独裁化に対して、厳しい批判の目を向けてきた。実は、このような特徴は、同誌を振り返ってみると、羅夢冊「主流社と中国民主自由社会主義学会は、社員の馬槐隆・楊文彬、ならびに会員の黄以鏞・魏元珪・鄧世謀諸氏への迫害事件に関して、北京・台湾両政権に対して厳重に抗議する」において、早々に表れていたことがわかる。

一九五〇年七月、主流社および中国民主自由社会主義学会の社員だった馬・楊の両氏が、重慶で共産党政権により監禁された。と同時に、黄・魏氏らも、台湾で国民党政権によって逮捕され、「政府に反逆する第三党組織の結成」という罪状で起訴され、懲役一〇年の判決を受けた。そのため、羅夢冊は、次のように指摘したのであった。

これらは、あなたたち――新民主主義を掲げる共産党政権と自由中国を標榜する国民党政権――が、中国の人民あるいは中国の国民に対して、そして、非暴力の平和的な方法で民主主義の原則に則って中国の民主と自由のために奮闘している民間の民主主義団体・自由主義団体に対して、民主と自由に反するあからさまな迫害を加えた、ということである。……（中略）……あなたたちは、自由と民主主義の政府を標榜しておきながら、どうしてかくも自由と民主主義を恐れるのか。人民あるいは国民の民主的で自由な力に対して、どうしてかくも悪辣な手段を取れるのか。……（中略）……それゆえに〔我々は〕、北京・台湾の両政府が速やかに社員の自由を回復し、今後は二度と類似の事件を起こさないと保証するように希望する。また、両政府が、一部の暴力を背景としない人民あるいは国民による、民主的で自由な力との間で平和的に政治競争を行い、全国の人民あるいは国民に最終的な選択を委ねるように希望する。(31)

三　欧米に対する批判

第二次世界大戦終結後のヨーロッパでは、二大陣営が徐々に出現した。一つは国際共産主義の影響を受けた東側諸国であり、もう一つはアメリカ・イギリスを中心とする自由と民主主義の西側諸国である。西側諸国は、自由と民主主義の理念を標榜して、自由の否定の上に構築された国際共産主義の東側諸国と対立した。一九五〇年代のアジアにおいても、東西冷戦の影響をうけて朝鮮戦争やインドシナ戦争が勃発した。東南アジア地域の共産主義勢力は、たとえばインドネシアにおいて多くの動乱を引き起こした。それらは、東南アジア地域においても反自由主義の代表として登場した。

こうした歴史的状況下で、『自由陣線』は反共的言論を展開し、ソ連や欧米諸国の内政およびアジア政策に対して批評を加えていった。

徳謨〔デモ〕の署名のある「英ポンド平価切り下げの結末やいかに」は、イギリス政府による一九五〇年代初頭のポンド切り下げは必ずしも適切ではない、と酷評した。なぜなら、平価切り下げ後の英ポンドは、米ドルに対してレートがやや低くなるため、イギリス製品が米ドル圏に輸出される量は増加するにしても、それでも米ドルを獲得するのは容易ではないからである。また、外貨建て取引では、為替レートが上がることで、輸入原料が高くなり、製造コストが増加して、日用品の価格が上昇するからである。しかも、イギリスの負債は甚だ巨大であり、貨幣価値の下落によって返済する元利額が大幅に増加するからでもある。これらは、イギリスにとって有害無益である。さらに重要なことは、「イギリス当局による平価切り下げの挙は、実はアメリカの圧力に屈服せざるを得なかったという事情がある。アメリカは政治的にも経済的にも世界に覇を唱えようと、イギリスに迫って英ポンドの切り下げを行わせた。その信用を失わせ、〔スターリング＝〕ブロックを崩壊させられれば、米ドル勢力は有利な地位を独占することになる」。しかし、これをアメリカ経済の発展という観点から見れば、英ポンド圏諸国が米ドル不足に苦しんでいる以上、アメリカにとっても有害無益である。[32]

あるいは、程彬如「アメリカが中東で打ち出す二つの奇策」は、アメリカの中東政策を無意味だと批判し、ソ連の中東に対する影響力の拡大を阻むことは難しい、と論じた。[33] この話題に関連して、徳謨「西ヨーロッパの復興とマーシャル・プラン」は、次のように指摘した。第二次世界大戦後のアメリカが西ヨーロッパ諸国を支援することは不可避である。西ヨーロッパ諸国の経済はアメリカ商業資本にコントロールされているが、これらの国々としてもアメリカの支援を仰がざるを得ない。しかし、西ヨーロッパの一九五〇年代における経済発展は、以下の点において、なお も改善の余地を見出せない。㈠大戦後の生産力はまだ回復していないが、アメリカも全面的な支援を行えていない。㈡ヨーロッパ諸国は、名目上は協力関係にあるが、多くの分野で意見を異にしており、これによって引き起こされる紛争も少なくない。それゆえに、この論評は、西ヨーロッパがアメリカやいわゆる自由主義陣営を構成する諸国との間で一致協力することを希望している。[34] もし自由主義陣営で「関税をさらに低く」し、「外国製品を輸入しやすく」すれば、ヨーロッパ諸国やアメリカは「後発地域に投資を行うことで、利益の源泉を拡大する」ことも可能となる。[35]

それでは、東南アジア情勢について、『自由陣線』はどのように論じていたのであろうか。華聲「ソ連によるインドシナ半島の主導権争いのなかのベトナム」は、次の指摘を行っている。「共産主義の衣鉢を継いで」いるベトナムでは、「共産党が大陸中国で成功を収めたことで、ベトミンはさらに気勢を上げ、正規戦を絶えず北ベトナムの山林地帯で行ってお」り、農村経済はベトミンの破壊作戦によって、「七〇％以上が失われ、豊かで広大な田畑は荒れ果てた草むらに変わり果て、衣食に困ることのなかった農民は、ことごとく行く当てのない避難民になってしまった」。そして、ソ連は、モスクワで訓練を受けた気鋭の共産主義の理論家であるチュオン・チン（長征）を派遣してベトミンの副主席に据え、ベトナム共産党に対する統制力を増大させた。アメリカも、朝鮮戦争の後、ベトナム支援に本腰を入れると宣言して、圧倒的な軍事力によってベトナムの反共戦争に加わった。このような事実を確認した上で、次のように興味深い分析を行った。フランスは「中国共産党を承認することで、毛沢東の政府がベトナムに直接干渉するのを制止しようとしている。フランスのこのような行動は、毒酒を飲んで喉の渇きを潤すようなものである。〔中国のベトナムにおける行動は〕中国政府を陰で操るソ連の一貫した陰謀なのであり、ベトナム全土の支配はインドシナ半島の主導権争いの一環であることが、頭からすっかり抜け落ちてしまっている。決して阿諛追従式の「承認」によって変えられるようなものではない。フランス人の今回の行動は、慌てふためいて挙措を失ったものでないとすれば、近視眼的かつ馬鹿げたものである」[36]。

ここでアメリカの東南アジア政策に特に注目してみると、『自由陣線』には、ある注目すべき論評が掲載されていたことがわかる。それは、アメリカの元駐仏・駐ソ大使のブリット（William Christian Bullitt, Jr.）が執筆した「なぜアメリカはスターリンのアジア征服を阻止しなければならないのか」である。

この文章のポイントを要約すると、次のようになる。すなわち、アメリカとイギリスがアジア諸国における反共戦争を支援するのみならず、アジア諸国もまた人心を掌握しなければならない。「何らかの大規模かつ効果的な心理作戦を同時に展開し」て、ホーチミンに従っている「愛国の志士たち」を味方につけ、ホーチミンの脅しを受けて協力できないでいる人々を再組織しなければならない。他方で、アメリカは、「スターリンが最終的には全世界を征服するだろう」との前提の下で、それを阻止する効果的な行動を取らなければならない。そして、次のように提言した。

アメリカの恥ずべき極東政策のなかから、我々は一つの教訓を得られる。この教訓をアメリカ政府はしっかりと記憶に留めるべきである。もしアメリカが、現下の共産主義の脅威に晒された世界で生き残りたいのであれば、次の言葉を忘れてはならない。「支配者になりたければ、見る目を持たねばならぬ」。

つまり、この文章は、アメリカが一九四九年以前に国民党政権を支持しておきながら、その後に大規模な援助を与えず、軍事的に共産党に対抗できなかったことを批判しているのである[37]。

欧米諸国のベトナム政策については、『自由陣線』にもう一つ興味深い論評が掲載されている。任重「ベトナムは投降すれば必ず滅ぶ、戦えば救われる」は、ベトナムでの反共行動において、アメリカ・イギリス・フランスは一致した行動を取れておらず、ベトナムはやがて共産主義勢力によって支配されるだろう、と予測していた。つまり、アメリカは参戦してベトナムを守りたいが、イギリスは「引き延ばし活動」を、フランスは「妨害活動」を展開している。さらに、アメリカ内部からも、ベトナムの一部のみを守ることを容認して、イギリスとフランスがベトナムの共産党と妥協するのを妨げないとする動きも出ている。しかし、このようなことは、「領土を割譲して、講和を求めるようなものである。……（中略）……共産党が盗んだものは正当化され、共産党の侵略者には罰が加えられないことが保証され」てしまった。さらに、「休戦後の結果について言えば、ベトナムの人民は分割に反対しているにもかかわらず、フランスは〔分割を容認するという〕裏切り行為を強行した以上、もはや分割を止めることはできない。このほかにも、〔後に実施が予定されていた〕ベトナムの自由選挙も死守できなければ、自由ベトナムの南部およびカンボジアやラオスもまた最終的には守りきれなくなるだろう[38]」。後のベトナム史の展開を見れば、この論評は、ベトナムでの「栄光ある休戦」が後に何をもたらすのかを的確に見抜いていた、と評価できよう。

おわりに

一九四九年は、中国現代史の展開にとって分水嶺であった。共産党は大陸中国で人民共和国を樹立し、国民党政権は台湾へと移った。台湾海峡両岸を挟んで二つの政権による統治が始まり、二つの地域で異なるイデオロギーが展開した。この間、共産党に不満を持つ一部の知識人たちは、当然に大陸中国には留まらなかったが、台湾に移ることも望まなかったため、香港を滞在先に選択することになった。

ここで注意しておくべきは、一九六〇年九月に台湾で自由中国事件[39]が発生するまでは、台湾の国民党政権は知識人の自由な言論活動を厳しく弾圧してこなかった事実である。そして、一九五〇年代に台湾や欧米、そして香港で活動した一部の知識人たちは、香港を反共の前線基地と見なしてきたことである。彼らが編集した新聞や雑誌は、共産党や共産主義国家の政策を批判する議論を繰り広げ、共産党との間で文化論戦も発生させた。もちろん、対する共産党の側も、香港における文化宣伝活動に資金を提供してきた[40]。

だからこそ、一九五〇年代から一九六〇年代の香港は、メディア・文化・教育事業の活動を活発化させたのである。親国民党派にせよ親共産党派にせよ、あるいは右傾思想の影響を受けた人士にせよ左傾思想の影響を受けた人士にせよ、その多くが香港に集結して言論を発表した。梁秉鈞（也斯）は、次のように指摘している。

一九四九年前後に大陸中国から香港に移住した人々は少なくなく、香港の人口は一年間で約一〇〇万人増加した。これらの移民のなかには、作家・編集者・哲学者・映画制作スタッフ・画家・音楽家などがいた。彼らは香港の教育・文化事業に従事し、新聞・雑誌の編集・執筆を手がけ、この五〇年来の香港文化に独特の存在感を与え、香港文化を様々な方向へと発展させた[41]。

国学研究の第一人者である饒宗頤も、「一九四五年から一九四九年までの香港は、さしずめ三国時代の荊州だった」と語っている[42]。両氏はともに、香港に与えられた独特の地位に関して、とりわけ一九五〇年代の香港が国民党・共産党以外の第三勢力が言論を発表できる重要な場であったことを重視している。そして、一九六〇年代に入ると、台湾の『自由中国』と『文星』が国民党政権の弾圧を受けて停刊した[43]。これ以降、香港で発行された政論誌は、国民党政権の「反体制派」が言論を発表する重要な窓口となった。少なくとも、一九六七年の六七暴動[44]が発生する以前においては、香港の政論誌は一九五〇年代に活発化し、一九六〇年代にはそれ以上の活況を呈していたのである。

ただし、一九六〇年代の香港における政論誌の隆盛は、一九五〇年代の香港における関係者の努力なしにはあり得なかった。第三勢力が香港で出版した政論刊行物は、共産党を批判すると同時に、諸外国の、とりわけアメリカ・イギリス・フランスの対アジア政策も批判した。比較的はっきりしていることは、六七暴動以前の香港は、右派と第三勢力と左派とが混在して思想戦を展開していた魅力的な地域だった、ということである。一九五〇年代の香港における出版物を研究すれば、香港がある特殊な時空間におかれ、台湾海峡両岸の文化や言論を結びつけ、対話させる、いわば橋渡しの役割を果たしていたことがわかる[45]。

このように特殊な時空間が交錯するなかで、香港在住の人文・社会科学研究に従事する華人研究者たちは、次のような使命を新たに与えられた。すなわち、どのような政治理念の影響を受けているかにかかわらず、香港を積極的に「大陸中国と世界とを結びつける学術と思想の窓口」にしなければならない[46]。同時に、「中国人が海外で発展する上で――海外でしか発展できないということでもあるのだが――、香港が文化に関心のある人々に対して〔自由に〕意見を発表できる場を提供し」なければならない[47]。香港の先人たちが一九五〇年代から一九六〇年代に残した創作物・政論活動・研究成果は、たとえそれらが政治宣伝に奉仕するものであったとしても、この時代の精神のあり方を示すものであった。さらに、当時の現実の国際的状況にも符合しており、国際的視野を十分に兼ね備えてもいた。

我々が今後特に注意すべきことは、以下の点である。

まず、一九五〇年代から一九六〇年代にかけての国共両政権以外の華人地域における、「反共」「抗ソ」「国際共産主義」「抑圧された民衆の救済」「アメリカ帝国主義の打倒」などの言説と活動を多く研究することである。次に、これらを研究する際に、政治史・社会史・思想史といった交錯する視角を結合して、この融合された領域を分析することである。もしこのようにできれば、中国語新聞・雑誌の国際的な言説と、中国内外における華人の思想文化との関係性が自ずと解明されるだろう。また、冷戦初期の国際政治史や軍事史研究を深化させられるだけでなく、思想文化の相互連動という研究課題を開拓することも可能となる。さらに、一九五〇年代から一九六〇年代にかけてアジア諸国が徐々に主体性を形成していく過程が、自由・民主主義と共産主義という冷戦構造とどのような関係性にあったのかも理解できるだろう⑱。

一九五〇年代から一九六〇年代に植民地支配から脱却したアジア諸国は、世界規模の反植民地思潮の影響を受けていた。しかし、アジア諸国が確立した主体性は、冷戦的な思考にも束縛されていた。この時期のアジア諸国における多元的にして複雑な精神のあり方は、果たしてどのようなものだったのか。アメリカや西洋によって構築された自由や民主主義の概念は、アジアの人々の生活にどのような影響を与えたのだろうか。これらは、今後大いに研究に値する課題であろう⑲。

（1）也斯「1950年代香港文芸中的一種亜洲想像——以桑簡流的『香妃』為例」、同「電影空間的政治——両齣50年代香港電影中的理想空間」（黄淑嫻ほか編『也斯的50年代——香港文学与文化論集』中華書局、二〇一三年）。

（2）盧瑋鑾・熊志琴訪問「訪問記録——何振亜」（盧瑋鑾・熊志琴編『香港文化衆声道』三聯書店（香港）、二〇一四年）。

（3）社論「中国自由人民歓迎艾徳礼先生一行」（『自由陣線』第一九巻第一一期、一九五四年）三頁。

（4）區志堅・侯励英「香港浸会大学図書館友聯資料介紹」（『近代中国史研究通迅』第三一期、二〇〇一年）を参照。香港における第三勢力についての研究成果は、陳正茂氏の研究が最も詳細である。氏の以下の文献を参照。「『第三勢力運動』史料述評——以『自由陣線』週刊為例」（『中国青年党研究論集』秀威資迅科技股份有限公司、二〇〇八年）、『50年代香港第三勢力運動史料蒐秘』（秀威資迅科技股份有限公司、二〇一一年）。また、関連して以下の文献も参照。菊池貴晴『中国第三勢力史論』（汲古書院、一九七八年）、周淑真『中国青年党在大陸和台湾』（中国人民大学出版社、一九九三年）。中国における第三勢力の命名については、以下を参照。張君勱『中国第三勢力』（稲郷出版社、二〇〇五年）、林博文「1949年的香港第三勢力」（『亜洲周刊』第二四巻第二期、二〇一〇年）〔http://www.yzzk.com/cfm/Content_Archive.cfm?Channel=ae&Path=4472350941/02ae2.cfm〕、同「50年代香港「第三勢力」運動興亡始末」（『歴史的暗流——近代中美関係秘辛』遠流出版、一九九九年）、許行「香港政論雑誌回顧——5・60年代至70年代政論刊物簡史」（『開放雑誌』一九九八年五月号）、万麗鵑「1950年代的中国第三勢力運動」（国立政治大学歴史研究所博士論文、二〇〇一年［未刊行］）。アメリカ政府が「第三勢力」を扶植することで、中国および香港での反共宣伝を容易にし、さらに「第三勢力」を国民党の台湾統治と中国共産党の大陸統治に取って代わらせようとした議論については、以下の研究を参照。林孝庭『台海冷戦解密檔案』（三聯書店（香港）、二〇一五年）七三—一〇六頁、同「従中・英文檔案看冷戦初期『敵後反攻』的実与虚（1950–1954）」（黄克武主編『同舟共済——蔣中正与1950年代的台湾』中正紀念堂、二〇一五年）。

（5）一九六七年に六七暴動が勃発する前は、香港は左・右両派が言論を発表する窓口であった。これに関しては張詠梅『論香港左翼小説中的「香港（1950–67）」』（天地図書有限公司、二〇〇三年）六六—八六頁を参照。その一方で、一九五〇・六〇年代の香港において文化活動の推進に関わった人物である古兆申は、以下のように主張している。「香港政庁は、自分たちには特定の文化政策などはないと称し、文化に対しては開かれた態度を取っていた。だが実際の状況は決してそうではなかった」。盧瑋鑾・熊志琴訪問『双程路——中西文化的体験与思考　1963–2003、古兆申訪談録』（Oxford University Press, 2010）三一七頁を参照。

（6）一九五〇・六〇年代の中国の領域外における、反共および「共産主義恐怖症」イメージの宣伝とその形成については、以下の研究を参照。林果顕「両次台海危機的戦争宣伝布置」（沈志華・唐啓華主編『金門：内戦与熱戦——美・蘇・中檔案解

密与研究』九州出版社、二〇一〇年）、同「台湾反攻大陸論述的塑造与転変（1949-1975）」（国立政治大学歴史研究所博士論文、二〇〇七年［未刊行］）、何宜絹「国民党政府与反共抗俄教育之研究」（国立中央大学歴史研究所碩士論文、二〇〇七年［未刊行］）。また、余敏玲「「偉大領袖」vs.「人民公敵」——従蔣介石形象塑造看国共宣伝戦　1945-1949」（未刊行）を参照。

（7）王徳威「序一　納中華入台湾」、楊儒賓「1949年与新儒家」、同「1949年大分裂与新漢華人文知識的再編成」。いずれも楊儒賓『1949年礼讃』（聯経出版、二〇一五年）に収録。また、Cohen, P. A., "Reflections on A Watershed Date: The 1949 divide in Chinese History," in Wasserstrom, J. N., (ed.), *Twentieth-Century China: New Approach*, Routledge, 2003、王汎森「思想史研究方法論」（許紀霖・宋宏編『現代中国思想的核心観念』上海人民出版社、二〇一一年）〔初出は『新史学』第一四巻第四期、二〇〇三年〕を参照。

（8）余英時『中国与民主』（天窓出版社有限公司、二〇一五年）二八頁。

（9）以下の文献を参照。前掲陳正茂「「第三勢力運動」史料述評——以『自由陣線』週刊為例」、陳正茂「50年代香港第三勢力的主要団体——『中国自由民主戦闘同盟』始末」（未刊行）、陳運周「従香港看「第三勢力」」（『新聞天地週刊』第四〇号、一九五〇年）四頁。また陸恭蕙『地下陣線——中共在香港的歴史』（香港大学出版社、二〇一一年）九一—一〇〇頁、周奕『香港左派闘争史』（利文出版社、二〇〇二年）三一—三九頁を参照。

（10）郭士「「自由出版社」滄桑史」（『醒獅月刊』第一巻第一期、一九六三年）八頁。

（11）「我們的傾向」（『自由陣線』第一巻第一期、一九四九年）一頁。

（12）「本刊的動向」（『自由陣線』第三巻第一期、一九五〇年）二頁。

（13）前掲郭士「「自由出版社」滄桑史」八頁。

（14）本社「我們的基本信念」（『自由陣線』第三巻第三期、一九五〇年）四—五頁。

（15）一九四五年から一九四九年における、中国国内の知識人による国民党を憲法違反と批判する言論については以下を参照。區志堅「「在非常環境非常心情下做了」——試析銭穆先生在香港興学的原因」（黄兆強主編『銭穆研究暨当代人文思想国際学術研討会論文集』銭穆故居、二〇一一年）。また同「銭穆対孫中山的評価」（李金強等編『共和維新——辛亥革命百年紀念論文集』香港城市大学出版社、二〇一三年）を参照。

（16）張発奎口述、夏蓮英訪談・紀録、鄭義翻訳・校注『蔣介石与我——張発奎上将回憶録』（文化芸術出版社、二〇〇八年）四八九頁。

(17) 社論「『自由陣線』肩負起未来艱巨的使命——紀念本刊歩上第六年」(『自由陣線』第二一巻第一期、一九五四年)三頁。
(18) 謝澄平「展開搶救中華民国運動——中華民国四十三年十二月三日為『自由陣線』五週年紀念而作」(『自由陣線』第二一巻第一期、一九五四年)六—七頁。
(19) 張葆恩「本刊五年来的工作総結」(『自由陣線』第二一巻第一期、一九五四年)七—八頁。
(20) 李誠「写在『自陣』五週年」(『自由陣線』第二一巻第一期、一九五四年)一五頁。
(21) 辛木「自由叢書発刊五年」(『自由陣線』第二一巻第一期、一九五四年)一三—一四頁。
(22) 冷生「国民党失敗的基本因素」(『自由陣線』第一巻第四期、一九五〇年)七—九頁。
(23) 冷生「民主政治的逆流」(『自由陣線』第一巻第五期、一九五〇年)四—五頁。
(24) 陳振軍「台湾問題面面観」(『自由陣線』第一巻第一三期、一九五〇年)二—三頁。
(25) 社論「重新掀起辛亥革命的怒潮——紀念中華民国四三年度国慶」(『自由陣線』第二〇巻第五期、一九五四年)三頁。
(26) 荘厳「反共的領袖問題」(『自由陣線』第二〇巻第一二期、一九五四年)五—七頁。
(27) 胡萍「反対徒有其表的政党政治」(『自由陣線』第一九巻第六期、一九五四年)六—七頁。
(28) 慕容慧「抗議中共的餓殺人政策」(『自由陣線』第一巻第九期、一九五〇年)一〇—一一頁。
(29) 前掲社論「重新掀起辛亥革命的怒潮——紀念中華民国四三年度国慶」三頁。
(30) 欧陽愷「農工商学兵在武漢」(『自由陣線』第一巻第一期、一九四九年)一〇—一二頁。
(31) 羅夢冊「主流社・中国民主自由社会主義学会為社員馬槐隆・楊文彬、会員黄以鏞・魏元珪・鄧世謀諸先生被迫害事件向北京台湾両政権厳重抗議書」(『自由陣線』第三巻第二期、一九五〇年)二七頁。
(32) 徳謨「英鎊貶値的後果若何」(『自由陣線』第一巻第一期、一九四九年)一四—一五頁。
(33) 程彬如「美国在中東的両着冷棋」(『自由陣線』第一巻第一期、一九四九年)四—六頁。
(34) 徳謨「西欧復興与馬歇爾計画」(『自由陣線』第一巻第一期、一九四九年)一一—一三頁。
(35) 陳権もまた、徳謨に近い見解を提示している。陳権「『国民経済発展公報』的謊言」(『自由陣線』第二〇巻第二期、一九五四年)四頁を参照。陳氏の文章は国際共産主義の経済政策について論じたものであるが、これに付随して当時の西ヨーロッパにおける経済的利害を議論している。
(36) 華聲「在蘇俄半島体系争奪戦中的越南」(『自由陣線』第三巻第三期、一九五〇年)一四—一五頁。

(37) Bullit〔sic〕（作梅訳）「為什麼美国要阻止史大林征服亜洲」（『自由陣線』第三巻第二期、一九五〇年）一八―一九頁。

(38) 任重「越南降必亡、戦有救」（『自由陣線』第一九巻第六期、一九五四年）四頁。

(39) 自由中国事件の経緯に関しては以下を参照。謝漢儒『早期台湾民主運動与雷震紀事――為歴史留見証』（桂冠図書股份有限公司、二〇〇二年）三三五―四〇六頁、潘光哲『遥想――徳先生』（南方家園文化事業有限公司、二〇一一年）三一〇―三六九頁。

(40) 前掲陸恭蕙『地下陣線――中共在香港的歴史』九一―一一二頁。また、前掲周奕『香港左派闘争史』七四―九四頁を参照。

(41) 梁秉鈞「1950年代香港文化的意義」（梁秉鈞ほか『痛苦中有歓楽的時代――50年代香港文化』中華書局、二〇一三年）。

(42) 區志堅訪問「饒宗頤教授訪問稿（2001年）」（未刊行）を参照。香港城市大学の鄭培凱教授には、「中国文化教育在香港研究計画」所収資料の使用を快諾していただいた。

(43) 『自由中国』と『文星』停刊の理由は、編集委員会の内部事情など様々であるが、なかでも台湾の国民党政権による弾圧は軽視できない要因である。任育徳『雷震与台湾民主憲政的発展』（国立政治大学歴史学系、一九九九年）二七五―二八八頁を参照。『自由中国』に関する研究成果としては、薛化元『《自由中国》与民主憲政――1950年代台湾思想史的一個考察』（稲郷出版社、一九九六年）を参照。

(44) 張家偉『六七暴動』（香港大学出版社、二〇一二年）二〇七―二五四頁。

(45) 區志堅「中外文化交融下香港文化之新運――羅香林教授中外文化交流的観点」（趙令揚・馬楚堅編『羅香林教授逝世20週年紀念論文集』薈真文化事業出版社、二〇〇六年）、同「香港成為国際漢学交往的橋梁――従乙堂問学書信看戦後羅香林与海外学人之交往」（林慶彰編『国際漢学論叢』第二期、二〇〇五年）。

(46) 余英時「香港与中国学術研究――従理雅各和王韜的漢学合作説起」（『歴史人物与文化危機』東大図書股份有限公司、一九九五年）。

(47) 盧瑋鑾・熊志琴訪問「訪問記録――胡菊人」（前掲盧瑋鑾・熊志琴編『香港文化衆声道』）。

(48) Latham, M. E., *"Modernization as Ideology: American Social Science and "Nation Building"" in Kennedy Era*, The University of North Carolina Press, 2000. また、黄克武「「現代」観念之源起与歴史研究的本土反思」（『当代』第二二三期、二〇〇六年）。

(49) 国際的なネットワークメディアの研究については以下を参照。O'Connor, P., *The English-Language Press Networks of*

East Asia, 1918-1945, Global Oriental, 2010. また、冷戦が中国およびその他のアジア地域に与えた影響については、近年の研究成果として以下のものがある。徐天新・沈志華『冷戦前期的大国関係』（世界知識出版社、二〇一一年）、沈志華・李濱（Douglas Stiffler）主編『冷戦与中蘇関係』（社会科学出版社、二〇一〇年）、前掲沈志華・唐啓華主編『金門：内戦与熱戦——美・蘇・中檔案解密与研究』。なお、最後の二書は論文集である。それから、グローバル化に直面している東アジア諸国の主体性の問題に関する研究としては、以下を参照。白永瑞『思想東亜——韓半島視角的歴史与実践』（台湾社会研究雑誌社、二〇〇九年）三九—六〇頁、孫歌「歴史中的亜洲論述与当下的思想課題」（『「把握進入歴史的瞬間」』人間出版社、二〇一〇年）。また、黄世沢「英国与恐怖分子闘争的経験和六七暴動」（沈旭暉主編『1967——国際視野的反思』天地図書有限公司、二〇一五年）を参照。

（追記）本章は、香港樹仁大学学術研究委員会より研究助成を受けた（Ref. No. 10034A）。ここに感謝の意を表する。また、陳正茂教授には、貴重な資料と意見を提供していただいた。一九六〇年代に政論紙・政論誌の出版活動に加わった呉達明氏・呉兆華氏・謝炳堅氏には、筆者のインタビューにご協力いただいた。ここに感謝申し上げる。

あとがき

一九八〇年代末から一九九〇年代初頭は、ソビエト連邦の解体に象徴されるように、社会主義諸国が変容を迫られ、米ソ冷戦に終止符が打たれた時代だった。このような世界的流れのなかで、中国では、一九八九年に天安門事件が発生した。この事件は、社会主義体制における民主主義という問題を人々に突きつけただけに、世界に大きな衝撃を与えた。だからこそ、私たちは、民主主義やそれを制度化する一つの方法としての憲政が社会主義を選択した中国においてどのように扱われ、どうのように認識されたのかを、様々な角度から歴史的に考察しなければならない。本論文集は、このような目的意識をもって編集されたものである。

もちろん、本論文集は、中国研究という文脈においても積極的な役割を担う。それは、今世紀に入ってから大きく様変わりした近現代中国研究を「外部」（中国研究以外の研究者や一般の人々）に向けて積極果敢に発信する、というものである。

長年、中国研究は、王朝や統治体制の交代で歴史を区切ってきた。しかし、このような歴史区分に基づいて展開されてきた中華民国史研究は、近年、中国の隣接地域を対象とする研究成果を吸収しながら、そして、政治学や経済学、国際関係学といった社会科学との連携を深めながら、中華人民共和国史研究を含む近現代中国研究を東アジアのなかで構築しようとしている。このような学術潮流は日本に限らず世界においても観察できるものであり、まさに近現代中国研究者は「外部」との対話を重視しつつある。本論文集にかかわった多くの研究者たちは、この新たな潮流を少なからず牽引してきたのであり、近現代中国という場において普遍性のあるテーマをそれぞれの専門的見地から考察してきた。本論文集の場合には、そのような水脈の一つが、リベラリズムの視角から近現代中国史を捉え直した村田雄二郎編『リベラリズムの中国』（有志舎、二〇一一年）だった。

本論文集は、科学研究費助成事業（基盤研究（B）：二〇一三—二〇一六年度）「社会主義中国の憲政論・憲政体制を再考する——二〇世紀中国憲政史の視角から」の成果であり、代表者の中村元哉、分担者の小野寺史郎、加茂具樹、久保亨、水羽信男、村田雄二郎が海外の研究者の協力を得ながら約四年の歳月をかけて準備した。近現代中国と憲政を結びつけた学術成果は日本ではいまだに少ないため、本論文集に収録された「主要参考史資料・研究文献一覧」（吉見崇）と「索引」は、専門家にとっては有用なものとなるだろう。

こうして普遍性と特殊性の間の往復を実践してきた私たちは、科研費申請書類の「研究目的」欄に沿って本論文集を刊行することにした。そこに記された内容は、次のとおりである。

現代中国が直面している深刻な政治課題は「自由・人権・民主・憲政」をめぐる諸問題である。この広義の意味での憲政問題は、政治学の手法を用いて現代中国を解明しようとしてきた研究者たちによって、しばしば注目されてきた。

しかし、この問題に対する政治学のアプローチには限界がある。なぜなら、現代中国の憲政問題は、20世紀初頭以来の豊かな憲政論の展開と幾多の憲政体制改革の実践を経て浮上してきた、いわば20世紀中国憲政史上の延長に位置する政治課題だからである。したがって、20世紀中国という時間軸から現代中国の憲政問題を読み解き、新たな現代中国像を提示することが必要である。

その際に、20世紀前半と現代とを接続する社会主義中国（1950-1970年代）の憲政論・憲政体制を、近現代中国の三大思想潮流——ナショナリズム（国家／民族主義）・自由主義・社会主義——を踏まえながら、全面的に再考しなければならない。また、清末・民国期の憲政論・憲政体制が戦後の台湾と香港にどのように継承されたのかという視角から、社会主義中国を複眼視することも重要である。

むろん、このような研究目的が妥当だったのかどうか、そして、このような刊行意図が達成されたのかどうかは、読者の方々の御判断に委ねるほかない。

最後に、本論文集を刊行するにあたり、東京大学出版会の山本徹氏には長期にわたりお世話になった。本論文集が内に秘めた〝潜在力〟を「外部」に向けて如何なく発揮するために、山本氏は多方面にわたって貴重なアドバイスをして下さった。この点については、とくに感謝申し上げなければならない。さらに、忘れてはならないことは、本論文集を刊行するにあたり、津田塾大学特別研究費出版助成（二〇一八年度）を得たことである。この助成金がなければ刊行できなかっただけに、職場である津田塾大学のすべての教職員の皆様に、心よりお礼を申し上げたい。

本論文集が近現代中国研究と「外部」の橋渡し役になっていることを切に願っている。

二〇一八年吉日

中村元哉

執筆者紹介

[編者]

中村元哉（なかむら もとや　NAKAMURA Motoya）

1973年生まれ．東京大学大学院総合文化研究科博士課程修了（博士（学術））
津田塾大学学芸学部国際関係学科・教授：中国近現代史，東アジア国際関係論
『対立と共存の日中関係史　共和国としての中国』講談社，2017年．『戦後中国の憲政実施と言論の自由 1945-49』東京大学出版会，2004年．『現代中国の起源を探る――史料ハンドブック』共編著，東方書店，2016年

[執筆者]

村田雄二郎（むらた ゆうじろう　MURATA Yujiro）

1957年生まれ．東京大学大学院人文科学研究科修士課程修了
同志社大学グローバル・スタディーズ研究科・教授：中国近現代思想史
『日中の120年――文芸・評論作品選』共編，全5巻，岩波書店，2016年．『清末中国と日本――宮廷・変法・革命』共著，研文出版，2011年．『リベラリズムの中国』編著，有志舎，2011年

小野寺史郎（おのでら しろう　ONODERA Shiro）

1977年生まれ．東京大学大学院総合文化研究科博士課程修了（博士（学術））
埼玉大学大学院人文社会科学研究科・准教授：中国近現代史
『中国ナショナリズム――民族と愛国の近現代史』中央公論新社，2017年．『国旗・国歌・国慶――ナショナリズムとシンボルの中国近代史』東京大学出版会，2011年．『陳独秀文集1――初期思想・文化言語論集』共編訳，平凡社，2016年

中村元哉　→編者

王　貴松（WANG Guisong）

1977年生まれ．北京大学（法学博士）
中国人民大学法学院・副教授：法学
「中国における「法律による行政」の原理の継受と変容」『北大法学論集』第68巻第3期，2017年，『行政裁量的構造与審査』中国人民大学出版社，2016年．「美濃部達吉と中国の公法学」高橋和之編『日中における西欧立憲主義の継受と変容』岩波書店，2014年

孫　宏雲（SUN Hongyun）

1969年生まれ．中山大学（史学博士）
中山大学歴史学系・教授：中国近現代史
『当代中国専利制度的創建』知識産権出版社，2015年〔内部発行〕．『中国現代政治学的展開――清華政治学系的早期発展（1926-1937）』生活・読書・新知三聯書店，2005年．『孫中山史事編年』共著，第11・12巻，中華書局，2017年

水羽信男（みずは のぶお　MIZUHA Nobuo）

1960年生まれ．広島大学大学院文学研究科博士課程後期単位取得退学
広島大学大学院総合科学研究科・教授：中国近現代史
『中国の愛国と民主――章乃器とその時代』汲古書院，2012年．『中国近代のリベラリズム』東方書店，2007年．『アジアから考える――日本人が「アジアの世紀」を生きるために』編著，有志舎，2017年

孫　揚（SUN Yang）
1981年生まれ．南京大学（歴史学博士）
南京大学歴史学院・副教授：中国近現代史，香港史
『無果而終——戦後中英香港問題交渉（1945-1949）』社会科学文献出版社，2014年．「論抗戦後期中英処置香港問題之方略（1943-1945）」『抗日戦争研究』2014年第1期．「“殖民地”的尺度——香港粛奸風波与“国民日報事件”論析」『近代史研究』2012年第6期

章　清（ZHANG Qing）
1964年生まれ．復旦大学（歴史学博士）
復旦大学歴史学系・教授：中国近代史
『“胡適派学人群”与現代中国自由主義』〔修訂版〕上海三聯書店，2015年．『清季民国時期的“思想界”』上下，社会科学文献出版社，2014年．『学術与社会——近代中国“社会重心”的転移与読書人新的角色』上海人民出版社，2012年

久保　亨（くぼ とおる　KUBO Toru）
1953年生まれ．一橋大学大学院社会学研究科博士課程中退
信州大学人文学部・特任教授：中国近現代史
『シリーズ中国近現代史 社会主義への挑戦』岩波新書，2011年．『戦間期中国の綿業と企業経営』汲古書院，2005年．『統計でみる中国近現代経済史』共著，東京大学出版会，2016年

潘　光哲（PAN Kuang-che）
1965年生まれ．台湾大学（歴史学博士）
中央研究院近代史研究所・研究員（教授）：中国近現代史，台湾現代史
『晩清士人的西学閲読史（1833-1898）』中央研究院近代史研究所，2014年．『「天方夜譚」中研院——現代学術社群史話』秀威資訊科技股份有限公司，2008年．『華盛頓在中国——製作「国父」』三民書局，2006年

區　志堅（Ou Chi Kin）
1971年生まれ．香港浸会大学（歴史学博士）
香港樹仁大学・助理教授：中国近代学術思想史，香港史
「一個『中国』，各自表述——戦時中共，満洲偽国出版的中小学歴史教科書建構「中国」図像」李帆等編『教材與知識伝播』中華書局，2017年．「중국에서 본 동아시아——1949 년 이전 중소학 교과서」（Eastern Asia History from Chinese perspective——Primary and Secondary School History Textbook Before 1949）『歴史教育』2016年．「非僅指的是吃苦奮闘——従『新亜校刊』看五十年代「新亜精神」的実践」鮑紹霖等編『北学南移』秀威資訊科技股份有限公司，2015年

［訳者］

杉谷幸太（すぎたに こうた　SUGITANI Kota）
1984年生まれ．東京大学大学院総合文化研究科博士課程単位取得退学
帝京科学大学・非常勤講師：中国現代文学
「『青春に悔い無し』の声はなぜ生まれたか——『老三届』の世代意識から見た『上山下郷』運動」『中国研究月報』第66巻第10号，2013年

戸部　健（とべ けん　TOBE Ken）
1976年生まれ．慶應義塾大学大学院文学研究科後期博士課程修了（博士（史学））
静岡大学学術院人文社会科学分野人間・社会系列・教授：中国近現代史，教育・医療社会史
『近代天津の「社会教育」——教育と宣伝のあいだ』汲古書院，2015年

泉谷陽子（いずたに　ようこ　IZUTANI Yoko）
1968 年生まれ．東京都立大学人文科学研究科博士課程単位取得退学（博士（史学））
フェリス女学院大学国際交流学部国際交流学科・准教授：中華人民共和国史
『中国建国初期の政治と経済——大衆運動と社会主義体制』御茶の水書房，2007 年

村田雄二郎　→執筆者

森川裕貫（もりかわ　ひろき　MORIKAWA Hiroki）
1979 年生まれ．東京大学大学院人文社会系研究科博士課程単位取得退学（博士（文学））
関西学院大学文学部文化歴史学科・准教授：中国近現代史
『政論家の矜持——中華民国時期における章士釗と張東蓀の政治思想』勁草書房，2015 年

古谷　創（ふるや　はじめ　FURUYA Hajime）
1983 年生まれ．東京大学大学院総合文化研究科博士課程単位取得退学
一般財団法人霞山会東亜学院日本語学校・非常勤講師：中国近代思想史
「陳天華の思想変化に関する試論」『信大史学』第 39 号，2014 年

［史料文献作成］

吉見　崇（よしみ　たかし　YOSHIMI Takashi）
1983 年生まれ．東京大学大学院総合文化研究科博士課程修了（博士（学術））
東京大学大学院総合文化研究科・学術研究員：中国近現代政治史
「中国国民党政権による検察改革 1938-1945 年」『歴史学研究』第 927 号，2015 年

索　引

［人名索引］

あ　行

か　行

さ　行

た　行

な行・は行

ま行・や行

ら　行

［事項索引］

あ 行

か 行

さ　行

な　行

は　行

ま　行

や　行

ら行・わ行

主要参考史資料・研究文献一覧

作成：吉見　崇

凡例
1）新仮名遣いを原則とする．
2）常用漢字を原則とする．ただし，一部の繁体字や固有名詞については，その限りではない．
3）日本語は著者の五十音順に，中国語は著者のピンイン順に，英語は著者のアルファベット順に配列した．
4）史料集は日本語，中国語の順に表示し，研究文献は日本語，中国語，英語の順に表示した．
5）研究文献は憲政史を論じた専著を中心に整理した．

史料・資料集

〈日本語〉
外務省調査局第五課訳編（1949）『中華民国憲法』外務省調査局第五課
小岩井浄訳（1957）『中華人民共和国憲法』有斐閣
中央政法幹部学校国家法教研室編（高橋勇治・浅井敦訳）（1960）『中華人民共和国憲法講義』弘文堂
西村幸次郎編訳・解説（1983）『中国における法の継承性論争』早稲田大学比較法研究所
宮澤俊義・田中二郎（1935）『中華民国憲法草案』中華民国法制研究会
———（1936）『中華民国憲法確定草案』中華民国法制研究会
村田雄二郎ほか編（2010-2011）『新編原典中国近代思想史』第5-7巻，岩波書店
劉少奇（1956）『中華人民共和国憲法草案報告』北京：外文出版社

〈中国語〉
北京人民広播電台編輯部編（1954）『討論憲法草案対話』北京：通俗読物出版社
北京市民主婦女連合会・北京市憲法草案講座委員会宣武区分会（1954）『中華人民共和国憲法6講』北京：中国青年出版社
陳布雷（出版年不明）『陳布雷先生従政日記稿様〔1935年3月-1948年11月〕』全5冊，出版地不明：東南印務出版社
故宮博物院明清檔案部編（1979）『清末籌備立憲檔案史料』上下，北京：中華書局
国民大会秘書処編（1946）『国民大会実録』南京：国民大会秘書処
韓幽桐（程文編）（1991）『韓幽桐文集』重慶：重慶出版社
何勤華・李秀清主編（2002）『民国法学論文精萃：憲政法律編』第2巻，北京：法律出版社
胡春恵編（1978）『民国憲政運動』台北：正中書局
頼俊楠編（2017）『憲制道路与中国命運：中国近代憲法文献選編（1840-1949）』上巻，北京：中央編訳出版社

雷震（1957）『制憲述要』香港：友聯出版社〔復刻版：雷震（1989）『制憲述要』（傅正主編『雷震全集』第23巻）台北：桂冠図書〕
雷震（薛化元主編）（2010）『中華民国制憲史：制憲的歴史軌跡（1912-1945）』台北：稲郷出版社
雷震（薛化元主編）（2010）『中華民国制憲史：政治協商会議憲法草案』台北：稲郷出版社
雷震（薛化元主編）（2011）『中華民国制憲史：制憲国民大会』新北：稲郷出版社
雷震（薛化元・楊秀菁主編）（2016）『雷震的歴史辯駁』新北：稲郷出版社
李達（1954）『談憲法』武漢：中南人民出版社
劉培華編（1957）『中華人民共和国憲法講課提綱』瀋陽：遼寧人民出版社
楼邦彦（1955）『中華人民共和国憲法基本知識』北京：新知識出版社
孟光編（1955）『人民憲法講話』広州：華南人民出版社
繆全吉編（1989）『中国制憲史資料彙編：憲法編』台北：国史館
銭端升・楼邦彦（1956）『資産階級憲法的反動本質』武漢：湖北人民出版社
上官丕亮・黄学賢主編（2015）『東呉法学先賢文録：憲法学，行政法学巻』北京：中国政法大学出版社
孫国華（1955）『談談守法』北京：通俗読物出版社
王正華ほか編註（2003-2015）『蔣中正総統檔案：事略稿本』全82巻・補編2巻，台北：国史館
呉徳峰ほか編（1954）『中華人民共和国憲法講話』武漢：湖北人民出版社
呉家麟編（1954）『憲法基本知識講話』北京：中国青年出版社
夏新華ほか整理（2004）『近代中国憲政歴程：史料薈萃』北京：中国政法大学出版社
徐辰編（2017）『憲制道路与中国命運：中国近代憲法文献選編（1840-1949）』下巻，北京：中央編訳出版社
薛化元ほか編（2003）『《自由中国》選編』全7巻，台北：稲郷出版社
薛月順ほか主編（2000-2004）『戦後台湾民主運動史料彙編』全12巻，台北：国史館
張何（1955）『什麼是人民代表大会制度』武漢：湖北人民出版社
張君勱（2006）『憲政之道』北京：清華大学出版社
張友漁（1986）『憲政論叢』上下，北京：群衆出版社
中国人民大学国家法教研室・北京政法学院国家法教研室・北京大学国家法教研室編（1955）『中華人民共和国国家法参考資料』北京：中国人民大学出版社
中国政治法律学会編（1954）『憲法分解参考資料』北京：人民出版社
中国政治法律学会資料室編（1957）『政法界右派分子謬論彙集』北京：法律出版社
———編（1958）『為保衛社会主義法制而闘争：政法界反右派闘争論文選集』北京：法律出版社
中央政法幹部学校国家法教研室編（1957）『中華人民共和国憲法学習参考資料』北京：法律出版社
———編（1957）『中華人民共和国憲法講義』北京：法律出版社

研究文献

〈日本語〉
浅井敦（1985）『中国憲法の論点』法律文化社
石川忠雄（1952）『中国憲法史』慶應通信
石塚迅（2013）「中国憲法の改正，解釈，変遷」北川秀樹ほか編『現代中国法の発展と変容：西村幸次郎先生古稀記念論文集』成文堂
石塚迅・中村元哉・山本真編（2010）『憲政と近現代中国：国家，社会，個人』現代人文社
幼方直吉編（1973）『現代中国法の基本構造』アジア経済研究所
王叔文ほか編（土肥道子ほか訳）（1994）『現代中国憲法論』法律文化社
金子肇（2001）「戦後の憲政実施と立法院改革」姫田光義編『戦後中国国民政府史の研究』中央大学出版部
―――（2006）「国民党による憲法施行体制の統治形態：孫文の統治構想，人民共和国の統治形態との対比から」久保亨編『1949年前後の中国』汲古書院
―――（2008）「国共内戦下の立法院と1947年憲法体制」『近きに在りて』第53号
―――（2012）「近代中国における民主の制度化と憲政」『現代中国研究』第31号
―――（2014）「近現代中国の立憲制と議会専制の系譜」『新しい歴史学のために』第285号
―――（2017）「中国の憲法制定事業と日本」水羽信男編『アジアから考える：日本人が「アジアの世紀」を生きるために』有志舎
加茂具樹（2006）『現代中国政治と人民代表大会：人代の機能改革と「領導・被領導」関係の変化』慶應義塾大学出版会
久保亨・嵯峨隆編（2011）『中華民国の憲政と独裁：1912-1949』慶應義塾大学出版会
胡錦光・韓大元（小口彦太ほか訳）（1996）『中国憲法の理論と実際』成文堂
木間正道（1995）『現代中国の法と民主主義』勁草書房
胡平（石塚迅訳）（2009）『言論の自由と中国の民主』現代人文社
杉田憲治（1984）『中華人民共和国憲法の研究』広島修道大学総合研究所
曽田三郎（2009）『立憲国家中国への始動：明治憲政と近代中国』思文閣出版
―――（2013）『中華民国の誕生と大正初期の日本人』思文閣出版
高橋和之編（2014）『日中における西欧立憲主義の継受と変容』岩波書店
高見澤磨・鈴木賢（2010）『中国にとって法とは何か：統治の道具から市民の権利へ』岩波書店
―――・鈴木賢・宇田川幸則（2016）『現代中国法入門』第7版，有斐閣
―――編（2017）『要説中国法』東京大学出版会
竹花光範（2007）『中国憲法論序説』補訂第3版，成文堂
田中信行（2013）『はじめての中国法』有斐閣
趙景達ほか編（2013-2014）『講座東アジアの知識人』全5巻，有志舎
土屋英雄編（1996）『現代中国の人権：研究と資料』信山社
―――編（1998）『中国の人権と法：歴史，現在そして展望』明石書店
―――（2005）『現代中国の憲法集：解説と全訳，関係法令一覧，年表』尚学社
―――（2012）『中国「人権」考：歴史と当代』日本評論社

董成美編（西村幸次郎監訳）（1984）『中国憲法概論』成文堂
中村元哉（2004）『戦後中国の憲政実施と言論の自由 1945-49』東京大学出版会
———（2010）「国民党『党治』下の憲法制定活動：張知本と呉経熊の自由・権利論」中央大学人文科学研究所編『中華民国の模索と苦境：1928～1949』中央大学出版部
———（2011）「現代中国の憲政論と世界認識」『現代中国』第 85 号
———（2014）「戦時中国の憲法制定史」久保亨・波多野澄雄・西村成雄編『戦時期中国の経済発展と社会変容』慶應義塾大学出版会
———（2015）「中華民国憲法制定史：仁政から憲政への転換の試み」『中国：社会と文化』第 30 号
———（2017）『対立と共存の日中関係史　共和国としての中国』講談社
西村幸次郎（1989）『中国憲法の基本問題』成文堂
西村成雄（1991）『中国ナショナリズムと民主主義：20 世紀中国政治史の新たな視界』研文出版
———・国分良成（2009）『党と国家：政治体制の軌跡』岩波書店
———（2012）「1946 年民国政治：憲法制定権力の正統性流出」田中仁・三好恵真子編『共進化する現代中国研究：地域研究の新たなプラットホーム』大阪大学出版会
———（2017）『中国の近現代史をどう見るか』岩波書店
野村浩一（2007）『近代中国の政治文化：民権・立憲・皇権』岩波書店
———（2013）「近代中国における『民主・憲政』のゆくえ：戦後・内戦期の政治と思想を中心に」上中下，『思想』第 1072-1074 号
平野義太郎（1956）『人民民主主義憲法への史的展開：ワイマル憲法の崩壊から新中国憲法の成立まで』日本評論新社
深町英夫編（2009）『中国政治体制 100 年：何が求められてきたのか』中央大学出版部
———編（2015）『中国議会 100 年史：誰が誰を代表してきたのか』東京大学出版会
福島正夫（1976）『中国の法と政治：中国法の歴史・現状と理論』第 3 版，日本評論社
水羽信男（2007）『中国近代のリベラリズム』東方書店
宮澤俊義・田中二郎（1937）『立憲主義と三民主義・五権憲法の原理』中華民国法制研究会
村田雄二郎編（2011）『リベラリズムの中国』有志舎
森川裕貫（2015）『政論家の矜持：中華民国時期における章士釗と張東蓀の政治思想』勁草書房
李鋭（小島晋治編訳）（2013）『中国民主改革派の主張：中国共産党私史』岩波書店

〈中国語〉
陳峰（2003）『中国憲政史研究綱要』貴陽：貴州人民出版社
陳秋雲ほか（2011）『美国憲法対中国近代憲政的影響及其評価』北京：法律出版社
陳茹玄（1933）『中国憲法史』上海：世界書局〔増訂版：陳茹玄（1947）『増訂中国憲法史』上海：世界書局〕
陳盛清（1944）『五五憲草釈論』重慶：中国文化服務社〔復刻版：張研・孫燕京主編（2009）『五五憲草釈論』鄭州：大象出版社〕
陳守一（1996）『法学研究与法学教育論』北京：北京大学出版社
陳之邁（1944-1945）『中国政府』全 3 冊，重慶：商務印書館

褚宸舸（2009）「“憲政”与“民主”的表達（1940～1947）：基於数拠庫統計的中国憲法史研究」『杭州師範大学学報（社会科学版）』2009 年第 1 期
戴耀廷（2012）『憲政・中国：従現代化及文化転変看中国憲政発展』香港：香港大学出版社
鄧麗蘭（2010）『西方思潮与民国憲政運動的演進』天津：南開大学出版社
童之偉（2016）『中国憲制之維新』香港：香港城市大学出版社
杜鋼建（2004）『中国近百年人権思想』香港：香港中文大学出版社
范進学（2010）『中国特色社会主義憲政発展論』上海：上海人民出版社
范瑞平・貝淡寧・洪秀平主編（2012）『儒家憲政与中国未来：我們是誰？我們向何処去？』上海：華東師範大学出版社
馮崇義・朱学勤編（2004）『憲政与中国』香港：香港社会科学出版社
甘英（2010）「新中国憲法財産制度的歴史回顧」『中国法学』2010 年第 4 期
高放ほか（2012）『清末立憲史』北京：華文出版社
高全喜（2016）『政治憲法与未来憲制』香港：香港城市大学出版社
桂宏誠（2009）『中国立憲主義的思想根基：道徳，民主与法治』北京：社会科学文献出版社
国民大会秘書処編（1961）『中華民国憲法之制定』台北：国民大会秘書処
韓大元主編（2000）『新中国憲法発展史』石家庄：河北人民出版社
―――（2008）『亜洲立憲主義研究』第 2 版，北京：中国人民公安大学出版社
―――編（2008）『1954 年憲法与中国憲政』武漢：武漢大学出版社
―――主編（2009）『新中国憲法発展 60 年』広州：広東人民出版社
―――主編（2009）『共和国 60 年法学論争実録：憲法巻』厦門：厦門大学出版社
―――主編（2012）『中国憲法学説史研究』上下，北京：中国人民大学出版社
―――（2014）『1954 年憲法制定過程』北京：法律出版社
―――（2016）「論 1954 年憲法上的審判独立原則」『中国法学』2016 年第 5 期
郝鉄川（1993）「中国憲政発展的症結与出路」『法学』1993 年第 12 期
何勤華（2006）『中国法学史』第 3 巻，北京：法律出版社
胡錦光・韓大元編（2004）『中国憲法発展研究報告：1982-2002』北京：法律出版社
胡経明編（1946）『五権憲法与各国憲法』上海：正中書局
胡慶育（1935）『蘇聯政府与政治』上海：世界書局
胡卓英編（1940）『憲政問題研究』香港：新意識社
簡笙簧主編（1992）『中国近百年憲政大事年表（1894 年至 1991 年）』台北：国史館
金鳴盛（1936）『五権憲政論集』上海：中華書局
―――編（1936）『国民政府宣布中華民国憲法草案釈義』上海：出版者不明〔復刻版：張研・孫燕京主編（2009）『国民政府宣布中華民国憲法草案釈義』鄭州：大象出版社〕
荊月新（2012）『1947 年憲法体制下的中央立法権研究』北京：法律出版社
荊知仁（1984）『中国立憲史』台北：聯経出版
孔繁霖編（1946）『五五憲草之評議』南京：時代出版社
李剛（2007）「批判与継承：純粋法学在中国」『山西大学学報（哲学社会科学版）』第 30 巻第 5 期
立法院中華民国憲法草案宣伝委員会編（1940）『中華民国憲法草案説明書：中華民国 29

年 7 月』重慶：正中書局〔復刻版：沈雲龍主編（1981）『中華民国憲法草案説明書：中華民国 29 年 7 月』台北：文海出版社〕
林建華（2012）『1940 年代的中国自由主義思潮』北京：中国社会科学出版社
劉静文編（1946）『中国憲政的経済基礎』上海：正中書局
———編（1947）『中国憲政原理』増訂本，上海：正中書局
劉山鷹（2005）『中国的憲政選択：1945 年前後』北京：北京大学出版社
劉士篤（1946）『新中国憲法論』重慶：読者之友社
劉錫五（1968）『中華民国憲法闡要』台北：民主憲政雑誌社
劉振鎧編（1960）『中国憲政史話』台北：憲政論壇社〔復刻版：沈雲龍主編（1981）『中国憲政史話』台北：文海出版社〕
劉仲敬（2013）『民国紀事本末』桂林：広西師範大学出版社
羅家衡（1946）『中華民国憲法芻議』上海：自由出版社
羅香林（1946）『中国憲政之進程』広州：中心出版社
羅志淵（1967）『中国憲法史』台北：台湾商務印書館
馬俊生編（1933）『中華民国憲法草案』上海：華通書局
潘樹藩編（1935）『中華民国憲法史』上海：商務印書館
喬宝泰（1978）『中華民国憲法与五五憲草之比較研究』台北：中央文物供応社
———（1998）『中華民国制憲行憲史述』台北：近代中国出版社
秦前紅・葉海波（2017）『社会主義憲政研究』香港：香港城市大学出版社
任育徳（1999）『雷震与台湾民主憲政的発展』台北：政治大学歴史学系
任卓宣（1954）『中国憲法問題』台北：帕米爾書店
邵力子（1944）『中美英蘇憲政運動的教訓』重慶：中周出版社
石畢凡（2004）『近代中国自由主義憲政思潮研究』済南：山東人民出版社
石之瑜（2001）「台湾本土憲政主義中的徳治与権力」『香港社会科学学報』第 19 期
孫宏雲（2009）「孫中山五権憲法思想的演進」中国社会科学院近代史研究所編『紀念孫中山誕辰 140 周年国際学術研討会論文集』上巻，北京：社会科学文献出版社
孫科（1944）『憲政要義』重慶：商務印書館
田飛龍（2017）『政治憲法的中国之道』香港：香港城市大学出版社
王徳志（2005）『憲法概念在中国的起源』済南：山東人民出版社
———ほか（2010）『民国憲政思潮研究』北京：中国政法大学出版社
王建勛（2017）『憲政要義有限政府的一般理論』香港：香港城市大学出版社
王培英編（2012）『中国百年憲政歴程』南京：鳳凰出版社
王人博（2003）『中国近代的憲政思潮』北京：法律出版社
———（2003）『憲政的中国之道』済南：山東出版社
王世杰・銭端升（1936）『比較憲法』増訂第 3 版，上海：商務印書館
王永祥（1996）『中国現代憲政運動史』北京：人民出版社
王雲五主編（郝志翔訳）（1971）『中英対照中華民国憲法』台北：台湾商務印書館
王子蘭編（1946）『中国制憲問題』上海：中国印書館
聞黎明（2004）『第三種力量与抗戦時期的中国政治』上海：上海書店出版社
呉藹宸（1937）『蘇聯憲法研究』上海：大公報館
呉家麟主編（1983）『憲法学』北京：群衆出版社
呉建銘（2012）『総統制与内閣制論争』厦門：厦門大学出版社

呉経熊・華懋生編（1935）『法学文選』上海：会文堂新記書局〔復刻版：呉経熊・華懋生編（2003）『法学文選』北京：中国政法大学出版社〕
———・黄公覚（1937）『中国制憲史』上下，上海：商務印書館
———（2005）『法律哲学研究』北京：清華大学出版社
無咎ほか（1940）『憲政問題討論集』上海：上海周報社
伍啓元編（1944）『憲政与経済』重慶：正中書局
夏勤（1946）『憲法中的司法制度』出版地不明：出版者不明
夏勇（2001）『人権概念起源：権利的歴史哲学』修訂版，北京：中国政法大学出版社
憲政実施協進会編（1944）『五五憲草及有関法規彙編』重慶：中国文化服務社〔復刻版：張研・孫燕京主編（2009）『五五憲草及有関法規彙編』鄭州：大象出版社〕
———編（1945）『憲政実施協進会対五五憲草意見整理及研討結果』重慶：憲政実施協進会
蕭公権（1948）『憲政与民主』上海：中国文化服務社〔復刻版：蕭公権（2006）『憲政与民主』北京：清華大学出版社〕
謝瀛洲（1948）『中華民国憲法論』上海：上海監獄
謝政道（2001）『中華民国修憲史』台北：揚知文化事業
熊月之（2002）『中国近代民主思想史』修訂本，上海：上海社会科学院出版社
許崇徳（2005）『中華人民共和国憲法史』第2版，上下，福州：福建人民出版社
薛化元（1993）『民主憲政与民族主義的弁証発展：張君勱思想研究』台北：稲郷出版社
———（1993）「張君勱与中華民国憲法体制的形成」中央研究院近代史研究所編『近代中国歴史人物論文集』台北：中央研究院近代史研究所
———ほか（2003）『戦後台湾人権史』台北：国家人権紀念館籌備処
薛学潜（1933）『中華民国憲法草案』出版地不明：出版者不明
楊紀編（1940）『憲政要覧』香港：出版者不明〔復刻版：沈雲龍主編（1981）『憲政要覧』台北：文海出版社〕
楊幼炯（1936）『近代中国立法史』上海：商務印書館〔復刻版：范忠信ほか校勘（2012）『近代中国立法史』北京：中国政法大学出版社〕
姚中秋（2016）『儒家憲政論』香港：香港城市大学出版社
殷嘯虎（2000）『新中国憲政之路：1949〜1999』上海：上海交通大学出版社
翟志勇（2017）『憲法何以中国』香港：香港城市大学出版社
章淵若編（1946）『人民之権利義務』上海：正中書局
張晋藩総主編（1999）『中国法制通史』第9-10巻，北京：法律出版社
———（2004）『中国憲法史』長春：吉林人民出版社
張朋園（2007）『中国民主政治的困境，1909-1949: 晩清以来歴届議会選挙述論』台北：聯経出版
張其昀（1959）『民主憲政与中国文化』台北：中華文化出版事業社
張千帆（2016）『憲政常識』香港：香港城市大学出版社
張慶福・韓大元主編（2005）『1954年憲法研究』北京：中国人民公安大学出版社
張仁善（2013）『近代中国的主権，法権与社会』北京：法律出版社
張申府ほか（1944）『民主与憲政』重慶：峨嵋出版社
張世熒（2000）『中華民国憲法与憲政』第3版，台北：五南図書出版
張文汲編（1953）『中華民国憲法題解：附歴届高等普通考試憲法試題全部解答』台北：

遠東図書
張文顕・李歩雲主編（2013）『中国特色社会主義憲政研究』北京：法律出版社
張学仁・陳寧生主編（2002）『20 世紀之中国憲政』武漢：武漢大学出版社
張友漁（1944）『中国憲政論』重慶：生生出版社
張知本（1933）『憲法論』上海：上海法学編訳社
張仲実編訳（1937）『蘇聯新憲法研究』上海：生活書店
鄭斌（1929）『民主主義的新憲法』上海：商務印書館
鄭大華（2003）「重評 1946 年《中華民国憲法》」『史学月刊』2003 年第 2 期
中国民主社会党国民大会代表党部編（1986）『中華民国憲法与張君勱』台北：中国民主社会党国民大会代表党部
周葉中・江国華主編（2010）『博弈与妥協：晩清預備立憲評論』武漢：武漢大学出版社
——主編（2010）『従工具選択到価値認同：民国立憲評論』武漢：武漢大学出版社
——主編（2010）『自下而上的立憲嘗試：省憲評論』武漢：武漢大学出版社
——主編（2010）『在曲折中前進：中国社会主義立憲評論』武漢：武漢大学出版社
周異斌・羅志淵（1947）『中国憲政発展史』増訂本，上海：大東書局
周永坤（2012）「走向憲政：82 憲法頒布 30 周年紀念」『華東政法大学学報』2012 年第 6 期
祝天智（2011）『戦争・党争与“憲争”：抗戦時期憲政運動研究』北京：中国社会科学出版社

〈英語〉
Bernstein, Thomas P., Li, Hua-yu eds (2010), *China learns from the Soviet Union, 1949-present,* Plymouth: Lexington Books.
Teng, Hsiao-ping (1956), *The constitution of the Communist Party of China; Report on the revision of the constitution of the Communist Party of China,* Beijing: Foreign Languages Press.
Tsang, Steve Yui-Sang (1988), *Democracy Shelved: Great Britain, China, and Attempts at Constitutional Reform in Hong Kong, 1945-1952,* New York: Oxford University Press.
Vinacke, Harold Monk (1920), *Modern Constitutional Development in China,* Prinston: Prinston University Press.
Xu, Chongde, Niu, Wenzhan (2016), *Constitutional Law in China* Second Edition, Alphen aan den Rijn: Kluwer Law International B. V.
Yen, Hawkling L. (1968), *A Survey of Constitutional Development in China, 1879-1937,* New York: AMS Press.

憲政から見た現代中国

2018 年 5 月 23 日　初　版

［検印廃止］

編　者　中村元哉《なかむらもとや》

発行所　一般財団法人　東京大学出版会

代表者　吉見俊哉

153-0041 東京都目黒区駒場 4-5-29
http://www.utp.or.jp/
電話 03-6407-1069　Fax 03-6407-1991
振替 00160-6-59964

印刷所　株式会社三陽社
製本所　誠製本株式会社

ISBN 978-4-13-026158-6　Printed in Japan